农村社会养老保险制度的演进路径与目标模式

王立剑/著

科学出版社
北京

内 容 简 介

我国农村地区日益严峻的人口老龄化，与青壮年劳动力转移、土地资源流转、“家文化”削弱相交织，更与生育率降低、平均余命延长相重叠，成为关系国计民生的重大社会问题。为了寻找合适的解决农村居民养老问题的途径，经过30余年的探索，我国建立起政府承担主要资金责任的新型农村社会养老保险制度；但是，社会保障制度演进规律预示的制度覆盖面、待遇公平性、财务可持续性风险，已经或将要在农村社会养老保险制度演进中出现，规避这些风险，需要从制度设计、管理体制、运行机制、法制保障等维度予以应对。

本书可作为养老保险相关专业的大学生和研究生的学习用书，也可作为政策制定者、学术研究人员的参考用书。

图书在版编目(CIP)数据

农村社会养老保险制度的演进路径与目标模式 / 王立剑著. —北京：科学出版社，2017.2

ISBN 978-7-03-051852-1

Ⅰ.①农… Ⅱ.①王… Ⅲ.①农村-社会养老保险-养老保险制度-研究-中国 Ⅳ.①F842.612

中国版本图书馆CIP数据核字(2017)第033569号

责任编辑：徐 倩 王景坤 / 责任校对：郭瑞芝

责任印制：张 伟 / 封面设计：无极书装

科学出版社出版

北京东黄城根北街16号

邮政编码：100717

http://www.sciencep.com

北京虎彩文化传播有限公司印刷

科学出版社发行 各地新华书店经销

*

2017年2月第 一 版 开本：720×1000 B5

2018年6月第二次印刷 印张：12 1/2

字数：240 000

定价：72.00元

（如有印装质量问题，我社负责调换）

作 者 简 介

王立剑，1983 年生，河北邯郸人，法学博士、应用经济学博士后，现为西安交通大学公共政策与管理学院副教授。长期从事养老保险、养老服务和社会治理研究，主持国家社科基金等项目 13 项；发表学术论文 40 余篇，其中 SSCI/SCI 论文 7 篇；获省部级科研奖励 6 项，并获陕西省优秀博士学位论文奖，入选陕西“高校人文社会科学青年英才支持计划”；担任中国社会保障学会青年委员会委员、陕西劳动学会理事；完成的研究成果两次被教育部采纳并通报表扬。

作者简介

前　言

社会主义与资本主义的根本区别，在于生产关系和上层建筑，简而言之，就是是否以“让人民生活得更幸福”为社会发展目标。社会主义要实现这一目标有两个途径：一是总量的增长，即通过经济发展模式转型和转变经济增长方式，走内生驱动型的发展道路以实现生产力的跨越式增长；二是结构的优化，即通过分配与收入再分配普遍提高广大城乡居民的收入水平并为人民提供稳定的安全预期。我国处于社会主义初级阶段，为了保证经济总量增长，长期以来在收入分配过程中让一部分人先富起来的做法将继续并长期存在；实现“让人民生活得更幸福”目标需要加大收入结构优化力度，而社会保障制度作为收入再分配的重要手段，在这一过程中显得尤为重要。

党的十八届五中全会提出：“坚持共享发展，必须坚持发展为了人民、发展依靠人民、发展成果由人民共享，作出更有效的制度安排，使全体人民在共建共享发展中有更多获得感，增强发展动力，增进人民团结，朝着共同富裕方向稳步前进。”合理的社会保障收入再分配过程，是一个帕累托改进的过程。按照福利经济学的解释，当社会成员通过收入再分配达到完全平均分配时，这个国家在分配领域就达到了帕累托最优状态。合理的社会保障收入再分配并不是平等、平均，而是在考虑各种效率损失基础上的效率与平均的均衡，因此，社会保障收入再分配是一个趋向于帕累托最优状态的过程。

新中国社会保障制度主要经历了两个发展阶段。1985 年之前是以国家包企业、企业包职工为特征的国家保障型社会保障制度；1985 年之后，逐步确立了统账结合型社会保险制度和国家保障型社会救助、社会福利、社会优抚制度相结合的社会保障体系，为社会稳定、经济发展作出重大贡献。需要明确的是，新中国社会保障制度探索历程是以城市社会保障制度建设为主线的，但取得巨大成功的却是根植在农村地区的新型农村合作医疗制度和新型农村社会养老保险制度，特别是新型农村社会养老保险制度，一经试点，普受欢迎，快速发展，提速八年。

我对新型农村社会养老保险制度推崇备至，甚至认为它的历史意义高于全面取消农业税。全面取消农业税开历史之先河，让中国农村居民彻底告别了缴纳农业税的历史，是从“-”到“0”的进步；新型农村社会养老保险则更进一步，政府出资支付基础养老金，让1亿多农村老年居民历史性地领到了“工资”，是从“0”到“+”的进步。我的这种乐观情绪一直持续了6年时间，直到2016年1月12日，陕西省宝鸡市陈仓区召开的一次座谈会。

座谈会邀请了10名农村老年居民，请他们谈对于农村社会养老保险制度的看法，有两位的发言让我记忆犹新：“我叫张××，今年64岁，家里四口人，儿子外出打工。我十分怀念七八十年代的生活，那个时候人无贵贱之分，做农民很光荣，还有很多城市知青到我们村来，我教他们种地。但是现在社会变化太大了，农民变成了最被人看不起的人，收入又低，一个月220元的养老金根本不够，而且跟城里人的养老金相比差距太大了，同样是为国家奉献了一辈子，到老了拿的钱差距那么大，我想不通。”“我叫刘××，68岁，当过村主任。我们村的实际情况是有很多人是失地农民，他们买职工养老保险没钱，买农村养老保险养老金太低，建议国家考虑考虑他们怎么办。再说我自己，我当村主任20多年，但是现在的养老金没有体现我这20年的工作，你看乡政府那些人，当年还不如我干得好，现在退休了拿两三千，我只有两三百，国家应该考虑我这20年的工龄。”究其核心，养老金“公平”成为农村老年居民关注的重点问题。

农村社会养老保险制度建设能否成功，评判的主体应当是农村居民，他们是制度的直接参与者，也是制度的受益者，让他们生活得更幸福是农村社会养老保险制度的目标。2010年以来，课题组持续跟踪调查农村社会养老保险制度的建设进程，走访了一万余户农村居民家庭，收集了大量的一手资料。正是基于这些一手资料，本书回顾农村社会养老保险制度的建设进程，预测农村社会养老保险制度的未来发展，设计农村社会养老保险制度的目标模式，以期为提升农村居民的幸福感、获得感贡献力量。

落笔之际，感谢我的导师张思锋教授，他渊博的学识、严谨的治学态度使我受益匪浅，享用终生。本书中关于社会保障制度演进规律、制度分析的基本原理等都是张老师近年来学术成果中的精华，能够运用到本书，深感荣幸。同时，感谢人力资源和社会保障部农村社会保险司、三省六县人力资源管理与经办机构工作人员以及被调查的农村居民，为本书提供了宝贵的研究资料。也要感谢我的研究生凤言、叶小刚在书稿撰写、整理过程中提供的帮助。

农业问题、农民问题、农村问题在历史的长河中始终处于社会矛盾的核心地带，也是多次历史重大变革的导火索，事关社会稳定、人民幸福。中国作为世界上农业人口最多的国家，正在经受社会转型、经济转型、文化转型的挑战，特别是农村地区日益严峻的人口老龄化，与青壮年劳动力转移、土地资源流转、“家文化”削弱、生育率降低、平均余命延长相交织，成为关系国计民生的重大社会问题。作为一名社会政策研究学者就是要坚定着眼社会现实问题，在重大民生问题上做好咨政研究。由于水平所限，本书的研究观点也许还有很多不足之处，研究结论也许与形成社会政策还有很大的距离，唯愿为农村老人过上幸福、体面的生活略尽绵力。

王立剑

2016 年 9 月 25 日

目　录

第1章 绪　论

1.1 问 题 提 出

1.1.1 研究背景

发展中国家传统部门与现代部门不同程度地并存，使国民经济呈现二元状态[1]。新中国成立初期资本奇缺和劳动力丰富的资源禀赋、有效需求严重不足的市场现状、国际政治经济军事格局，决定了中国必须实施跨越轻工业、基础工业两个阶段直接进入重工业阶段的赶超型经济发展战略。这一战略的实现有两个前提：一是低价收购、派购农产品，实现剩余产品由农业向工业的转移，强制性地保持农业的落后；二是建立计划经济体制，政府统一调配资源，实现资本密集的重工业优先发展。这使得中国的传统部门与现代部门之间的鸿沟逐渐拉大，中国的二元经济结构特征比其他发展中国家表现得更为强烈。

长期以来，农村和城市作为传统部门与现代部门的集合体，由经济水平和收入水平决定的就业、教育、住房、医疗、社会保障等基本公共服务水平也存在较大的差距，特别是在社会保障制度建设方面，城市的社会养老保险、社会医疗保险、社会救助制度等已经探索出适合我国国情的制度建设模式，而农村地区的社会保障制度建设虽然起步较早，但步履蹒跚，且由于二元化的经济特征，不能照搬城市社会保障制度的建设模式，目前仍处于艰苦的探索阶段。

进入 21 世纪以来，我国农村人口老龄化发展速度加快。2000 年第五次人口普查资料显示，我国 60 岁及以上人口数为 1.30 亿人，占总人口数的 10.04%，其中农村地区 60 岁及 60 岁以上居民总数为 8557 万人，占全国老年人口总数的 65.82%，比城镇人口老龄化程度高出 0.85 百分点；2010 年第六次人口普查数据表明，我国 60 岁及以上人口数为 1.78 亿人，占人口总数的 13.26%，其中农村地区 60 岁及 60 岁以上居民总数约 1.04 亿人，占全国老年人口总数的 58.43%，高于城镇人口老龄化程度 4.31 百分点①。截至 2015 年底，全国 60 岁及以上老年人口达

① 数据来源：《第五次全国人口普查公报（第 1 号）》《2010 年第六次全国人口普查主要数据公报（第 1 号）》。

到 2.22 亿人，占总人口的 16.1%，其中农村老年人口所占比例约 60%①。在农村老年人口数量快速增加的同时，农村老年人口贫困程度也高于城镇，农村居民中贫困发生率为 8.5%，相当于城镇 3 倍以上，农村老年人口的养老问题日益突出[2]。

目前，我国农村老年居民的养老方式仍以家庭养老为主，但家庭养老的功能正在逐渐弱化。我们开展三省六县②调查获得的资料显示，85%以上的被调查者在年老后仍愿意与子女一起生活，而不愿意进入社会养老机构或依靠他人养老；即使是在经济比较发达的东部地区，家庭养老仍然是最为普遍的养老方式，特别是对于那些生活难以自理的老年人，家庭养老意愿更强。

目前，农村老年人口收入的主要来源是子女赡养费和个人积蓄，即使是独居的老年人，子女也给予了经济上的供养和生活上的照料，而且，这些老年人在丧失生活自理能力之后，大多数选择与子女同住。但是，随着农村劳动力转移就业，家庭空巢化现象凸显；同时，家庭规模的小型化降低了老年人与子女同住的比例，劳动力转移减弱了家庭成员的互助共济能力，土地流转的实施减少了老年人的生产资料，家庭的养老功能逐渐弱化。特别是，计划生育政策实施以来，农村地区独生子女群体规模加大，一些家庭面临着“421”家庭结构，仍然由家庭承担老年人口养老经济责任的困难程度正在逐渐加大。

为了寻找合适的解决农村居民养老问题的途径，从 20 世纪 80 年代中期开始，我国在经济发达地区开始探索建立农村社会养老保险制度。1986 年，由民政部和国务院有关部委组织召开的“全国农村基层社会保障工作座谈会”在江苏沙洲县举行，确定了农村社会养老保险的首批试点地区；1991 年 6 月，民政部制定了《县级农村社会养老保险基本方案》，决定从 1992 年 1 月 1 日起开始在全国范围内建立农村社会养老保险制度（简称“老农保”）；1998 年，全国大部分地区老农保制度出现了参保人数下降、基金运行难度加大等困难；1999 年 7 月，国务院认定当时中国农村尚不具备普遍实行社会养老保险的条件，决定对已有的老农保业务实行清理整顿，停止接受新业务，并建议有条件的地区逐步向商业养老保险过渡。

党的十六大和十七大、国家“十一五”发展规划反复强调要首先开展新型的农村社会养老保险制度试点工作，在试点的基础上建立适合我国国情的新型农村社会养老保险制度，进而建成覆盖城乡居民的社会养老保险体系。2007 年 8 月，《劳动和社会保障部、民政部、审计署关于做好农村社会养老保险和被征地农民社

① 数据来源：《2015 年社会服务发展统计公报》。
② 陕西省陈仓区、商南县，河南省通许县、西峡县，江苏省高淳县、常熟市（简称“三省六县”）。

会保障工作有关问题的通知》首次提出“新型农村社会养老保险制度”（简称“新农保”）一词，指出“建立以个人账户为主、保障水平适度、缴费方式灵活、账户可随人转移的新型农村社会养老保险制度和参保补贴机制”；2008 年 10 月，《中共中央关于推进农村改革发展若干重大问题的决定》提出，新农保制度的筹资渠道应当由个人缴费、集体补助、政府补贴三部分组成。2009 年 3 月，温家宝总理在政府工作报告中提出要首先在全国 10%的县开展新农保试点工作，之后逐步扩大试点。

在前期各地实践和理论探索的基础上，2009 年 9 月，国务院颁布了《关于开展新型农村社会养老保险试点的指导意见》（简称指导意见），提出“试点—扩大试点—普遍实施”的新农保制度建设思路。指导意见的主要内容可以概括为“二三三四”，即“两个结合、三个配套、三个阶段和四个特点”：①两个结合：探索建立个人缴费、集体补助、政府补贴相结合的新型农村社会养老保险制度，实行社会统筹与个人账户相结合。②三个配套：与家庭养老、土地保障、社会救助等其他社会保障政策措施相配套，保障农村老年居民基本生活。③三个阶段：2009 年新农保制度试点覆盖面为全国 10%的县（市、区、旗），以后逐步扩大试点，在全国普遍实施，2020 年之前基本实现对农村适龄居民的全覆盖。④四个特点：保基本、广覆盖、有弹性、可持续。

指导意见出台后，各省根据本省实际出台了相应的实施办法，积极推进新农保试点工作。截至 2009 年末，27 个省、自治区的 320 个县（市、区、旗）和 4 个直辖市部分区县列入首批新农保试点[①]。截至 2010 年末，27 个省、自治区的 838 个县（市、区、旗）和 4 个直辖市部分区县开展国家新农保试点；参加新农保人数为 1.03 亿人，其中领取待遇人数 2863 万人；全年新农保基金收入 453 亿元，其中个人缴费 225 亿元；新农保基金支出 200 亿元，基金累计结存 423 亿元[②]。截至 2011 年末，全国列入国家新农保试点的地区参保人数达 3.26 亿人[③]。2012 年 5 月 7 日，人力资源和社会保障部、财政部召开的全国新农保和城乡居民基本养老保险制度全覆盖工作动员视频会议，宣布从 2012 年 7 月 1 日起要在所有未开展试点的地区全面启动新农保试点工作，计划 2012 年底前完成。2014 年 2 月，在总结新农保和城镇居民社会养老保险试点经验的基础上，国务院决定将新农保和城镇居民社会养老保险两项制度合并实施，在全国范围内建立统一的城乡居民基本

① 数据来源：《2009 年度人力资源和社会保障事业发展统计公报》。
② 数据来源：《2010 年度人力资源和社会保障事业发展统计公报》。
③ 数据来源：《中华人民共和国 2011 年国民经济和社会发展统计公报》。

养老保险制度，至此我国农村地区的社会养老保险制度顺利过渡为城乡居民基本养老保险制度。

农村社会养老保险制度的建设进程远快于指导意见的设计。截至2015年末，城乡居民基本养老保险参保人数5.05亿人，其中实际领取待遇人数1.48亿人；全年城乡居民基本养老保险基金收入2855亿元，基金支出2117亿元，基金累计结存4592亿元①。但是，调查过程中发现，农村社会养老保险制度运行过程中，存在经办机构超负荷运转、制度宣传不到位、双参双保、信息管理滞后于制度建设、农村基础养老金水平偏低等问题。

辩证唯物主义哲学表明，任何事物的运动变化都不是杂乱无章的，而是有其内在的规律性，农村社会养老保险制度建设进程中必然存在着这样那样的问题，但其演进必然遵守着某些规律。马克思主义认识论认为认识从实践中产生，随实践而发展，认识的根本目的是为了实践，认识的真理性也只有在实践中才能得到检验和证明，强调“实践—认识—再实践—再认识”的过程。社会保障制度作为社会制度的一种，至今已有100多年的历史，依据马克思主义的认识论总结社会保障制度演进规律，进而用社会保障制度演进规律指导中国农村社会养老保险制度建设的实践，符合马克思主义认识论。

我们在对世界社会保障制度演进史实进行梳理、分析的基础上，提出社会保障制度的三阶段演进规律：制度诞生期，由于新制度提供了从无到有的保障福利，从而得到社会各方面的普遍认同和一致拥护；制度成长期，社会不同群体享受保障待遇的不公平性凸显，制度建设的主要任务是提高全体保障对象的福利待遇；制度成熟期，由于福利待遇的提高和社会保障支出的刚性特征，出现巨额的社会保障资金收支缺口[3]。农村社会养老保险制度作为社会保障制度的一个项目，建设过程是否符合社会保障制度演进规律，如何才能在遵循社会保障制度演进规律的前提下，推动农村社会养老保险制度建设是一个亟须研究的重大问题。

1.1.2 问题界定

《国务院关于建立统一的城乡居民基本养老保险制度的意见》规定了农村社会养老保险制度的基本框架，指出城乡统一的居民基本养老保险制度的“指导思想、任务目标、参保范围、基金筹集、建立个人账户、养老金待遇、养老金待遇领取条件、待遇调整、转移接续和制度衔接、基金运营和管理、基金监管、经办管理

① 数据来源：《2015年度人力资源和社会保障事业发展统计公报》。

服务与信息化建设、组织领导和政策宣传”等方面的内容，提出“全覆盖、保基本、有弹性、可持续”的方针以及全面建成公平、统一、规范的城乡居民养老保险制度的目标。然而，《国务院关于建立统一的城乡居民基本养老保险制度的意见》仅从宏观角度对农村社会养老保险制度及其推进思路进行原则性的规定，制度建设每个阶段的具体实施方案没有给出具体的安排，制度建设过程中出现的问题需要各地在实践中不断探索、不断总结、不断完善，以达到农村社会养老保险制度建设的目标。

农村社会养老保险制度建设实践面临着两个操作性难题：一是建立什么样的农村社会养老保险制度。老农保制度从建立到失败的历程表明，我国农村居民在观念、收入、保障水平需求等方面还不能适应“保险”的运作方式；老农保制度的建设模式脱离了我国农村地区的实际。农村社会养老保险制度在建立过程中，应当充分考虑农村居民观念、收入、保障水平需求等因素，建立与我国农村地区实际相符合的农村社会养老保险制度。但是，现行政策没有对如何建立农村社会养老保险制度进行详细的规定，农村社会养老保险制度演进过程中也面临着基层经办能力、农村居民认识水平、信息化建设水平等约束条件，各地只能在实践中探索建立制度、扩大制度覆盖范围的有效路径。二是如何推进农村社会养老保险制度。我国新农保制度已经经历了“试点—扩大试点—全国普遍实施—适龄居民全覆盖”等演进阶段，但是，新农保制度建设没有成型的路径可以遵循，也没有可直接借鉴的经验，只能在建设过程中不断发现问题、分析问题、解决问题。

社会保障制度演进规律对于指导农村社会养老保险制度建设有着重要的理论意义，但是现有对于社会保障制度演进规律的证明停留在具有或然性特征的事实证明层面，没有对社会保障制度演进规律给予逻辑证明和新的事实验证，社会保障制度演进规律尚停留在猜想阶段。本书的研究目标之一就是对社会保障制度演进规律进行逻辑证明、已有事实证明和新的事实证明，将社会保障制度演进规律从猜想发展为理论，进而指导农村社会养老保险制度建设。

按照社会保障制度演进规律，农村社会养老保险制度建设将经历制度诞生期、制度成长期、制度成熟期三个阶段。由于老农保制度强调的仅是个人缴费责任，与我国个人、集体、政府三方共担的社会养老保险制度在设计理念上有较大差异，因此，本书把新农保制度作为农村社会养老保险制度演进的开端。

2010年6月21日至8月12日，课题组对参加首批新农保试点的三省六县进行社会调查，完成了对5032户农村居民的问卷调查，197名经办机构人员的问卷调查，120 名农村社会养老保险管理干部的访谈，并搜集了大量的农村社会养老保险政策法规、基金运行、运行环境类资料。从农村社会养老保险制度建设的历程来看，2009～2010 年是首批试点县农村社会养老保险制度的诞生期，2010 年社会调查资料能够反映农村社会养老保险制度诞生期的现状。

2011 年 7 月 13 日至 8 月 5 日，课题组对参加首批新农保试点的三省六县进行跟踪调查，先后对 1255 户农村居民、443 名农村社会养老保险经办人员进行访问式问卷调查，对 104 名省、市、县（区、市）、乡（镇）相关领导和农村社会养老保险管理干部进行讨论式深度访谈。2011 年，首批新农保试点县已经完成制度全覆盖工作，进入农村社会养老保险制度成长期，2011 年获得的调查资料能够反映农村社会养老保险制度成长期的现状。

2013～2016 年，课题组先后在陕西、北京、江苏调查了 4582 户城乡居民、60 个社区（村）、38 个养老机构的老年居民，了解他们的生活现状、基本需求及老年社会保障和社会服务情况。尽管农村社会养老保险制度成长期要经历一个很长的过程，在解决成长期面临的问题之后，农村社会养老保险制度才能进入成熟期，但是 2013 年以来的调查资料，反映了农村老年居民对养老金公平性的感知，也凸显了基础养老金增长的财政困境，能够在一定程度上反映农村社会养老保险制度成长期和成熟期的基本情况。

面对农村社会养老保险制度这样一个新生事物，本书以马克思主义实践认识论为思想基础，探索并证明社会保障制度演进规律，进而用社会保障制度演进规律指导农村社会养老保险制度建设，具体要研究的问题是：

（1）社会保障制度演进遵循何种规律，如何证明社会保障制度演进规律？

（2）以社会保障制度演进规律为指导，如何对农村社会养老保险制度在诞生期、成长期、成熟期的演进过程及各阶段的主要风险进行前瞻性分析？

（3）参照农村社会养老保险制度诞生期、成长期、成熟期的演进过程预测，农村社会养老保险制度全国普遍实施时期的目标模式是什么，如何健康地推进农村社会养老保险制度建设？

1.2 研究意义

本书的研究目的是通过理论分析，解决建设什么样的农村社会养老保险制度和如何建设农村社会养老保险制度两个操作性难题。本书以马克思主义实践认识论为指导，认识并证明社会保障制度演进规律；以社会保障制度演进规律为指导，分析农村社会养老保险制度的建设进程，设计制度目标模式，并提出农村社会养老保险制度建设的基本路径，具有以下研究意义。

1）对社会保障制度演进规律的诠释和证明具有理论价值

以马克思主义实践认识论为指导，对社会保障制度演进规律给予证明，并运用社会保障制度演进规律分析农村社会养老保险制度的建设进程，反过来证明了社会保障制度演进规律具有较强的理论指导意义。可以运用社会保障制度演进规律指导农村社会养老保险制度建设以及我国其他社会保障制度建设。

2）为实施农村社会养老保险提供理论依据和决策支持

本书对社会保障制度演进规律的诠释和证明，对农村社会养老保险制度建设现状分析，对农村社会养老保险制度建设进程中主要风险的分析，为我国开展农村社会养老保险工作提供了目标和实现目标的依据；对现有农村社会养老保险经验资料和数据进行收集和处理，并通过调研补充一定数量的微观数据和质性数据，为农村社会养老保险制度建设提供决策支持。

3）对健全和完善农村社会养老保险制度具有现实意义

本书设计了全国普遍实施时期的农村社会养老保险制度目标模式，提出农村社会养老保险基金的产权关系，农村社会养老保险的管理体制、运行机制、法制保障和政策内容，提出各个阶段推进农村社会养老保险制度的基本路径，并通过精算模型测算农村社会养老保险制度的主要参数，为农村社会养老保险制度建设提供参考。

1.3 研究设计

1.3.1 研究内容

从1992年民政部《县级农村社会养老保险基本方案》的颁布，到2009年《关于开展新型农村社会养老保险试点的指导意见》、2014年《国务院关于建立统一的城乡居民基本养老保险制度的意见》的出台，农村社会养老保险制度在我国已实践25年。但是，我国农村社会养老保险制度建设仍然面临着“建设什么样的农村社会养老保险制度”“如何推进农村社会养老保险制度建设”两个重要的现实问题。本书以探索这两个现实问题操作性困境的理论解释和实践出路为目标，以马克思主义实践认识论为思想基础，认识并证明社会保障制度演进规律，进而以社会保障制度演进规律指导农村社会养老保险制度建设，体现了马克思主义理论指导中国具体实践的方法论优势。研究内容如下：

（1）国内外关于农村社会养老保险制度的研究文献。社会保障、社会养老保险、农村社会养老保险是本书开展研究必须明晰的基本概念，社会养老保险是社会保障的一个具体项目，而农村社会养老保险又是社会养老保险的一种。从国内外关于社会保障制度演进规律、新农保制度的试点现状与经验、农村社会养老保险制度建设进程及面临的风险等方面梳理现有的研究文献，对现有文献进行评价，并阐述本书的理论框架。

（2）社会保障制度演进规律及其证明。明确认识和证明社会保障制度演进规律的逻辑思路；诠释社会保障制度演进规律，并对社会保障制度演进规律进行逻辑证明、已有事实的证明、新的事实的证明；最后提出社会保障制度演进规律对农村社会养老保险制度建设的指导意义。

（3）农村社会养老保险制度建设现状分析。梳理我国农村社会养老保险制度演进历程；运用社会调查资料，对农村社会养老保险的管理体制、政策框架、实施状况、实施效果进行描述。

（4）农村社会养老保险制度建设进程中的主要风险。以社会保障制度演进规律为指导，对农村社会养老保险制度诞生期、成长期、成熟期的主要风险进行预测性研究。

（5）农村社会养老保险制度建设进程中主要风险的防范政策。针对农村社会养老保险制度诞生期扩大覆盖范围的约束条件、农村社会养老保险制度成长期待遇水平不公平风险、农村社会养老保险制度成熟期财务不可持续性风险，提出相应的防范政策。

（6）防范风险政策导向下的农村社会养老保险制度目标模式设计。明确农村社会养老保险制度设计的现实依据、理论依据、价值取向与基本原则，构建农村社会养老保险基金的产权关系管理体制、运行机制、法制保障和政策框架。

（7）农村社会养老保险制度建设的基本路径与政策建议。对农村社会养老保险制度的建设阶段进行划分，明确各阶段的核心任务；提出农村社会养老保险制度建设各阶段的基本路径和当前农村社会养老保险制度建设的政策建议。

1.3.2 研究方法

1）文献研究法

文献研究法主要指搜集、鉴别、整理文献，并通过对文献的研究，形成对事实科学认识的方法[4]。本书在研究过程中，利用中国知网、ISI、Google 等数据库搜集有关马克思主义认识论、农村社会养老保险制度建设、国外农村社会养老保险制度等的相关文献资料，对文献资料进行梳理，撰写文献综述，从而全面了解国内外关于农村社会养老保险制度的研究现状、研究趋势、现有研究的优点与不足等，为本书的研究奠定理论基础。

2）社会调查法

社会调查法是有目的、有计划、系统地搜集有关研究对象社会现实状况或历史状况材料的方法[5]。本书在研究过程中，运用社会调查法了解农村社会养老保险制度建设的现状，搜集有关农村社会养老保险制度的一手研究资料。

3）社会保障精算法

社会保障精算法是指运用数学、统计、法律、会计、精算学等知识，将精算原理与利息理论、生命表函数以及年金计算等方法相结合，将未来不可预测的社会保障风险量化，从而为面临风险的服务对象提供决策建议和解决方案[6]。本书运用社会保障精算法，构建农村社会养老保险制度公平性测算模型、农村社会养老保险制度财务可持续性测算模型和农村社会养老保险制度主要参数测算模型，在参数设定的基础上，对农村社会养老保险制度的内部公平性和外部公平性进行测算，预测 2017～2049 年农村社会养老保险制度的财务收支缺口，计算 2017～2020 年农村社会养老保险制度的主要参数。

4）统计分析法

本书对社会调查资料进行描述性统计分析、聚类分析，用以反映农村社会养老保险制度建设的现状。

5）制度分析法

运用制度经济学中制度变迁的成本收益分析，对社会保障制度演进规律进行逻辑证明；运用制度分析的基本原理，明确农村社会养老保险制度的内容是产权、体制、机制、法制和政策五项。

1.3.3 资料来源

1）公开统计资料

收集 1990 年以来的《中国统计年鉴》、《中国劳动统计年鉴》、《中国人口和就业统计年鉴》、《中国人口统计年鉴》、《中国农村统计年鉴》、《国民经济和社会发展统计公报》、《人力资源和社会保障事业发展统计公报》、《民政事业发展统计公报》、历次全国人口普查数据、针对农村的专项调查数据以及有关农村社会经济发展的数据等公开统计资料。

2）内部统计资料

从被调查的六个县人力资源和社会保障局搜集了农村经济社会环境、农村社会养老保险制度实施办法、总结报告、年度规划、汇报材料、参保人数、缴费总数、待遇发放、基金收支、财政补贴、养老保险转移等内部统计资料；赴人力资源和社会保障部、陕西省人力资源和社会保障厅搜集农村社会养老保险政策汇编和基本统计指标数据。

3）社会调查资料

本书用到的社会调查资料来自于2010年6月21日至8月12日、2011年7月13日至8月5日，课题组两次对三省六县地区农村社会养老保险制度的调查。2010年，完成了对5032户农村居民的问卷调查，197名经办机构人员的问卷调查，120名农村社会养老保险管理干部的访谈，并搜集大量的农村社会养老保险政策法规、基金运行、运行环境类资料。2011年，先后对1255户农村居民、443名农村社会养老保险经办人员进行访问式问卷调查，对104名省、市、县（区、市）、乡（镇）相关领导和农村社会养老保险管理干部进行讨论式深度访谈。还包括2013～2016年，在陕西、北京、江苏对4582户城乡居民、60个社区（村）、38个养老机构老年居民的社会调查资料。

1.3.4 研究框架

本书以马克思主义实践认识论为指导，首先，在文献回顾的基础上，提出马克思主义认识规律和证明规律的途径，并对社会保障制度演进规律进行逻辑证明、已有事实证明和新的事实证明；其次，运用社会调查资料、公开统计资料，对当前农村社会养老保险制度的管理体制、政策框架、实施状况、实施效果进行分析，明确农村社会养老保险制度建设的现状；再次，以社会保障制度演进规律为指导，对农村社会养老保险制度建设进程中的主要风险进行预测，并提出防范农村社会养老保险制度建设进程中主要风险的政策；最后，在此基础上，以防范风险政策为导向，设计全国普遍实施时期农村社会养老保险的产权关系、管理体制、运行机制、法制保障和政策框架，提出农村社会养老保险制度不同建设阶段的核心任务、基本路径以及当前农村社会养老保险制度建设的政策建议。

本书的研究框架见图1-1。

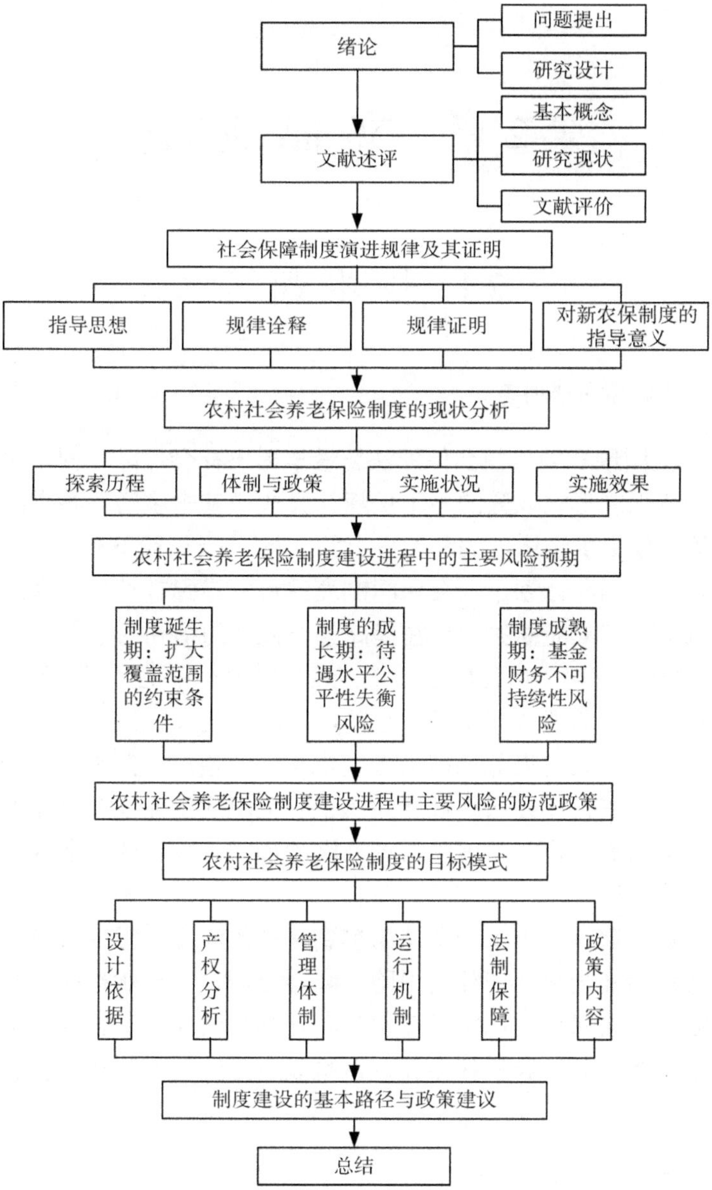
绪论
问题提出
研究设计
文献述评
基本概念
研究现状
文献评价
社会保障制度演进规律及其证明
指导思想
规律诠释
规律证明
对新农保制度的指导意义
农村社会养老保险制度的现状分析
探索历程
体制与政策
实施状况
实施效果
农村社会养老保险制度建设进程中的主要风险预期
制度诞生期：扩大覆盖范围的约束条件
制度的成长期：待遇水平公平性失衡风险
制度成熟期：基金财务不可持续性风险
农村社会养老保险制度建设进程中主要风险的防范政策
农村社会养老保险制度的目标模式
设计依据
产权分析
管理体制
运行机制
法制保障
政策内容
制度建设的基本路径与政策建议
总结

图1-1 研究框架

第2章　文献述评

2.1　基本概念

2.1.1　社会保障制度

1935年，美国颁布的《社会保障法》最早提出社会保障一词，它的含义是国家以立法或行政强制形式设置的用于保障社会成员基本生活的各类制度的总称，用以对被保障对象提供经济上的和服务上的支持[7]。《简明不列颠百科全书》把社会保障定义为公共福利计划，社会保障制度的目的是弥补社会公众因为失业、年老或疾病等风险而带来的损失，旨在提高整个社会的福利水平[8]。

在我国，“社会保障”作为国家政策，最早出现在第七个五年计划之中，国内学者对社会保障制度的理解基本是一致的，即国家通过强制手段，对收入进行再分配以保障暂时或永久丧失劳动能力者基本生活的措施、制度、事业的总称[9]。参照上述定义，本书把社会保障理解为为了防范现代工业社会日益增多的失业、老年、疾病、工伤等风险，由国家通过立法的形式，并依法采取强制措施建立起来的各项制度的总称。

社会保障具体项目经历了一个从简单到复杂的演变过程。目前，我国的社会保障制度主要包括社会救助、社会保险、社会福利、社会优抚四部分，其中社会保险又分为社会养老保险、社会医疗保险、社会失业保险、社会工伤保险和社会生育保险。本书要研究的农村社会养老保险制度是针对农村居民社会养老保险的一种。

2.1.2　社会养老保险制度

学术界对于社会养老保险的定义，表述方式有所不同，主要有以下几种：①社会养老保险是国家根据居民的预期寿命，规定退休年限，当达到退休年限、解除劳动义务时，由国家为其提供基本生活保障的制度[10]；②社会养老保险是应对社会成员年老风险而建立的保障社会成员基本生活的制度，该制度采取强制措施实行[11]；③社会养老保险是法定范围内劳动者的权利和义务，为规定时间内按时参保并交纳养老保险费的社会成员，在达到待遇领取条件时发放养老金的一种社会制度[12]。

综上所述，现有研究对社会养老保险的理解都包含国家强制实行、应对年老风险、保障年老后的基本生活等要素。因此本书把社会养老保险定义为国家强制实施的劳动者在劳动年龄时段缴费、年老后领取养老金，并以保障基本生活为目的的一种社会保险制度。

2.1.3 农村社会养老保险制度

社会养老保险包含三层含义：①社会养老保险是在法定范围内的老年人完全或基本退出社会劳动生活后才自动发生作用的；②社会养老保险的目的是保障老年人的基本生活需要，为其提供稳定可靠的生活来源；③养老保险是以社会保险为手段以达到保障的目的[13]。按照《国务院关于建立统一的城乡居民基本养老保险制度的意见》，现行农村社会养老保险制度是相对于传统的农村社会养老保险制度而言的，它是由政府组织、引导和实施，立足制度可持续发展，从实际出发，按照因地制宜、分类指导、分层管理、分步推进的思路，在有条件的地区和群众中积极探索建立农民参保补贴制度，建立农民个人缴费、集体补助、政府补贴的多元化筹资机制，引导扶持被征地农民、农民工和务农农民参加的社会养老保险制度安排。

2.2 社会保障制度演进规律研究

现有文献中关于制度变迁规律的研究成果较为丰富。哲学视野中的制度演化规律是指制度在演化过程中所反映出来的一些规律性现象。张宽政[14]将制度作为把握客观规律的重要形式。辛鸣[15]总结了哲学视野中制度演变的三大规律：路径依赖规律，即今天的制度演化受以往制度的影响；量变中的质变和渐变中的突变并存规律，即制度演化是由量变到质变的过程，是新制度的因素逐渐增加、旧制度的因素逐渐减少的过程；制度变迁客观必然性和现实可能性的统一规律，即发展趋势的客观必然性和发展可能的现实条件性相互统一。赵光武[16]对马克思主义理论进行梳理后，归纳出新旧制度的更替从旧制度薄弱地方开始是一般规律。陈朝宗[17]提出人类价值观演变史制约着人类制度演变史，人类生产力与人类需要演变史则制约着人类价值观演变史，并分析了以自然价值为中心的制度体系、以道德价值为中心的制度体系、以经济价值为中心的制度体系、以人的价值为中心的制度体系、融合价值形态下的制度体系变迁的基本轨迹。徐斌等[18]提出社会制度建设的规律包括制度建设与社会发展相协调规律、制度建设和社会其他方面建设相协调的规律、各种具体制度相协调并在不同时期分重点推进的规律、制度建设各个环节依序衔接的规律。周小亮[19]提出了制度绩效递减规律，即随着制度生存时间的递增会出现效率递减或边际报酬递减，此时制度的生命也将走向衰亡。

关于制度变迁的过程，陈朝宗[20]划分为六个阶段，分别为理论创新、现存制度批判、新制度设计、论证与优选、试点试行、推广监控评估。邓大才[21]将制度变迁划分为强制性制度变迁和需求诱致性制度变迁，他把制度变迁的规律总结为强制性制度变迁要与需求诱致性制度变迁交替使用、强制性制度的安排要满足制度需求的需要、强制性制度供给要适当超前不能被动应付、选准强制性制度供给的时机。崔希福[22]提出社会制度变迁的“合目的性”与“合规律性”相统一的规律、社会制度变迁的自然演进与理性建构相统一的规律，他认为这是适用于任何社会制度变迁的普遍规律。

具体到经济社会生活中的具体制度变迁规律，褚伟强[23]提出中国现行农地产权制度变迁的四条规律：农地产权制度一定要适应农业生产力发展水平；提高农民生产积极性，必然带动农业生产迅速发展；全土地承包经营权流转要有阶段性和层次性；科技的发展不一定就引起农业的集约化经营，也可能是精耕细作、高产高效的小农业。杜英歌[24]采用历史制度主义的理论分析框架，考察中央与地方纵向权力的变化对地级市发展的影响；邓若冰等[25]研究发现，在制度变迁进程中，国家偏好尤其是发达大国的偏好决定了全球经济治理的路径选择类型，在形成最优的全球经济治理制度之前，大国俱乐部制度与区域多边制度的共存将成为可供选择的次优路径。

世界各国的社会保障制度经历了相对独立和不尽相同的演进路径，但是在互异中又有共同点[26]。杨晓[27]在回顾国外社会保障制度发展史的基础上，提出社会保障制度演进的主线，即“救济主导型—救济+保险主导型—保险+福利主导型—福利主导型”。他还提出社会保障制度演进的三大规律：社会保障制度建设要与经济社会发展水平相适应；社会保障制度保障水平具有刚性特征；社会保障制度在高级化的过程中将呈现出多线条和多样化的特征。

张思锋等在 2011 年出版的《新型农村社会养老保险制度试点研究》一书的绪论中写到[28]：“自 19 世纪 30 年代开始建立并逐步形成的现代社会保障制度有着与其他制度不同的独特的三阶段演进规律。第一阶段，制度诞生期，即某项社会保障制度建立初期，由于新制度提供了从无到有的保障福利，从而得到社会各方面的普遍认同和一致拥护，促成制度迅速建立并普及。第二阶段，制度成长期，由于新制度内在的不可避免地存在着对不同社会群体提供的福利差异，保障水平的公平性遭到强烈质疑，因此，解决保障差异、实现保障公平是这一阶段社会保障制度演进的主要内容；制度演进的方向是，以制度覆盖的全体保障对象中享受高福利人群的保障水平为标准，就高不就低，提高制度覆盖的全体保障对象的福利水平。第三阶段，制度成熟期，由于制度覆盖的全体保障对象福利水平的普遍提高，更由于社会保障支出的刚性特征，出现了巨额的社会保障资金收支缺口，引发社会保障制度的财务不可持续性危机。”其中，作者对社会保障制度演进规律给予了历史事实枚举归纳、推理证明，因此，关于社会保障制度演进规律的表述具有或然性特点的猜想特征。本书将对社会保障制度演进规律给予演绎推理证明和更加详尽的事实证明，力图使社会保障制度演进规律趋向于必然性。

2.3 农村社会养老保险制度现状研究

1992～2009年之前，我国农村地区推行的是老农保制度。老农保制度由于没有政府财政支持，因个人账户基金增值低于预期、养老金水平偏低等原因[29]，于1999年停止办理新业务，存量业务延续到2009年之后，在部分地区转入新农保。2009年9月1日，国务院颁布《关于开展新型农村社会养老保险试点的指导意见》标志着新农保试点工作正式启动，我国农村社会养老保险的制度模式由此确定，学者们对农村社会养老保险制度的研究日益增加，着重讨论农村社会养老保险制度设计和运行中存在的问题，尤其是调查研究在现有文献中所占比重较大。本书从宏观视角和微观视角对农村社会养老保险制度运行现状研究的文献进行梳理。

2.3.1 宏观视角的研究

农村社会养老保险制度正在有序展开，开局良好，但是学者普遍认为该制度还面临着挑战和难题：①各级财政的责任分担问题。中央财政有能力负担补贴，但中西部地区地方财政筹资困难，集体补助在绝大部分农村地区是一句空话，这已经成为学者的共识[30-31]。②农村居民长期缴费能力和缴费意愿问题。一般情况下，除了“40、50”农村居民、经济落后地区农村居民和丧失劳动能力的农村居民参加社会养老保险的难度较大以外[32]，其他农村居民均具有缴费能力。但是，考虑到对政策的信任度、养老金替代率低和收入水平的限制等因素，农村居民的缴费意愿维持成为一个难题[33-34]，而且，青年农村居民的选择也会导致“逆向选择”风险的出现[35-36]。③经办能力问题。由于农村人口众多，居住分散，流动性大，因此，无论是在机构、人员方面，还是在硬件设施和基层网络建设方面，农村社会养老保险的经办力量都严重不足[37]。④基金投资管理和保值增值问题。由于缺乏统一规范的基金投资管理办法，农村社会养老保险基金投资无章可循，保值增值成为个人账户基金的最大风险[38]。⑤与其他养老保险制度的衔接问题。农村社会养老保险跨制度、跨城乡、跨地区转移接续仍存在障碍[39]。此外，还有学者提到，缴费激励机制可能会出现帮富不帮贫的后果，隐性财政压力缺乏释放机制，个人账户中政府补贴资金非私有性等问题[40-41]。

针对农村社会养老保险工作中存在的问题，现有研究从宏观角度提出了对策建议。首先是立法先行[42-44]。其次是要明确各级政府职责，研究表明，个人、集体、中央财政和地方财政的筹资能力中，筹资最困难的是地方财政，尤其是中西部贫困地区，因此，要明确各级政府对财政投入责任的分配，建立中央对地方财力薄弱地区农村社会养老保险的专项转移支付制度[45-47]。再次，基金保值增值。例如，提高基金管理机构的层次；借鉴新疆“呼图壁模式”等实现金融工具的创新；建立国家农村社会养老保险基金理事会或基金政策银行等[48-49]。最后，农村社会养老保险制度的转移接续。例如，预留制度接口、改进计发办法、提高统筹层次，加快信息化建设等[50]。简单地说，农村社会养老保险应达到的目标，就是“实现农村劳动者老有所养”。另外，还有学者在精算的基础上指出，我国农村社会养老保险制度应在有限财政的理念下，采取分区域、分群体的差异性非均衡动态推进政策[51]。

2.3.2 微观视角的研究

由于农村社会养老保险制度在各个地区实施的基础差异较大，很多学者分别对各地实践中的农村社会养老保险制度进行研究，包括北京三区县，山东莱芜、青岛、烟台，江苏无锡、如皋，浙江宁波、慈溪，成都温江等经济较发达地区[52-58]；江苏金湖、东海、苏北地区，河南罗山、山西运城、陕西宝鸡等经济欠发达地区[59-62]；少数民族地区[63]。但是，这些研究多数是现状梳理、问题与对策的思考，对于一手调查资料的采集和应用研究较少。张方[64]借助访谈资料和统计数据，发现武汉市汉南区新农保试点中存在着个人账户激励机制未能有效发挥、养老金待遇水平偏低等政策设计层面的缺陷，也存在政策宣传不到位等政策执行过程的问题；张朝华等[65]对广东粤西四个试点县（区）的调查表明，“新农保”在推广过程中存在宣传力度不够、农户个人缴费困难、基础养老金发放存在制度性缺陷、集体补助缺口较大、强制农户参保现象仍然突出、原有制度对农户的心理影响较大等问题；米红[66]以青岛市城阳区新农保制度实行四年来真实的参保率数据为基础，应用生命表、系统仿真等技术对青岛市城阳区新农保基金发展趋势进行预测。王德文[67]以北京模式为案例，探讨了新农保制度设计及其特征，并对新农保试点效果与财务可持续性进行深入分析，研究认为，鉴于北京市的财政能力及其增长前景，北京模式不会面临太大的财政压力，但这种模式会给农村劳动力输出大省和不发达省份的地方财政带来很大的压力。

从现有关于农村社会养老保险制度现状研究的成果来看，宏观视角的分析把农村社会养老保险运行中遇到的问题进行归纳，并且在一定程度上将理论和实践相结合，研究面广但分析问题的深度不足，很多问题只是提出并未解决；对于微观视角的分析，文章数量很多，涉及的具体区域也很广，有以问卷调查、访谈和统计资料为依据的分析，但是调查数据的获得方法并没有十分清晰地交代。

2.4 农村社会养老保险演进进程研究

在中国建立起具有普惠特性的农村社会养老保险制度具有一定的可行性。问题是，政府财政能否提供制度运行所需要的财政补贴，并以此为基础提供有限水平的养老金[68]；博茨瓦纳、纳米比亚、尼泊尔、玻利维亚等[69-70]发展中国家推进农村社会养老保险的实践打消了这些学者的顾虑，这些欠发达国家取得了一些成功经验，也为我国推进农村社会养老保险制度提供了国际经验。

关于进程的概念，在计算机领域应用得比较普遍，它是指一个正在执行中的程序，计算机进程需要存储器、CPU、输入输出设备等资源的支持，这些资源在进程运行时按照预设规律分配[71]。在社会科学研究领域，从作者搜集的文献来看，进程被广泛应用于建设进程、发展进程、历史进程等领域，但是，尚未发现对进程的概念给予精确界定的研究文献。词典中对进程的解释一般是事物发展变化的过程[72]；文献中把进程基本等同于阶段、过程[73-74]。本书把进程的概念界定为在特定时间和环境下，采取有效的措施，推动事物发展变化的过程；农村社会养老保险制度建设进程是指农村社会养老保险制度发展变化的过程。

现有研究普遍表示应当加快农村社会养老保险制度的建设进程，特别是在指导意见出台后，学者较为一致的看法是应当加快新农保制度的建设进程。新农保制度试点地区和非试点地区之间的不公平性提出了加快新农保制度建设进程的要求[75]。全国人大农业与农村委员会指出，新农保试点是一项于国于民都十分有利的事情，有条件的地区应当尽快建立新农保制度[76]。Li Ming-shun[77]和李成贵[78]等认为指导意见把新农保制度从试点到适龄居民全覆盖的时间跨度规定为10年，对于未参加试点地区的农村居民来说时间太长了，应当加快扩大新农保制度试点覆盖面。青连斌、林义、项洁雯等[79-81]，在第四届中国社会保障论坛上呼吁加快新农保制度的建设进程。张作哈[82]提出四川省非新农保试点地区的农村居民反映他们在养老保险方面与试点地区农村居民反差过大，迫切需要尽快享受新农保制度。

在关于农村社会养老保险制度建设进程的研究中，有学者指出加快农村社会养老保险制度建设进程所面临的约束条件[83]。陈美[84]认为，由于农村社会养老保险法制建设滞后、农村基层经办人员对农村社会养老保险政策的理解有限、贫困地区财政配套资金落实困难、集体补助难以落实等问题存在，农村社会养老保险制度建设进程不宜太快。崔萍[85]提出，制约农村社会养老保险制度建设的因素包括政府补贴不到位、老农保制度失败的影响、基础养老金水平较低等；王增文[86]在对农村社会养老保险基金收支进行定量测算的前提下指出，从中短期来看，我国农村社会养老保险制度建设没有财政补贴的约束，但是，从长期来看，农村社会养老保险制度将会面临巨额的基金支出压力；邓大松和薛惠元[87]通过社会调查发现农村居民参加农村社会养老保险制度所面临的约束主要是参保意愿，大多数农村居民具备了参保能力。

2.5　农村社会养老保险演进风险研究

对于风险的定义，有“主观说”和“客观说”两种定义方式。“主观说”的代表是 Haynes，1895 年，Haynes[88]对风险的界定是损害或损失发生的可能性；1968 年，Kulp 等[89]认为风险就是某种不确定条件下可被量化的财务损失的不确定性；1983 年，Mehr 等[90]将风险的概念明确为损失的不确定性。“客观说”的代表是 Pfeffer，1974 年，Pfeffer 等[91]将风险理解为一种客观存在，可以用概率来度量；1985 年，Willialms 等[92]把风险定义为某种特定时间和情景下所产生的不同结果之间的差异。本书在研究农村社会养老保险制度演进风险时，主要运用风险定义的“客观说”。

对于农村社会养老保险制度建设中所面临的风险，薛惠元[93]给出明确的定义，他认为农村社会养老保险制度建设风险是制度建设的现实与制度建设预期目标之间的偏离程度。本书借鉴学者关于风险和农村社会养老保险制度建设风险的概念界定，把农村社会养老保险制度建设面临的风险理解为制度“诞生期—成长期—成熟期”演进过程中面临的各种损失的不确定性。农村社会养老保险制度建设风险发生的特定情景是在制度建设过程中，特定时间是制度从诞生到成熟的全过程。

从检索的文献来看，尽管农村社会养老保险制度全国实施时间仅有四年，但是关于农村社会养老保险制度建设风险的研究成果已经较为丰富，这些研究成果主要集中在农村人口老龄化风险、制度设计风险、经办能力风险、政府财政风险、筹资风险、基金运营风险等。

1）农村人口老龄化风险

农村人口老龄化带来的直接后果是领取养老金的人数增加。王翠琴等[94-95]认为农村社会养老保险制度将面临养老金给付风险，给付风险的含义是农村社会养老保险养老金的待遇水平不能满足制度设计的“保基本”目标，而导致给付风险的原因就是长寿风险。有学者对农村地区人口老龄化风险进行测算，并提出农村社会养老保险制度规避人口老龄化风险的对策，这些对策包括调整农村居民缴费水平、养老金计发月数、待遇领取起始年龄、对农村社会养老保险基金进行投资运营等[96]。

2）制度设计风险

邓大松等[97]对农村社会养老保险制度设计风险进行系统的研究，提出制度设计风险包括因保障水平过低导致的制度保障效果较差、因县级统筹导致的制度碎片化、因户籍制度导致的社会养老保险制度城乡差距、因农村居民逆向选择和不同地区间资源配置不当造成的激励制度差异、因新农保制度管理者决策时滞造成的制度动态失衡风险等。王翠琴等[94]把农村社会养老保险制度设计风险的主要形式归纳为精算风险，精算风险表现在个人账户计发月数和目标替代率两方面。薛惠元[95]提出农村社会养老保险制度设计不科学导致制度实际运行与预期效果之间存在差距，这种差距的根源就是制度设计。何晖等[98]认为农村社会养老保险制度设计中提出养老金支付终身将会对制度的财务可持续性产生影响，个人账户基金超支风险可能存在。鲍震宇[99]认为参加农村社会养老保险的农村居民个体之间存在差异，缴费水平也允许有所差异，但是这会导致不同参保群体间的不公平性风险。

3）经办能力风险

Ce Shen 等[100-101]从城镇职工基本养老保险经办机构挪用养老保险基金的情形出发，可以推断出农村社会养老保险经办机构也必然存在着管理不善的情况，认为农村社会养老保险基金也有被挪用的风险。王翠琴等[94]指出农村社会养老保险经办机构的经办人员、业务流程、信息化程度等都有可能导致业务办理的操作性风险，其中经办人员因素主要包括个人业务素质、人员配置、人员失职等。薛惠元[95]对农村社会养老保险制度的经办能力风险进行评估，提出经办机构、经办人员、经办经费等是引发经办能力风险的诱因。

4）政府财政风险

现行农村社会养老保险制度与老农保制度的主要区别是有政府财政支持[102]，李晓佳[103]指出，农村社会养老保险制度对各级财政投入的要求很高，从短期来看，大多数地方政府是有财政支付能力的，但是如果地方政府财政收入不能长期保持高速增长，那么地方政府财政在支付农村社会养老保险政府补贴时将会遇到财政支付能力不足的风险。韩晓建[104]认为，指导意见规定的 30 元每人每年的农村社会养老保险参保补贴对于一些地方政府是十分困难的，根据补贴的刚性特征，这些地方政府的养老金财政支付风险将逐渐增大；薛惠元等[105]认为中央财政对中西部地区基础养老金给予全额补助，对东部地区补助 50%，是不公平的，可能导致东部部分省份存在政府补贴不足的风险。何晖等[106]在对湖北省 10 个首批试点县进行调查时发现，县级政府存在财政补贴能力不足的风险。

5）筹资风险

徐清照[107]指出老农保基金主要来源是个人，新农保基金的主要来源是个人、集体和政府。Yang 等[108]的测算结果表明，我国可以建立起不需要农村居民缴费的社会养老保险制度，这种制度从财务上是可行的。王翠琴等[94]设计了农村社会养老保险风险评价体系，她指出农村养老保险筹资机制中加入财政补贴因素，能够在一定程度上调动农村居民的参保积极性，个人筹资风险能够通过农村居民缴费能力的测算来度量，集体补助筹资风险可以通过乡镇政府的财政收入来度量，政府财政补贴风险可以通过制度财政补贴总额与财政收入总额的比值来度量。安华[109]对内蒙古地区的筹资风险进行测算，认为内蒙古地方财政对农村居民的缴费补贴不存在风险，大部分农村居民有能力按照 500 元的缴费档次缴费。吴连霞[110]指出农村社会养老保险制度中的集体筹资风险很大，大多数地区集体补助没有到位。

6）基金运营风险

韩晓建[104]提出在现有的养老保险基金利率和通货膨胀水平下，农村社会养老保险基金存在着保值增值风险。Ce Shen 等[100]认为农村社会养老保险制度的个人账户在理论上不存在空账风险，但是在实际操作中，可能会空账运行，农村社会养老保险制度运营成本和基金管理风险也很大。宋明岷[111]认为农村社会养老保险制度基金管理的制度规范尚不健全，可能存在基金运营的违规操作。王翠琴等[94]认为农村社会养老保险基金投资的风险不仅是在现行制度下存在，在未来进入资本市场后也是存在的。何晖等[106]分析了县级管理层次下农村社会养老保险基金未能进入资本市场，存在着保值增值风险。

2.6 国外农村社会养老保险模式研究

在工业化和城市化发展过程中，大多数发达国家都建立起了农村社会养老保险制度[112-113]，对研究国外农村社会养老保险制度的文献进行梳理，能够为我国农村社会养老保险制度建设提供一定的借鉴。国外具有代表性的农村社会养老保险模式主要有援助者自助模式、福利型养老保险模式和储蓄型养老保险模式。

第一，援助者自助模式。援助者自助模式的农村社会养老保险制度以德国、日本为代表[114]。日本农村社会养老保险制度是以国民年金制为基础，多层次社会养老保险并存，德国建立了以农场主为缴费主体的强制性农村社会养老保险制度。援助者自助模式将现收现付制和完全积累制相结合，强调个人在社会养老保险中的权利和义务，国家主要起到援助的作用，能够更好地满足市场经济的需要[115]。Jessica[116]、Lassila[117]等都认为，发展中国家农村地区人口老龄化已经成为必然的趋势，加上农村地区传统家庭养老保障功能的逐渐衰弱，农村居民有着强烈的社会养老需求，他们建议建立非缴费型的城乡一体化的社会保险体系。David Miles等[118]和 Carlos Vidal-Melia 等[119]对现收现付制和完全积累制的养老保险基金管理模式进行比较后，提出农村社会养老保险制度建设应当考虑隐性债务和基金投资运营。有学者讨论了待遇确定型养老金计划、缴费确定型养老金计划的制度可信度，认为俾斯麦式现收现付制和待遇确定型养老金计划可信度较低，贝弗里奇式现收现付制和缴费确定型计划的可信度较高[120]。

第二，福利型养老保险模式。农村社会养老保险制度的福利型养老保险模式以英国、瑞典为代表[121]。这种模式的社会养老保险制度以公平为价值取向，以政府财政支持和个人强制缴费为筹资方式，政府为农村社会养老保险制度提供法律保障，同时也是缴费的重要主体，成为农村居民从摇篮到坟墓全程保障的组成部分[122]。Martin Kolmar[123]提到基金收益率是影响“贝弗里奇制度”和“俾斯麦制度”可持续性的重要因素。福利型养老保险模式最大限度地实现了社会公平，受到农村居民的普遍欢迎，但是这种模式的农村社会养老保险制度资金主要来源是政府财政，给政府财政带来了沉重的负担。

第三，储蓄型养老保险模式。储蓄型养老保险模式以新加坡、智利为代表[124]。这种模式的社会养老保险制度是基于完全积累制建立的，受人口老龄化的影响较小，政府需要支付的养老保险补贴也较少，政府财政负担较轻[125]；但是这种模式主要是个人代内自养，无法实现社会互济，养老保险制度互济性的功能难以发挥。Stevens Ralph 提出可以通过建立名义账户制的办法，加强养老保险基金的投资运营，这样就能够降低制度的政治风险，克服储蓄型养老保险模式互济性差的缺点[126]。

2.7　农村社会养老保险推进措施研究

农村社会养老保险制度的推进需要多方政策支持和协调，从现有研究成果来看，提出很多保障制度顺利推进的措施，将这些措施归类如下。

2.7.1　立法先行

发展农村社会养老保险要立法先行，加快法制建设。韩俊江等[127]指出建立农村社会养老保险，在修订出台《中华人民共和国社会保险法》的同时，拟定《农村社会养老保险条例》。张腊梅[128]对发达国家农村社会养老保险制度建设的做法进行总结，并结合我国实际，提出在财政、金融和税收等方面综合改革以明确农村社会养老保险制度基金来源、待遇标准、收支程序等内容，并建议将农村社会养老保险制度以法律的形式确定，保障农村的这项合法权利，从根本上解决农民的社会养老问题。

2.7.2　明确各级政府职责

要明确各级政府在农村社会养老保险中的责任分配，特别是财政投入责任的分配，建立中央财政专项预算[40]。中央政府应无偿提供基础养老金，省政府应当为计划生育、烈士军属户等建立年金，县（市）政府应当补贴个人账户[127]，对于经济发展水平较低的地区，应由中央财政通过转移支付的办法给予资金支持，建立对地方财力薄弱地区养老金专项转移支付制度。另外，在厘定政府财政职责的同时，要创新政府考核机制，建立内部考核、外部监督机制，建立监督和制约的权力平衡机制[129]。

2.7.3　建立多元的筹资机制

农村社会养老保险的资金来源应该以个人缴费为主，集体、政府给予一定的财政补贴。卢海元指出，“实物换保障”是根据不同的对象，以特定方式将其拥有的农产品、土地和股权等实物转换为保险费，分别设计现实可行的社会养老保险制度方案。年轻农民实行“产品换保障”；老年农民和被征地农民实行“土地换保障”；进城农民实行“产品换保障”加“土地换保障”的“双轨制”；乡镇企业职工实行“股权换保障”加“产品换保障”加“土地换保障”[130]。闰艾茹等认为，根据中国国情，政府目前不可能为农村社会养老保险提供巨额的财政补贴，建立个人账户储备积累，缴费确定型的农村养老保险制度是在总结试点经验的基础上，根据中国国情和农村实际作出的现实选择，也符合国际养老保险的发展方向[131]。

2.7.4 多重保障方式并存

在我国经济社会发展的关键时期，应当充分发挥家庭、社会、社区在养老方面的优势，发挥三种主流保障方式合力作用，方能满足中国农村社会养老保障的需要。在农村，老年人在丧失劳动能力后可以将土地交给其他家庭成员经营，也可以通过土地流转来获得一定的租金收入用于养老，土地因此而成为一种有效的社会养老保险工具[132]。以家庭养老为主，社会养老为辅的方式在贫困地区推行；家庭养老与社会养老相结合的方式在温饱地区推行；以社会养老为主，家庭养老为辅的方式在富裕地区推行。另外，在加大宣传、明确政府责任、建立养老体系，继续维护家庭养老、社会养老、社区养老三种养老路径选择的同时，还要加快乡村工业的发展，加快对农村教育投资，完善土地制度，多方面加强农村养老保险外部环境建设[133]。

2.7.5 确保基金保值增值

将社会养老保险基金交由县级部门管理不能很好地实现保值增值，风险比较大，现有研究建议县级部门将农村养老保险基金部分或全部上缴，由省级部门或者更高层次的部门实现保值增值并承担责任，由政府部门承担最终担保。另外，还可以成立农村社会养老保险制度绩效评估专家工作委员会，尽快创造条件，构建国家农村社会养老保险基金理事会或国家农村社会养老保险基金政策银行。米红以变异系数和系统动力学方法为基础，综合运用资产组合理论，计算得到将20%的农保基金投资股票，能够使收益和风险相平衡[134]。贾杰改进了风险最优模型，并以风险最优模型为基础，测算得到我国养老基金投入风险资产的最佳比例不超过10%[135]。

推动农村社会养老保险制度建设的战略，不仅涉及立法、财政支持，还涉及制度本身及其与其他制度的联系等多个方面，有学者对这些方面进行了一定的探索。韩俊江等对于制度转接方面给出了四点建议：一是要预留制度接口，制定与其他社保政策转换的详细办法；二是必须改进养老金计算办法，将不同时期的缴费都予以承认；三是加快社会保险省级统筹步伐；四是加快全国社会保险信息化联网建设，为省际农保与其他社保政策间的接续转移提供技术支持[127]。Thompson认为只要肯筹划，国家能够负担起年老的风险[133]。

2.8 文献评价

现行的农村社会养老保险制度是在我国农村地区特定经济、社会、文化背景下，探索出的适合我国国情的具有中国特色的社会养老保险制度。尽管现行农村社会养老保险制度实施的时间较短，但国内外学者关于这一制度的研究成果已经较为丰富，特别是关于农村社会养老保险制度实施的必要性，各地现行的农村社会养老保险的实施现状、存在问题及对策等进行深入的探讨，为本书相关研究奠定了基础。现有研究成果呈现以下四个特点。

（1）对农村社会养老保险制度的现实问题研究较多，但缺乏基础理论的指导。现有研究成果大多是针对农村社会养老保险制度运行中的特定问题开展研究，如各级财政的责任分担问题、农村居民长期缴费能力和缴费意愿问题、经办能力问题、基金投资管理和保值增值问题、与其他养老保险制度的衔接问题等，并针对这些问题提出了相应的对策建议，但是，这些研究与社会养老保险基础理论的结合程度不够。马克思主义实践认识论强调理论与实践相结合，理论指导实践。社会保障制度演进规律是农村社会养老保险制度研究的基础理论之一，对农村社会养老保险制度的研究应当借鉴现有理论研究的成果，理论与实践相结合，用社会保障制度演进规律这一理论指导我国农村社会养老保险制度的实践。

（2）对农村社会养老保险制度当下的问题研究较多，但缺乏长期的战略性研究。现有研究成果主要围绕农村社会养老保险出现的操作性困境开展，特别是针对某一特定地区的调查研究较多，这些研究全面展示了农村社会养老保险制度现状，描绘了政府、居民、集体对农村社会养老保险制度的责任与态度，总结了新农保试点的经验，提出农村社会养老保险制度优化的对策。对于农村社会养老保险制度全覆盖之后面临的风险或问题，应当有预见性的研究，并提出规避风险的对策建议，这对于农村社会养老保险制度的长期可持续发展有着重要的现实意义，这也是理论研究应当承担的责任。现有研究成果对于农村社会养老保险制度成长期、成熟期的关注较少，预测性的研究较为少见，特别是对制度的中长期发展战略，还没有清晰的理论层面上的勾画，在一定程度上限制了理论研究指导实践作用的发挥。

（3）对农村社会养老保险制度自身的研究较多，但缺乏与其他制度相联系的研究。指导意见中提出，农村养老保险制度要“与家庭养老、土地保障、社会救助等其他社会保障政策措施相配套，保障农村居民老年基本生活”，还提出与农村社会养老保险制度相衔接的“城镇职工基本养老保险、被征地农民社会保障、水库移民后期扶持政策、农村计划生育家庭奖励扶助政策、农村五保供养、社会优抚、农村最低生活保障制度等”。在现有的研究成果中，对农村社会养老保险自身的、孤立的研究较多，将农村社会养老保险制度放到我国社会保障制度这个大背景中的研究较少，农村社会养老保险制度与其他配套制度的关系研究也较为少见。在对国外农村社会养老保险制度建设经验的借鉴方面，现有研究也没能充分地将国外经验与国内实践相结合。理论和实践都证明，只有将农村社会养老保险制度放在我国社会保障制度这个大环境中，才能理顺制度的建设思路，协调好各方面的关系，进而提出更具可操作性的建议。

（4）对农村社会养老保险制度近期的调查研究较多，长期的定量研究较少。从现有研究成果来看，对农村社会养老保险制度实施地区的调查研究较多，如对北京三区县，山东莱芜、青岛、烟台，江苏无锡、如皋，浙江宁波、慈溪，成都温江等经济较发达地区，以及江苏金湖、东海、苏北地区，河南罗山、山西运城、陕西宝鸡等经济欠发达地区，少数民族地区的调查研究，通过这些调查研究分析农村社会养老保险制度建设面临的问题或风险，并提出对策建议。在研究方法的选择上，大多是定量的统计分析、模拟仿真研究。但是，对于农村社会养老保险制度长期的研究还处于定性的猜想阶段，定量测算农村社会养老保险制度未来发展中的相关参数的研究较少，在一定程度上削弱了现有研究对制度长期发展的指导意义。

本书在现有文献研究的基础上，按照以下思路研究：以马克思主义实践认识论为指导，认识并证明社会保障制度演进规律；以社会保障制度演进规律为指导，分析农村社会养老保险制度演进阶段的主要风险及防范措施；以农村社会养老保险制度演进阶段的主要风险及防范措施为基础，设计农村社会养老保险全国普遍实施时期的目标模式；以推进农村社会养老保险制度全国普遍实施时期的目标模式为目标，提出农村社会养老保险制度建设的基本路径与政策建议。本书的理论框架见图 2-1。

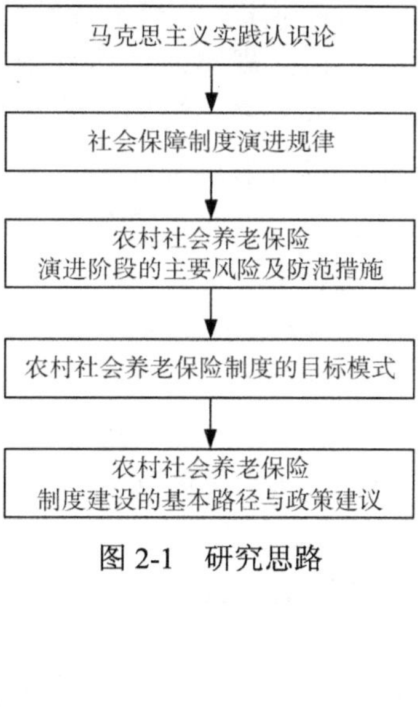

图 2-1 研究思路

第3章　社会保障制度演进规律及其证明

3.1　认识和证明社会保障制度演进规律的指导思想

3.1.1　规律及其特征

关于规律的探索，可以追溯到原始社会人们对日升日落、阴晴圆缺等现象的讨论上，在之后的历史发展进程中，人类在不断探索着规律，只是不同历史阶段不同地区人们探索规律的领域有所不同。

中国古代哲学中虽然没有明确使用“规律”一词，但通过其他词语表达出了与规律相同或相近的含义，如“律”“数”“道”等；西方哲学对规律的探讨可以追溯到古希腊哲学的本体论，即探索世界的本原是什么。《辞海》中对规律的解释是：“事物发展过程中的本质联系和必然趋势。具有普遍性、可重复性等特点。它是客观的、是事物本身所固有的，人们不能创造、改变和消灭规律，但能认识它，利用它来改造自然界、改造人类社会。科学的任务就是要从感性认识上升到理性认识，揭示客观规律，指导人们的实践活动。规律可分为自然规律、社会规律和思维规律。唯心主义者否认规律的客观性，形而上学唯物主义者否认人在规律面前的能动作用，这些都是错误的。”[136]马克思主义经典作家论述了规律的本质。恩格斯指出规律是自然界中普遍性的形式；列宁把规律认为是本质的现象，将规律和本质深化为同一类型的概念，它们是宇宙运动中本质的东西的反应。基于此，本书沿用马克思主义经典作家对规律的理解，将规律界定为反映客观事物发展过程中的本质联系，是对事物内部以及事物之间发展变化过程中稳定的、必然的联系。

按照不同的分类标准，规律可以划分为不同的类别。一般规律、特殊规律和个别规律是根据规律所描述的范围划分的；共时态规律、历时态规律、共时-历时态规律是根据规律表现的时空状态划分的；自然规律、社会规律、思维规律是根据规律描述的对象划分的。规律具有如下特征。

1）客观性

规律最基本的特征就是客观性。客观性是与主观性相对应的概念，用以表示人的意识和意志之外的，不以人的意识或意志为转移的客观实在及其唯一特定性。规律的客观性体现在规律的独立自主性与不可违抗性，这一点在马克思主义哲学和现代科学中都已经得到了证明。在人类社会出现之前，自然界的运动是有规律可以遵循的，并且不受人类社会的影响；人类社会出现之后，人们对规律有了更多的认识和反应，人类可以把握规律，利用规律改造世界，但是人类不能改变规律。遵守客观规律是人类参与到自然界中的必然前提，只有遵守客观规律，人类的活动才能更好地改造世界，否则将受到自然界的惩罚。在社会领域，社会规律的表现形式要比自然规律复杂，因为它时刻受到人类意志的影响，但是，社会规律依然是客观的。马克思指出，人类社会的发展是一种自然历史过程，社会规律是社会本身运动的自然规律[137]。社会规律的作用和实现取决于一定的客观历史条件，和一定的客观历史条件相联系。客观历史条件对社会规律的作用和实现的制约性，决定了社会历史过程的多样性和特殊性，也决定了社会规律的客观性。

2）必然性

“客观规律不外是各种事物和现象之间的这样一种因果关系和这样一种互相关系；一些事物和现象的存在，必然引起另一些事物和现象；事物发展的这一阶段必然引导到另一阶段。”[138]必然性的含义是不可避免的，必将发生的。在牛顿力学占统治地位时期，人们把因果关系认为是自然界所有事物必将严格遵守的唯一规律，认为因果关系是决定全世界的唯一规律[139]。但随着自然科学的发展，发现很多事件并没有严格按照因果关系而必然地发生，随机事件的偶然性也是存在的，这引起了自然科学家的注意，规律在发挥作用时既存在必然性也有偶然性。马克思主义哲学揭示了规律的必然性与偶然性是对立统一的，它们产生和发挥作用在事物发展中的地位和作用不同，但是必然性是通过大量的偶然性表现出来的，偶然性是必然性存在的基础和前提，也是必然性的必要补充，在特定条件下，规律的必然性和偶然性之间会相互转化。

3）可重复性

恩格斯认为，规律是普遍存在的也是一种普遍的形式，例如，氯和氢两种气体在特定的条件下必然会化合成氯化氢，而只要条件具备，又必然会重复上述过程。规律的可重复性是指在相同情况下，无论何时何地都会发生相同的情况。在统计学中，规律的可重复性表现为大数法则，也就是相同事件发生的概率是稳定的；在自然科学中规律的可重复性表现为守恒、循环、重现等。自然规律和社会规律都具有可重复性，自然规律的重复是现象的，而社会规律的重复性表现为同类历史事件中共同的、本质的东西。例如，社会的经济结构决定社会的政治结构和观念结构，这便是社会发展中不断重复的东西，它在不同社会形态中不断地显现其重复性。

一切事物的共同规律是唯物辩证法的规律，是最一般的规律。一般规律是对大多数事物或者事情发展适用的规律，如生产力决定生产关系、经济基础决定上层建筑规律，对人类社会来说是一般规律。一般规律在实践中体现为特殊规律，特殊规律是对部分事物或者事情发展适用的规律。一般规律和特殊规律相互联结着，特殊规律是一般规律的表现形式，而一般规律又总是存在于特殊规律之中。所以，我们在认识规律时要从特殊规律出发寻找一般规律，从一般规律出发并以一般规律为指导，进一步去认识特殊规律。社会保障制度演进规律是人类社会发展过程中的一个特殊规律。

3.1.2　马克思主义实践认识论

认识是人的头脑对客观世界的反映。马克思主义科学界定了认识主体、客体及中介。认识的主体是指处于一定历史条件和社会关系中的、从事着认识活动与实践活动的人，他是体力和智力、物质和精神相统一的社会存在物；认识的客体是指进入主体的认识活动领域的对象，也就是进入主体认识活动和实践活动范围的客观事物；认识的中介是指主体和客体在相互作用过程中所利用的一切条件，包括物质条件和精神条件[140-143]。

3.1.2.1　认识的辩证运动过程

1）“实践—认识”

实践到认识的过程实现了感性认识向理性认识的飞跃。感性认识是认识的初级阶段，探视对于现象、外部联系和事物的各个片面的认识，可以体现为知觉、感觉和表象。感觉器官所具体反映的具体事物的某些特定的属性或者特征就是感觉，直接联系人的意识和外部的世界，感觉也是感性认识的起点。知觉是众多感觉的合集，它是通过把众多的感觉整合在一起形成的事物的整体形象。在大脑的感觉和知觉形成过程中有对表象的认识，当一瞬间的感觉和知觉离开之后，表象仍然可以在脑子中留下印象。我们常说的望梅止渴就是吃梅子的感觉和知觉离开后形成的表象。“感觉—知觉—表象”是一个认识的发展过程，体现了由部分到全体，由直接到间接。即使到了表象层面，这仍然是感性阶段的认识，只有人们在实践中积累了足够的感性阶段认识之后，才能发生认识的飞跃，进入理性认识阶段。理性认识作为认识的高级阶段，反映了事物的本质联系，全体的和内部的联系，马克思主义哲学认为，理性认识有三种表现形式，分别是概念、判断和推理。概念是理性认识的基本形式，是对同类事物的共同的、一般本质的反映。判断是人们对客观事物是否具有某种属性的断定。概念和判断之间相互依赖，概念是浓缩的判断，判断是展开的概念。推理是从事物的联系中按照某种规律由已知推知未知的过程。概念之间展开就是判断，判断之间展开就是推理。“概念—判断—推理”是一个理性认识由低级向高级推进的过程。实践中的人们首先获得感性认识，进而从感性认识中获得直接经验。认识的功能和任务决定了要从感性认识上升到理性认识。认识的任务正是通过感性认识达到理性认识，了解事物的本质规定性和规律性。从感性认识到理性认识是认识的质变过程，是认识达到了更高的阶段。理性认识在一定程度上会促进感性认识。总之，感性认识和理性认识的产生都是源于实践，实践是由感性认识到理性认识的基础。由感性认识上升到理性认识首先要勇于实践，在实践中开展调查研究，获得大量的感性材料，只有掌握了这些材料，才能形成概念，进而判断，形成推理。由此可见，认识来源于实践，认识阶段的上升依赖于实践。

2）“认识—实践”

认识的根本目的是指导实践，由感性认识到理性认识只是认识的一个阶段，当我们拥有理性认识之后就要完成认识的另外一个阶段，就是认识回到实践中，认识指导实践，这是认识的又一次飞跃。一方面，人的全部活动就是认识世界和改造世界，由认识指导改造世界的活动，指导更好地认识世界；另一方面，正确思想的指导是实践的必然要求，要有更好的实践，更好地改造世界就必须有正确思想的指导，同时认识的正确性需要实践进行检验、修正和补充。

要实现由认识到实践的过程，首先要求指导实践的认识是正确的。只有正确的认识才能指导实践，发挥认识的作用，推进实践的进步；如果是错误的实践将会使实践偏离正确的轨道。其次，实现由认识到实践要坚持一般认识与具体实践的有机结合。因为每一个具体的实践都具有自己的特殊性，把一般的认识应用到实践中要根据具体的实践有所取舍，只有有所取舍才能增强指导实践的有效性，认识也要在新的实践中不断发展。最后，只有让群众掌握了认识，认识才能回到指导实践的实际中去。社会实践的主体是群众，只有认识被群众所掌握，它才能指导群众的实践活动，才能转化为认识世界、改造世界的力量。

3）“实践—认识—再实践—再认识”

认识是呈螺旋式前进的。由实践到认识，再由认识到实践是一个在曲折中前进的过程，认识在不断地由低级向高级发展。由于社会历史条件、自然条件、认识主体素质等因素的制约，事物的本质并不能一次性暴露，而是需要一个过程，认识的过程就是这种不断的探求事物本质的过程。就人类社会而言，人类的实践是无限的，客观世界的发展也是无限的，那么人们的认识就要无限发展、反复进行。同时，马克思主义认识论强调群众是社会实践的主体。在实际的认识活动中要倾听群众的意见，从群众中吸取知识，形成认识，再到群众中宣传认识，使群众提高自身素质，提升认识水平，如此循环往复。

认识的运动过程体现了主观与客观、认识与实践之间的统一性。理论要想具有一定的真理性，必然要产生在实践的基础之上，理论的发展要随着实践的不断发展而不断发展。

马克思提出社会发展的一般规律，并对这一规律进行证明，但是马克思并没有提出针对某一项具体社会制度发展的规律。运用马克思主义实践认识论，按照马克思分析社会发展的一般规律的路径，总结某一项具体社会制度发展规律，需要在掌握大量的实践事实的前提下，明确认识规律视角。

3.1.2.2　认识规律

1）实践认识视角

实践作为唯物史观的重要范畴，是我们认识社会和认识社会规律的切入点。实践不仅仅是物质生产活动，还包括一些停留在人们的精神层面的活动，这种精神层面的活动是由物质生产活动所决定的。因此，物质实践活动是社会形态演进的基础，通过自身的活动调整和控制人与自然物质变换的过程是物质实践活动的表现形式之一，此时，人们要在人与自然之间、人与人之间、人与其意识之间发生必然的特定的关系。

社会规律是关于社会发展的规律，而社会发展是人的实践活动的结果，从这一层面上讲，社会规律揭示了人类实践活动的规律，应当从人的实践活动的角度认识社会规律。

第一，从实践的角度把握人的实践活动与社会发展规律的关系。人的实践活动是社会发展的基础，从这个角度来看，归纳社会发展规律实际上是归纳人的实践活动规律。人的实践活动是有意识和有目的的活动，而人类社会发展史就是无数个人的实践活动合力产生的结果，每一个人的实践活动都是由许多特定的条件决定的，这些实践活动相互交错，进而作为一个整体，不自觉地就会推动人类社会的发展。人的实践活动是个人意志的反映，但众多各异的个人意志支配的实践活动，最终结果却是作为一个整体力量作用下的产物。这个作为一个整体的力量便是隐藏在人的实践活动背后的社会规律。没有人的实践活动就没有社会，更不会存在社会规律。社会规律作为人的实践活动中隐含的本质的联系，人的实践活动是社会规律的载体，人的实践活动始终呈现出某种规律性。在认识社会发展规律的时候，往往误解人的实践活动与社会规律之间的关系，究其原因主要有二：

一是社会发展规律是从大量人的实践活动中总结出来的，具有抽象性，当社会发展规律作为独立的研究对象时，往往将社会发展规律与人的实践活动相分离；二是人的实践活动是有意识和有目的的，这种意识和目的性往往让人觉得与规律的客观性相悖。

第二，从实践的角度把握社会发展规律的历史性。马克思之前的社会规律大多有预成规律倾向。如神学历史观就强调上帝的意志是支配一切人类活动的主宰；自然科学角度对社会规律的归纳忽略了人意识的作用，把社会规律描述成类似于自然规律的规律；黑格尔辩证地看待了历史，但是黑格尔的观点更加强调人类的实践活动是受到人的精神支配的，社会规律是先于历史而预成的。马克思的社会规律理论强调实践，马克思指出，人和人的实践构成了历史。“当人开始生产自己的生活资料的时候，这一步是由他们的肉体组织所决定的，人本身就开始把自己和动物区别开来。”人的实践活动和人类社会的发展是同步的；社会历史是人类交互活动的产物，人类社会是人的实践活动发展到一定阶段的产物；社会发展规律也是历史的，在人类社会产生之前没有社会发展的规律，人类社会产生之后，伴随着人类的实践活动，才有了社会发展规律。“作为历史主体的人的实践之前或实践活动之外，没有社会历史的创造主，也没有社会规律的创造主。”[144]

第三，从实践的角度把握社会规律的主体性和客观性。社会发展规律具有主体性和客观性特征，而社会规律的主体性和客观性是在人的实践活动中统一的。人类社会的发展是各个时代的更替历史，新的时代代替旧的时代并不是完全摒弃前代的成果，而是在继承前代的生产资料、生产力的基础上，继续从事前代的社会实践，进而改变旧的条件创造新的条件，从而推动社会的发展。人类历史上所遗留的生产资料和生产力是当前人们实践活动的客观条件，这些客观条件决定了现代人实践活动的方向，也暗示了历史发展的方向，历史发展的方向是由客观条件决定的，不是受人的意志支配而随意改变的。诸多复杂的因素交织在了人类社会发展的整个过程中，这些复杂因素的交互作用使社会规律表现为某种趋势，而不是特别具体的一种演进路线，在这种趋势的支配下，社会规律的主体性和客观性达成统一。

2）事后认识视角

社会规律具有客观性，它是人的实践活动和社会运动发展的本质的、必然的联系，社会规律是在人的实践活动和社会运动发展到一定阶段才被人认识到的，是通过对大量史料的总结才被认识的。

第一，社会规律只有在史料的长河中才能被认识。社会规律揭示了社会转变和社会变革中的必然性和偶然性的统一，它是对社会现象转变质的规定性的描述。

社会规律不但说明了社会历史发展的因果联系，而且对社会发展的趋势、方向、结果等进行预见，表达了相互联系的人类实践活动的本质关系。正是由于社会规律的作用，社会总是处于不断的发展、进化之中。恩格斯指出，自然界的大循环在我们所处的时代还不能完整地看到，只有把这个循环放到更高的时间跨度内，才能体现出来。社会规律不同于自然规律，人类社会的产生和发展都呈现出一种上升的趋势，而且这种上升性是物质生产、精神生产、生产关系变革等相互交织、相互作用的上升，不单单是种类的增加，而是质量的提升。这与自然规律的个体性、独立性是有差别的。因此，社会规律不能像自然规律一样，完全根据经验就可以归纳出来，社会规律要在史料的长河中不断总结、不断变革。

第二，社会规律的作用只有在过后才能显现。社会中的个人都在进行着实现自己意志的实践活动，以自己的目的为追求，进而使得任何社会运动都是自觉的和带有一定的目的性的。这些单个运动中的冲突和联系共同构成了社会的整体运动，从而在特定时间内达成一种自发的社会整体无意识的运动趋势，这一运动趋势是无数个个人实践活动合力的结果，每一个单个个体可能都不能实现或完全实现自己的意志，但是他们的合力却对整个社会的发展作出了贡献。社会规律就是个体实践活动合力的集中表现。人类社会的每一个个人都在社会规律的形成过程中发挥着作用，跳不出也不能准确预测社会发展的方向，只有当众多个人实践活动形成的合力成为历史事实的时候，人们才能回过头来，从这些历史事实中分析合力的成因、方向，进而总结规律。“人既是历史活动的主体，又是历史活动的客体；既是历史活动的‘剧中人’，又是历史活动的‘剧作者’。当人置身于自己‘导演’的历史之中还不能达到‘自觉’时，人们是很难意识到规律的存在及其作用的。只有当活动的过程及结果以一种影响和效应，尤其是消极影响和负面效应作用于人时，人们才会回过头来自觉地反省自己的思维方式和活动方式，积极思索和探寻发生在人的活动中的各种要素之间的本质联系和稳定关系。”[145]

3）价值认识视角

马克思认为是人的实践活动造就了社会规律，并且社会规律在任何社会形态、任何民族社会的发展中都是起作用的，但是在不同的社会形态、不同民族社会发展过程中，社会规律发挥作用的程度是有差异的。《共产党宣言》中提出社会主义必然代替资本主义，这是生产力与生产关系矛盾运动的结果。但是，社会形态的更替是受到诸多因素影响的，在不同民族中，社会主义代替资本主义的时间和方式有所差异，这也是历史的必然。当前，资本主义世界产生了巨大的变化，国际垄断代替了私人的、国家的垄断，但是，资本主义的实质没有发生根本的改变，这些变化只是一些具体的变化，马克思恩格斯所分析的在社会规律支配下社会主义必然代替资本主义的趋势不会因为资本主义社会某些具体的改变而消失，反而会以更新颖的形式继续存在。社会主义社会是按照生产力的本质要求组织社会实践活动的，尽管在社会主义社会还存在很多具体的矛盾，但是这些具体的矛盾是可以通过社会主义制度范围内必要的改革进行完善的。我们认识社会规律就要遵守马克思主义价值观，坚信马克思主义社会规律的正确性。

3.1.3　证明规律的逻辑进程

认识是一个逐渐提升的过程，对规律的认识也要经历一个逐渐提升的过程。在发现规律的过程中，按照马克思主义的方法论，应当首先提出关于事物现象的因果性或规律性的一种假定性的解释，这种假定性的解释本书称之为猜想，猜想是依据一定原理和事实，对要认识的规律作出猜测性、尝试性描述。也就是根据以往的经验和初步掌握的情况，对规律作出初步的描述、解释和推测；然后，运用所掌握的实践事实，对猜想进行事实证明，运用已有的理论，对猜想进行逻辑证明，如果已有的事实和理论都证明猜想是正确的，那么猜想发展为假说。假说经过新的事实验证，如果验证结果是正确的，那么就成为理论，即此时我们认识到了规律，可以运用这一规律指导事物的发展。所以，证明规律需要经过“猜想—假说—理论”三个步骤。

1）猜想

猜想是人们根据经验、知识、以往事实等，通过对概念及变量的分析，对某种现象所作出的一种判断，有预测、想象、理想等含义。猜想是理论的雏形，它直接来源于人类生活现实中的对立面，并具有科学性、可检验性、易变性的特征，具体而言，在某个领域中所提出来的猜想，不应与该领域已证实为正确的理论相违背，不能与已知的验证过的事实发生矛盾；猜想必须要有一定的预测性；猜想必须是可验证的。

2）假说

假说是根据已知的科学原理和科学事实，对未知的现象及其规律作出的一种假定性说明，它是经过以往事实和逻辑证明的猜想，是科学理论形成的前奏。

假说形成可以分为三个阶段，即初始阶段、完成阶段和验证阶段。初始阶段是在广泛搜集材料的基础上，根据已有的事实和科学知识，对猜想进行理论分析，通过逻辑推理，描述已有理论无法解释的新事实和新关系，提出初步的假说；完成阶段是运用已有的知识或少量的事实进行逻辑论证，解释新事实和新关系，使初步假说充实成为一个结构稳定的系统；验证阶段是利用科学理论和科学事实进行广泛的论证，形成完整的科学假说。其过程是从一个假说的基本理论观点出发，结合已有的科学原理和知识，根据逻辑推演引申出有关结论，如果引申出的结论同初步观察与实验的结果相符合，那么就应当承认其假说有一定程度的可靠性，从假说中所推演出的结果与观察和实验的资料相符合的越多，则假说的可靠程度就越高，如果假说经过反复实践，同多次的观察和实验完全符合，则该假说被证实。

3）理论

理论是被新的事实和新的实践证明了的假说。假说转化为理论的方式有两种：一是科学假说运用于实践时，由于愈来愈多的事实和假说相符合，证明假说是客观规律的正确反映，这时假说可以被认为就是理论；二是由假说作出的科学预测得到事实的证明，这时假说可以被认为就是理论。

认识规律的逻辑进程见图 3-1。

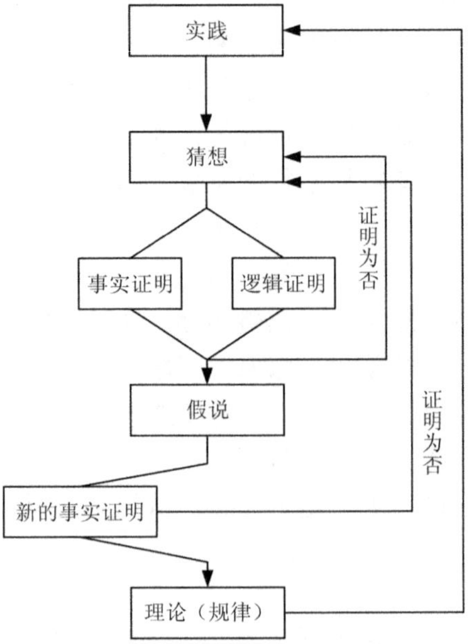

图 3-1　认识规律的逻辑进程

社会保障制度演进不是孤立的，是一个复杂的社会系统，人口、经济、社会等因素都会对社会保障制度演进过程产生影响。根据马克思主义实践认识论，对社会保障制度演进进行全面的认识不具备现实可操作性，本书认识社会保障制度演进规律是从社会保障制度变迁及其实践效果这一主线出发，客观地描述社会保障制度演进的共同特征，而不去过多地阐述不同人口、经济、社会背景下，社会保障制度演进的差异性。在猜想阶段，我们根据国际社会保障制度发展的历史，初步提出社会保障制度在不同演进阶段的表现，总结社会保障制度演进规律的猜想；利用制度经济学理论对社会保障制度演进规律的猜想进行逻辑证明，运用国际社会保障制度发展史对社会保障制度演进规律猜想进行事实证明，通过逻辑证明和事实证明，将猜想进一步上升到假说；运用中国的社会保障制度建设历史作为新的史料，对社会保障制度演进规律的假说进行进一步的证明，如果中国社会保障制度发展史与社会保障制度演进规律的假说相吻合，就证明社会保障制度演进规律是正确的，可以指导中国农村社会养老保险制度建设的实践。

3.2　社会保障制度演进规律诠释

3.2.1　社会保障制度演进规律的提出

世界各国的社会保障制度经历了完全独立和不同的演进路径，但是在互异中又有共同点[146-148]。由于各国社会保障制度建立的基础和起点不同，这一互异中的共同点并未在各国完整地体现，而是体现在建立社会保障制度较早的欧美国家，但在亚非国家简短的社会保障史中，社会保障制度演进的共同点也初现端倪。可以预见的是，社会保障制度演进是有规律可循的，从欧美发达国家的社会保障演进历程中，总结社会保障制度的发展规律，并分析这些国家在不同时期的社会保障政策，有助于其他国家，尤其是中国判断、预测社会保障制度的发展阶段，从而采取相应的公共政策。

人类历史上先后产生并不断更新的经济、政治、社会、文化等各类制度，在其生命期内，无不呈现出积极演进的特征，即从诞生到成长再到成熟，是一个逐步趋于完善的进程。但是，自 19 世纪 30 年代开始建立并逐步形成的现代社会保障制度却有着与其他制度不同的独特的三阶段演进规律：

第一阶段，制度诞生期，即某项社会保障制度建立初期，由于新制度提供了从无到有的保障福利，从而得到社会各方面的普遍认同和一致拥护，促成制度迅速建立并普及。

第二阶段，制度成长期，由于新制度内在的不可避免地存在着对不同社会群体提供的福利差异，保障水平的公平性遭到强烈质疑，因此，解决保障差异、实现保障公平是这一阶段社会保障制度演进的主要内容；制度演进的方向是，以制度覆盖的全体保障对象中享受高福利人群的保障水平为标准，就高不就低，提高制度覆盖的全体保障对象的福利水平。

第三阶段，制度成熟期，由于制度覆盖的全体保障对象福利水平的普遍提高，更由于社会保障支出的刚性特征，出现了巨额的社会保障资金收支缺口，引发社会保障制度的财务不可持续性危机。

3.2.2　社会保障制度演进规律的解释

社会保障制度的演进规律可以用图 3-2 来表示。

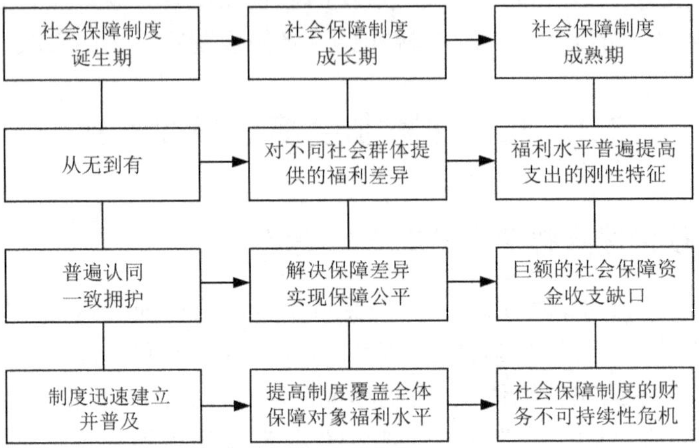

图 3-2　社会保障制度演进规律示意图

由图 3-2 可知，社会保障制度的演进规律包括四部分：

（1）从社会保障制度的发展进程来看，将经历制度诞生期、制度成长期、制度成熟期三个阶段。制度诞生是指某一项或多项社会保障项目的确定并实施，制度成长是指此项社会保障项目相关的政策法规逐渐完善，制度成熟是指社会保障项目已经完全制度化。

（2）以社会保障制度的现实矛盾为关注点，在社会保障制度诞生期，社会保障制度从无到有，矛盾并未显现，但在社会保障制度建立过程中将会受到扩大制度覆盖范围约束条件的制约；在社会保障制度的成长期，由于社会保障制度对不同群体提供的保障福利存在差异，公平性矛盾逐渐显现；在社会保障制度的成熟期，由于提高社会保障福利待遇以及这种福利待遇的刚性特征，巨额的社会保障基金收支缺口将显现出来。

（3）以社会公众对待社会保障制度的态度为关注点，由于不同发展阶段社会保障制度所暴露出矛盾的类型和程度不同，社会公众对待社会保障制度的态度也有所不同。在社会保障制度诞生期，由于新制度提供了从无到有的保障福利，从而得到社会各方面的普遍认同和一致拥护；在公平性矛盾显现阶段，保障水平的公平性遭到强烈质疑；在财务可持续性危机凸显阶段，巨额的收支缺口将引发公众对政府的信任危机，从而引起社会稳定危机。

（4）以政府的社会保障政策取向为关注点，在社会公众对待社会保障制度的态度发生变化时，政府的政策取向也同时发生变化，社会保障政策取向经历了扩大社会保障制度覆盖面、解决保障差异实现保障公平、开源节流代际供养三个阶段。在社会保障制度的诞生期，社会公众对待社会保障制度的态度是普遍认同和一致拥护，政府应当尽快扩大社会保障制度的覆盖范围，让更多的社会公众享受到社会保障制度。在社会保障制度的成长期，由于不公平现象的凸显，政府应当采取解决保障水平差异的政策，缓解社会保障制度的公平性矛盾。在社会保障制度的成熟期，政府的政策取向应当是避免社会保障基金收支缺口的不断扩大，消除社会民众对政府的信任危机。

社会保障制度的演进规律具有动态性、闭环性特征。社会保障制度并不是固定在现有的项目体系中，而是随着劳动者需求层次的上升，项目类型或项目内容将不断更新，因此，社会保障制度的分项目演进阶段并不是均衡的而是交错的。判断一国社会保障制度所处阶段的依据是矛盾最为突出的一些社会保障项目所处的阶段，当这些社会保障项目所表现出来的矛盾被逐步解决时，其他类型社会保障项目的矛盾又开始处于主体地位，因而社会保障制度又归入到社会保障制度三阶段演进规律中。

3.3　社会保障制度演进规律证明

3.3.1　社会保障制度演进规律证明思路

新制度经济学强调，制度演进的基本动力来自于现存制度所未能实现的潜在收益，因此，制度从一种安排形式向另一种安排形式的演进，一般来说可以使参与者获得追加或额外收益。制度变迁的过程，是各个利益集团为实现自身利益最大化而进行谈判的过程。社会保障制度变迁的过程是决策者追求社会收益最大化的过程[149]。一项社会保障制度建立初期，社会保障制度的边际收益为正，边际收益大于边际成本，于是，决策者将大力推进社会保障制度；随着社会保障制度的推进，一些隐含的矛盾逐渐暴露出来，增大了社会保障制度的边际成本，当社会保障制度的边际收益与边际成本相等时，社会保障制度的社会收益达到最大化，但是，随着社会保障制度的变迁，边际收益将小于边际成本，直至边际收益小于零，此时，决策者将会为了提高社会保障制度的社会收益而采取社会保障制度的优化策略，使得社会保障制度的总收益大于总成本，于是社会保障制度发生演变。

从国际社会保障制度建设的历史来看，已经有 100 多年，本书的社会保障制度演进规律主要是基于国际社会保障制度的实践活动归纳出来的。国内现代社会保障制度探索历程仅有 30 余年，但这 30 余年的社会保障制度建设实践活动与国际社会保障制度建设有着密切的联系，延续了国际社会保障制度建设的趋势[150]。本书对社会保障制度演进规律进行事实证明的思路是：以国际社会保障制度发展史料作为论证，证明社会保障制度演进规律是客观存在的，以中国社会保障制度发展史料作为新的事实证明社会保障规律的正确性。

3.3.2　社会保障制度演进规律逻辑证明

公众作为个人行为的选择者、政府作为公共政策的决策者，都具有“理性人”特征，即“理性公众”和“理性政府”。“理性公众”与“理性政府”都具有了解目标最大化的约束条件和选择实现目标最大化路径的能力，但它们所追求的目标不同。“理性公众”作为具有功利主义特征的个人的集合体，所追求的是在不损害他人利益前提下，个人利益的最大化；“理性政府”作为非营利性组织，所追求的是包括经济利益、社会利益在内的各种利益的利益群，即社会福利最大化。政府是社会保障制度建设的决策者，本书从逻辑层面对社会保障制度变迁的必然性进行分析，假设政府是理性政府。社会保障制度诞生、成长、成熟的必然性体现在以下几点。

1）社会保障制度诞生期

社会保障制度诞生的历史背景是工业化进程中传统家庭保障功能的弱化。按照福利经济学的解释，财富从富者手中转移到贫者手中，就会增加社会总福利，政府作为提高社会总福利而存在的理性政府，通过各种再分配手段将财富从富人手中转移到穷人手中，从而增加社会总福利。因此，政府要采取济贫的收入再分配政策，以增加社会总福利。社会保障制度最初因济贫、保障工伤者等收入再分配而诞生，建立初期，由于新制度提供了从无到有的保障福利，得到社会各方面的普遍认同和一致拥护，迅速建立并普及。

通过建立社会保障制度实现社会福利最大化的基本原理可以简单概括为图 3-3。

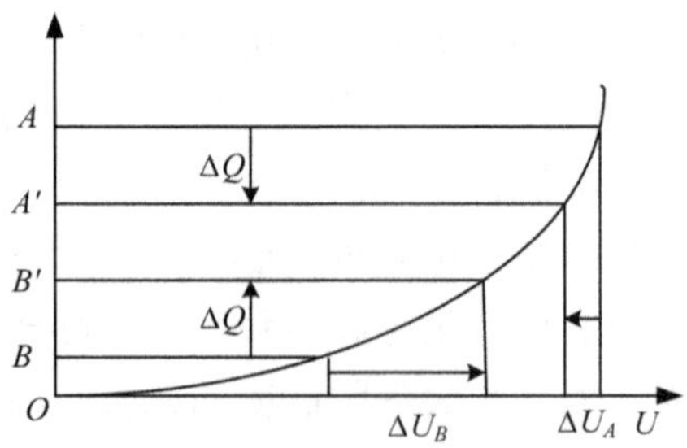

图 3-3　社会保障制度增进社会总福利原理示意图

设 A 与 B 的社会总福利为 U，其中 A 的福利为 U_A，B 的福利为 U_B，$MU_{A,n}$ 为第 n 个财富带给 A 的边际效用，$MU_{B,n}$ 为第 n 个财富带给 B 的边际效用。

在市场竞争条件下，可能的初次分配的结果是：A 的财富数量为 100，B 的财富数量为 0 时：

$$U=U_A+U_B=(MU_{A,1}+MU_{A,2}+\cdots+MU_{A,100})+0=100+99+\cdots+1=5050$$

通过再分配，把 A 的财富转移支付给 B：A 的财富数量为 Q，B 的财富数量为 $(100-Q)$ 时：

$$U_A=MU_{A,1}+MU_{A,2}+\cdots+MU_{A,Q}=100+99+\cdots+(101-Q)=\frac{(201-Q)Q}{2}$$

$$U_B=MU_{B,1}+MU_{B,2}+\cdots+MU_{B,100-Q}=100+99+\cdots+(1+Q)=\frac{(101+Q)(100-Q)}{2}$$

$$U=U_A+U_B=\frac{(201-Q)Q}{2}+\frac{(101+Q)(100-Q)}{2}=-(Q-50)^2+7550$$

所以在 Q=50 时，U 取最大为 7550。

市场竞争可以在生产领域和交换领域实现资源的最优配置，达到帕累托最优状态，使财富总量最大化；但是市场竞争对实现财富的公平分配却无能为力，无法实现经济福利总量的最大化。“理性政府”只有通过政策创新，对市场规则下的初次分配进行再分配，才能在既定财富总量的前提下，最大限度地增进社会福利。

“理性政府”提高社会福利的最优路径是救济贫困者。工业革命以来“贫困者”产生的原因呈现多元化的趋势，而原因的多元化又源自于多元化的社会风险[152]。有学者认为“在现代化的进程中，生产力的指数式增长，使危险和潜在威胁的释放达到了一个前所未知的程度”[153]，具体而言，引发贫困的社会风险包括暂时或永久遭遇贫困、死亡、疾病、失业、工伤、残疾、通货膨胀、意外伤害、政治风险、公共危机等风险。正因为社会风险的日益多元化，使“贫困者”越来越多，越来越不固定，政府在 16 世纪所采用的社会救济制度由于财务危机和救助对象认定困难，已经不能满足“贫困者”的需求，于是政府就致力于寻找一种既能满足不同类别“贫困者”需求，又不至于陷入财政危机的收入再分配制度，并期望形成一种“代内自养”或“代际供养”的自组织的收入再分配机制，即社会保障制度。社会保障主要是为了防范现代工业社会日益增多的失业、老年、疾病、工伤等风险，由国家通过立法的形式，并依法采取强制措施建立起来的。

社会保障提供了从无到有的保障福利，从而得到社会各方面的普遍认同和一致拥护。对于低收入者，国家的济贫项目制度化，使低收入者的基本生活有了保障，从而维持了低收入者的劳动力再生产；对于中等收入者，社会保障提供了未来可能遭遇风险而致贫后的基本生活保障，从而增强了中等收入者参与市场竞争的信心；对于高收入者，社会保障提供了稳定的社会环境，保证了高收入者的财产安全，从而提高了高收入者的社会安全感。

社会保障制度是一把双刃剑，一方面，由于社会保障制度的存在，贫困者的基本生活有了保障；另一方面，如果贫困者的收入有所增加，那么社会能够给予他们的补助会有一定程度的下降，这实际上是相当于贫困者所增加的收入又一次被征收一定量的税收，包括社会保险税、收入所得税、减少的社会保障待遇等。对于贫困者而言，他们通过自身努力获得了个人收入的增加，但贫困者的实际收入下降或者增加量很小，这种现象打击了穷人努力工作获得更多收入的积极性[154]。除此之外，不同原因造成的贫困者之间、相同原因但所承担的社会义务不同的贫困者之间所必然存在的社会保障待遇差异，以及社会保障待遇的刚性特征，使得社会保障制度的贫困陷阱风险、公平性风险、财务可持续性风险在社会保障制度建立之初就已经潜伏在社会保障的制度理念和制度设计之中。

社会保障制度诞生期完成的标志是社会保障制度的全覆盖。社会保障制度的基本机理是，强调权利与义务的对应。社会保障制度提供的保障不是完全免费的，需要享有者缴纳一定的税费，有必要的进入门槛。社会成员自然被划分为两个群体：无条件参加者；有条件参加者。有条件参加者依据其享受保障待遇的多寡，又可区分为高、中、低等不同等级的群体。由此，出现了社会保障待遇水平的不公平性。

2）社会保障制度成长期

由于社会保障制度内在的不可避免地存在着对不同社会群体提供的福利差异，保障水平的公平性遭到强烈质疑，因此，解决保障差异、实现保障公平是社会保障制度成长期需要解决的主要矛盾。

社会保障制度并不是一项免费的社会工程，而是通过强制征收社会保障税（费）的方式，将社会财富从一部分人的手里转移至国家，国家再将这部分财富转移给“贫困者”。因此，从本质上说，社会保障制度只是社会财富再分配的一种规则。市场经济条件下，“理性政府”追求的是如何以最便捷的路径实现社会福利最大幅度的增长，也就是如何让社会保障制度这种社会财富再分配的规则更加有效率。市场经济实践和理论都证明，“供求规律”是最为便捷的实现效率的方法。最大限度地实现社会保障制度的效率，同样需要“供求规律”。

社会保障制度的社会财富再分配能力来源于社会保障收入，即公众的缴税（费）能力和缴费意愿，通常称之为公众的社会保障需求[155]。图 3-4 说明了社会保障需求的形成过程。

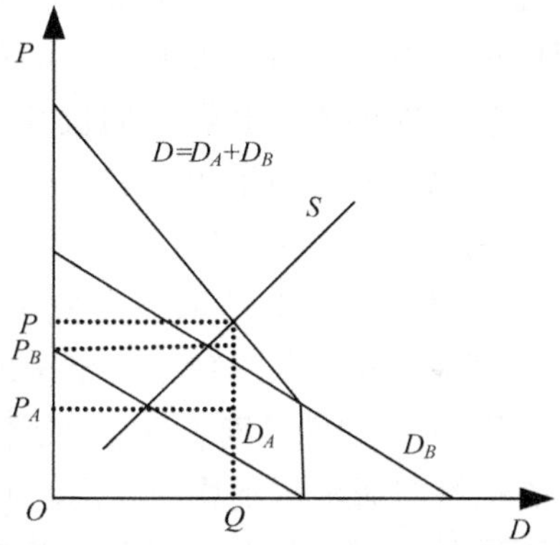

图 3-4　社会保障需求的局部均衡示意图

假设居民收入、社会保障价格、其他物品价格、其他物品供应量既定，A 与 B 的社会保障需求曲线分别为 D_A 与 D_B，社会保障供给曲线为 S。根据供求规律，在投票过程中 A 提供的社会保障价格为 P_A，B 提供的社会保障价格为 P_B。用于社会保障品的要素，每个人可等量使用，因而要得出支付社会保障品价格的总意愿，只需把私人需求曲线纵向加总，即公众社会保障需求曲线为 D。此时，“理性政府”提供的社会保障供给量为 Q，社会保障价格为 P，即：

$$OP_A+OP_B=OP=MC=MR$$

当“理性政府”将社会保障价格，或称之为社会保障赋税、社会保障缴费，定位为 P 时，社会保障制度达到帕累托效率状态。在这一状态下，政府能够最大限度地实现社会财富从富人手里转移至贫困者手中，最大限度地增进社会福利。在追求价格 P 的过程中，“理性政府”不断扩展社会保障项目，不断修正社会福利再分配的规则，逐渐完善社会保障制度，促成了社会保障制度的成长。

在社会保障制度的发育期，为了追求帕累托效率，“理性政府”对社会保障参保者给予了一刀切式的、最为简洁明了的限定，即能够接受价格 P 的居民，才能成为社会保障制度的参保者。这样，社会保障制度的覆盖人群是“有条件”参加社会保障制度的人[156]。

让“有条件”的人率先参加社会保障制度，极大地推动了社会保障制度的发育。“有条件”者通过投票等公共选择规则决定最有效率的社会保障项目供给和社会保障数量供给，“无条件”者既没有参加社会保障制度的能力，也没有投票的权利。社会保障的供给与需求在“理性政府”与“有条件”者的博弈中达到均衡，当没有外力加入时，在效率的推动下，社会保障制度再分配功能所产生的社会福利也达到最大化，由此，社会保障制度完成了由创立到发育的蜕变。

在社会保障制度发育过程中，“理性政府”正是由于忽略了“无条件”者的权利才使社会保障制度达到帕累托最优状态，问题是“天赋人权”，在法理层面，这些“无条件”者也具有享受政府提供的社会保障的权利。当“无条件”者意识到自己的社会保障权利缺失时，他们就会为了争取自身的合法权利而努力，由此产生了“无条件”者对于政府提供社会保障制度的公平性的强烈质疑。当“无条件”者将自己对于政府行为的强烈质疑转化为争取自身权利的实际行动时，“理性政府”就不得不投入精力解决由保证社会保障效率而带来的公平性问题。

在社会保障制度成长过程中，“理性政府”正是由于完全遵照社会保障市场的供求规律，才使社会保障的供给与需求达到均衡状态。但是，在“有条件”者中，他们所愿意支付的价格是不同的，按照权利与义务对等的市场规律，支付价格高者，享受的社会保障待遇高，支付价格低者享受的社会保障待遇低。当“有条件”者中，不同人群在同一社会保障项目中享受的待遇有所差别，且差别较大时，在“有条件”者内部也会因为制度保障水平的公平性而产生矛盾，社会保障水平较低者会强烈质疑社会保障的制度设计。

因此，在社会保障制度的成长期，为了追求社会保障效率，在制度内外不可避免地存在着对不同社会群体的覆盖差异和对不同社会群体的保障水平差异，社会保障制度保障水平的公平性遭到强烈质疑。“理性政府”为了解决保障差异、实现保障公平而作出的努力成为社会保障制度发育期制度演进的外在表现。

“理性政府”为消除保障差异所作的努力包括扩大社会保障覆盖面、分层次调整社会保障水平。通过降低“有条件”者对支付价格的要求以及低要求的、救助性的社会保障项目创新，扩大社会保障覆盖面；通过对不同收入层次群体权利与义务的调整，提高低收入者社会保障水平，维持或降低高收入者社会保障水平，达到分层次调整社会保障水平的目的[157]，在尽可能的维持社会保障制度效率的前提下，减小公平性差异对社会保障制度的影响。

社会保障制度成长期完成的标志是社会保障待遇水平趋于公平。由于制度覆盖的全体保障对象福利水平的普遍提高，更由于社会保障支出的刚性特征，出现了巨额的社会保障资金收支缺口。发达国家在社会保障制度成熟期还面对着人口老龄化危机，使得社会保障基金收支缺口进一步加大[158]。社会保障制度成熟期主要解决制度财务不可持续危机，实现社会保障制度的可持续发展。

3）社会保障制度成熟期

当社会保障制度框架基本成熟时，政府为了提高社会福利就要权衡公平与效率的关系，在公平与效率之间寻求平衡点，进而维持社会的稳定。而社会保障制度的刚性特征决定了高水平不能降低，只能提高低水平，由此，产生了社会保障财务不可持续现象。

社会保障制度的效率与公平既具有共生性，又具有替代性。效率极低的平等不具有公平性意义，极不平等的效率也注定没有持久的生命力。因此，社会保障制度只有处于效率与公平的均衡点时，才能够达到最优状态。

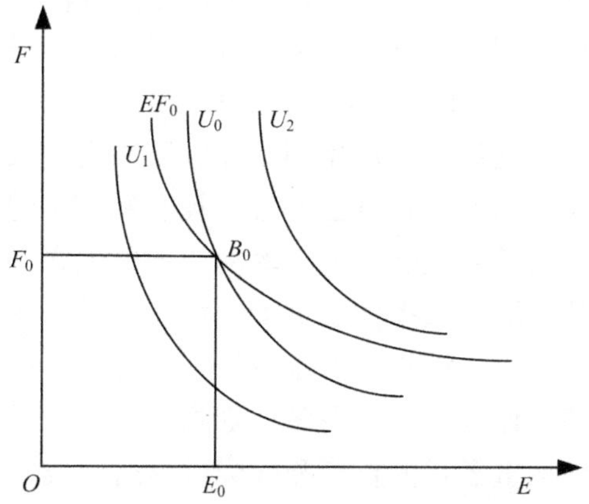

图 3-5　社会保障效率与公平均衡示意图

在图 3-5 中，横轴表示效率，纵轴表示公平。特定时期的社会保障领域效率与公平之间的关系可用曲线 EF_0 表示，在某一时点上，EF_0 上的点靠近 E，表明社会保障的效率大于公平；EF_0 上的点靠近 F，表明社会保障的公平大于效率。在同一时期，社会等福利曲线为 U_0，U_1，U_2，…，U_n，社会等福利曲线离原点越远，表明社会福利越高。社会保障是否处于最优状态取决于 EF_0 与 U，当社会保障处于 EF_0 与 U 的切点 B_0 时，是效率与公平均衡后所能达到的社会福利最大化点，此时公平水平为 F_0，效率水平为 E_0，社会保障处于最优状态。事实上，现实中的社会保障往往处于 B_0 的上方或下方，在社会保障成长阶段，由于“理性政府”更加关注效率，社会保障处于 B_0 点的下方，从而使得社会福利未达到最大值，因而，在经历了社会保障制度成长期后，“理性政府”努力追求的是尽可能地使社会保障制度靠近于 B_0，即努力提高社会保障制度的公平水平，从而使社会保障制度接近或达到最优状态。当社会保障处于 B_0 时，标志着社会保障制度的成熟。特别需要注意的是，EF_0 与 U 并不是静止的，而是随着经济增长而变动的，B_0 具有动态性特征。

为了使社会保障水平达到 B_0 点，“理性政府”必须针对“无条件”者和“有条件”者制定公共政策，以提高社会保障制度的公平性。

针对“无条件”者，“理性政府”必须扩大社会保障的覆盖范围，把“无条件”

者也纳入社会保障的制度范围内，才能消除“有条件”者与“无条件”者之间的不公平。但是，由于“无条件”者社会保障购买力较弱，“理性政府”只能通过财政支付的方式，对“无条件”者提供低价或免费的社会保障。随着社会保障制度覆盖面的扩大，被纳入社会保障的“无条件”者越来越多，“理性政府”所承担的财政压力也就越来越大，当“无条件”者所带来的社会保障支付压力超过“理性政府”的财政支付能力时，社会保障的财务可持续性危机就会出现[159]。

针对“有条件”者，“理性政府”必须不断提高社会保障的待遇水平，并缩小“有条件”者内部的社会保障待遇差异，才能消除“有条件”者之间的不公平。社会保障待遇水平由经济发展和社会进步等众多因素决定，表现为制度内生变量。随着经济增长、工资水平增长、物价上涨等，社会保障待遇水平具有刚性增长的特征。当社会保障待遇增长率大于同期利率时，同代人之间难以实现自养，需要代际供养；当社会保障待遇增长率大于劳动力增长率与利率之和时，代内自养和代际供养都会遇到财务危机。缩小“有条件”者内部的社会保障待遇差异的主要方式是使社会保障待遇较低者的社会保障待遇增长率大于社会保障待遇较高者的待遇增长率，这进一步加重了代内自养和代际供养所引发的财务危机。

提高社会保障制度的待遇水平与缩小社会保障制度待遇差异不仅仅针对“有条件”者，对于“无条件”的加入者，也要不断提高待遇水平和缩小差异。因此，在社会保障逐渐趋于成熟的过程中产生的现实问题是社会保障制度的财务可持续性问题。为了最大限度地避免财务危机，“理性政府”可以采取的策略是开源节流，加强代际供养。开源节流的主要方式是加强社会保障基金的保值增值、减小社会保障制度的管理成本；加强代际供养就是要加大“现收现付”的比例。

巨额的社会保障资金收支缺口，以及由此造成的社会保障制度的财务不可持续性危机，将是长期困扰世界各国经济社会发展的世纪性难题。社会保障制度成熟的标志是解决制度财务不可持续危机，实现社会保障制度的可持续发展。

3.3.3 社会保障制度演进规律事实证明

1）社会保障制度诞生期的普遍认同与一致拥护

在漫长的人类历史上，基本是以家庭为单位抵抗生、老、病、死、伤、残等生存风险的，只是在不多的情况下由国家或社会提供一些帮助，如面临自然灾害时的国家赈济、社会救助等。

近代由政府向那些面临生、老、病、死、伤、残等生存风险的人群提供帮助的社会保障，最先是从社会救济开始的。首推的应是英国在19世纪30年代颁布并实施的新《济贫法》[159]。由于失地农民涌入城市和机器的使用排挤了工人，因而产生了大量的城市贫民。城市贫民的生存问题又成为影响社会秩序的首要因素。新《济贫法》对来自广大农村的失地农民、破产的小手工业者和城市失业工人提供基本生活救济。其次应是德国最先提供的工伤、疾病、老年、残疾、失业等社会保险制度。德国政府于 1881 年出台工伤事故保险法草案，1882 年提出疾病社会保险法草案；德国国会于 1889 年通过老年人和残疾人社会保险法，1927 年又通过失业社会保险法。再次是 1935 年美国通过的第一部《社会保障法》，规定了包含社会救济和社会保险的社会保障制度：贫穷盲人补助，贫困老人补助，失去亲人、出走或残疾的未成年人补助，老年社会保险，失业社会保险。

从 19 世纪 30 年代英国颁布并实施新《济贫法》，到 20 世纪 30 年代美国社会保障制度的建立，是世界现代社会保障制度的诞生期。社会保障制度诞生初期，由于提供了从无到有的保障福利，得到公众的普遍认同和一致拥护。19 世纪末 20 世纪初，英国扩大了最初所提供的以社会救济为目的的社会保障制度保障范围，颁布了《公共健康法》《失业工人法》《教育法》《退休金法》《劳工介绍法》《国民保险法》等一系列法规，对因为疾病、失业、年老等因素而使生活陷入困境的居民进行救助，保障了居民的基本生活，安定了社会秩序。19 世纪 80 年代，德国社会保障制度的实施使 90%以上的家庭不同程度地得到福利补贴，基本生活得以保障，同时，工人工资也大幅提高，尤其是由社会保障制度带来的第三产业，如商业、服务业、医疗卫生、社会保险等机构的发展，创造了大量的就业机会，受到劳资双方的拥护。美国 20 世纪 30 年代颁布的 Social Security Act 将社会保障的内容系统地规定为社会保险、公共补助、儿童保健和福利服务四类，为 1929～1933 年经济危机中的1300万失业工人、1100万户农民提供了基本生活的制度保障[160]。英国、德国、美国等国家在社会保障创立初期，解决了贫困者的基本生活问题，提出规避未来社会风险的制度安排，得到社会各界的一致赞同。

作为社会主义国家的苏联，建立了以国家保障为主体的社会保障制度。苏联社会保障资金的主要来源是国家预算和单位缴纳的保险费用，劳动者个人无需作任何的投入。在工人丧失劳动力的一切情况下，或者是这些工人因为失业而没有了收入来源，国家保险能够为他们提供一定的保障。在 1920 年，苏维埃政权就对贫困人民拨付了 950 万俄尺布匹，2506 普特棉絮，还有一定数量的鞋和毛革制品。苏联所提供的免费的社会保障，体现了社会主义的优越性，得到了国民的一致赞同。

无论是英国、德国、美国等资本主义国家，还是苏联等社会主义国家，社会保障制度建立初期都以救济贫困为直接目的，保障了贫困者的基本生活，创造了大量的就业机会，稳定了社会秩序。因此，不仅仅是贫困者有了较强的社会归属感，高收入者也因为获得了稳定的市场环境和规避未来社会风险的制度安排，社会归属感得以满足，公众表现为对社会保障制度的普遍认同和一致拥护[161]。在公众的赞同声中，英国、德国、法国、苏联等国家，努力进行社会保障项目创新，逐步建立起完善的社会保障体系。

2）社会保障制度成长期的公平性矛盾显现

第二次世界大战之后，资本主义国家经济的繁荣带动了社会保障制度的发展，资本主义国家不仅仅扩大了社会保障制度的覆盖面，也提高了待遇水平。

20 世纪 40 年代开始于英国，然后波及欧洲、北美、亚洲、大洋洲诸发达国家的“普遍福利”型社会保障体系的形成，是世界现代社会保障制度的成长期。英国及北欧一些国家，在国内积极推行“全民皆养老，全民皆医疗”的“高福利”的社会保障政策，成为“从摇篮到坟墓”都享受社会保障的“福利国家”[162]。美国于 1946 年建立社会保障署；1950 年将社会保障受益者扩大到公共服务者、农场工人和家庭仆人领域，并增加了福利金额，社会保障税增加到雇主和雇员各自所得的 1%；1954 年社会保障覆盖范围扩大到自由职业者领域；1956 年社会保障的覆盖范围再次扩大到军职服役人员、残障人员和其他自谋生人员；1960 年社会保障税增加至雇主和雇员所得的 3%，1994 年提高到 7.65%，这意味着美国在扩大社会保障覆盖面的同时也在提高社会保障待遇水平[163]。随着联邦德国社会市场经济体制的建立和发展，社会保障制度经历了 1957 年和 1969 年两次重大变革，对退休保险规定进行修改，制定了《农民养老金法案》。1945 年，法国国民议会通过了《社会福利法》；1946 年，强制社会保险及家庭补贴被推广到在法国领土内居住的所有法国人；1948～1954 年，普通保险法保障对象扩大到大学生、职业军人、作家、残疾人、寡妇和战争孤儿，建立了独立的退休保险制度和补充退休金制度；1972～1973 年退休保险制度扩大到零售商业者、手工业者，建立了团结基金会，以保证老年人养老金的领取[164]。

英国、美国、德国、法国等国家在扩大社会保障覆盖范围、提高社会保障水平过程中，遇到的共同问题是社会保障制度的公平性遭到强烈质疑，但各国社会保障制度所反映出来的不公平的类型有所不同。

英国的高福利社会保障制度造成“贫困陷阱”和“失业陷阱”：“贫困陷阱”是指贫困者因努力劳动而增加的收入小于因增加收入而降低的社会保障待遇；“失业陷阱”是指失业者的失业金收入大于就业时的实际收入。由此导致，众多的贫困者、失业者没有了寻找工作、增加收入的动机，而以领取社会保障待遇为主要生活来源。因此，英国的社会保障制度设计对于未享受社会保障待遇的纳税人是不公平的。

美国的社会保障制度强调权利与义务的对等。以养老保险制度为例，美国养老保险基金主要来自于工人与雇主的缴费，退休金的领取完全遵照精算原理，与在职时的工资及缴款挂钩，工资高，累计缴费多，养老金就多。尽管美国在计算养老金时采取了替代率累退的方法，高收入者的替代率低于低收入者的替代率，但是，两者在退休之后的收入仍有较大的差距。因此，美国的社会保障制度注重效率，对于低收入者而言是不公平的[165]。

德国东西部居民在社会保障方面存在巨大差距。两德统一后，由于东西部原有的社会保障资金来源、组织管理方式、保障水平等有着很大不同。例如，东部职工不需缴纳养老保险费，职工退休后的生活费完全由国家承担；东部地区的社会保障待遇水平远低于西部。在德国将西部的社会保障制度推广到东部的过程中，由于东部的起点太低，政府财政拮据，而东部居民的期望值又高，缺乏长期等待的心理，东西部的社会保障待遇很难在短期内缩小。因此，德国社会保障制度发育过程中表现出了国家财政补贴流向东部，但实际社会保障水平西部高于东部的现象，社会保障制度在区域间是不公平的。

法国社会保障制度的完善过程就是社会保障覆盖面不断扩大的过程。从 1945 年的领薪者及其家属，逐步扩大到 1946 年的法国领土内的居民，1948～1954 年的大学生、职业军人、作家、残疾人、寡妇、战争孤儿，1972～1973 年的零售商业者、手工业者，直到 1978 年，才几乎普及到全体国民。这样一个看似完美的社会保障成长过程，其实暗含着法国社会保障制度对不同人群的不公平性[166]。

为了解决社会保障制度中出现的不公平现象，缓解公众的强烈质疑，政府为解决保障差异、实现保障公平作出不懈的努力。英国加强对于领取救济金的时间限制，出台一系列鼓励就业的政策[167]；美国设立基本养老金和辅助养老金，引入养老金调整机制；德国依次在政策层面、基金层面和保障水平层面实现社会保障制度的全国统筹，避免了东西部社会保障的差异；法国根据居民的实际需求，不断扩大社会保障制度的覆盖面，直至全覆盖。

英、德、美、法等国社会保障制度的成长期，面对的主要问题是制度覆盖面不广泛和不同社会群体较大的社会保障待遇差别。在庇古等在《福利经济学》中提出的社会福利概念与政策主张的影响下，各主要发达国家普遍开展了完善社会保障制度的改革，不仅使社会保障制度覆盖了社会各类人群，而且大规模提高了社会保障制度所提供的福利水平。

3）社会保障制度成熟期的财务可持续性矛盾凸显

20 世纪 70 年代以来，英、德、美等发达国家，进入了世界现代社会保障制度的成熟期。社会保障制度在经历了 40～70 年代的飞速发展后，逐步建立起了较为完善的社会保障体系：社会救济、社会保险、社会福利与社会优抚，完善的社会保障体系确立标志着社会保障制度的成熟。

1973～1975年，两次石油危机以后，西方国家的经济陷入停滞或低增长，但社会保障开支却由于社会保障制度覆盖面扩大、通货膨胀加剧、失业人口增多、人口老龄化进程加快、人民生活需求提高和社会保障所固有的“刚性”等原因，仍在继续迅速扩大。发达资本主义国家开始施行过度福利的社会保障政策，最终导致社会保障制度纷纷陷入基金入不敷出、财政不堪重负等诸多难题。

在社会保障制度发育过程中，国家的社会保障责任越来越重。以养老保险为例，政府提供的国家养老金在整个养老金体系中逐渐占据主导地位，见表3-1。大部分国家的国家养老金占养老金总量的70%左右，国家财政负担沉重。

表3-1　1980年部分国家各种养老金所占比重（%）

国家	国家养老金	社会养老金	职业养老金	个人年金
澳大利亚	59.4	10.9	20.3	9.4
奥地利	67.8	29.8	0.8	2.3
比利时	60.2	32.3	4.3	3.3
加拿大	58.0	4.0	12.0	26.0
丹麦	70.5	12.7	7.5	9.2
芬兰	69.3	27.4	1.1	2.2
法国	67.5	25.2	2.4	4.9
联邦德国	70.4	18.6	4.2	6.8
爱尔兰	54.8	35.5	1.6	8.1
意大利	71.6	26.0	1.2	1.2
日本	54.4	22.8	11.4	11.4
荷兰	69.4	18.1	8.0	4.5
新西兰	87.9	8.2	3.8	0.1
挪威	82.0	10.4	1.2	6.4
瑞典	85.5	8.8	4.4	1.3
瑞士	71.1	9.3	13.7	5.9
英国	67.3	21.1	10.5	1.1
美国	60.9	18.3	17.1	3.7

资料来源：李珍. 2001. 社会保障理论. 北京：中国劳动保障出版社

不仅如此，各国的社会保障支出水平也不断提高，见表3-2。英、法、德、意等国家在1960～1975年的国内生产总值增长率为2.6%～4.6%，但社会保障支出增长率却达到5.6%～9.1%。据统计，1960～1990年，经合组织（OECD）成员国的社会保障开支占国内生产总值的比重从7%上升到15.4%。社会保障的财务可持续性危机成为社会保障制度发育完成之后的重大现实问题。

表 3-2　部分国家社会保障支出水平（%）

国家	1965 年	1970 年	1975 年	1980 年
澳大利亚	7.6	7.4	12.7	12.8
加拿大	9.0	11.8	15.4	15.0
联邦德国	19.0	19.5	27.1	25.7
日本	5.5	5.7	9.3	11.9
冰岛	17.1	22.5	29.6	28.3
新西兰	9.6	9.2	11.8	15.2
瑞典	13.2	16.7	21.2	25.9
瑞士	6.8	8.5	13.6	14.5
英国	11.7	13.2	15.6	16.4
美国	7.9	10.4	14.5	15.0

注：社会保障支出水平是指社会保障支出占当年 GDP 的比重

资料来源：穆怀中. 2002. 社会保障国际比较. 北京：中国劳动保障出版社

人口老龄化的趋势加重了西方国家社会保障制度的财务危机。根据世界银行的预测结果，1990～2030 年，多达 75%的发达国家 60 岁及以上老龄人口占总人口的比重将增加 12%以上，平均达到 30.8%[168]。事实上，各国人口平均寿命的大幅度提高，必然使社会保障制度赡养的老年人口数量增加。

为了应对社会保障制度财务不可持续性危机，相关国家采取了一系列开源节流的措施。1985 年，英国政府发布了《社会保障的改革》绿皮书，提出英国社会保障制度改革的措施，包括逐步取消国家负担退休金制度，建立私人企业负责制；失业津贴由国家负担改为私人企业负担；增加企业、公司在国民医疗费用中承担的份额；公民的医疗费用开始由国家补助一部分逐步过渡到公民缴纳社会保障费用的形式自行负担；医院逐步实行私有化。德国为了克服社会保障中出现的矛盾和弊病，自 20 世纪 70 年代末期以来，坚持在改革中不断求发展。养老保险方面，逐步将退休年龄由 65 岁推迟到 70 岁，将计入领取养老金工龄的受教育时间由 13 年缩短为 7 年；医疗保险方面，适当增加个人对医疗费的负担，限制医生收入，增强社会医疗保险的强制性；失业保险方面，转变德国联邦劳动局的职能为“服务”，鼓励成立私人职业介绍所；适应人口老龄化的需要，建立社会保险分支——护理保险。美国在 1996 年提出完整的社会保障改革方案，包括工伤及养老保险、社会福利、“管理式医疗”、建立个人投资基金账户等。美国社会保障制度改革的鲜明特点是拓宽社会保障的筹资渠道，从 1983 年开始实行部分积累制模式，其最主要的途径是征收占社会保障资金总额 85%的社会保障税；实施收益确定型和供款确定型的私人养老金计划，其中 401（k）、403（b）、457 等供款确定型计划的参与者都是以税前收入供款，至2001年，收益确定型计划的积累额为1.87万亿美元，供款确定型计划的积累额更是高达2.45万亿美元；其中，增长最快的401（k）计划的资产、给付、参与者和供款等指标，占供款确定型计划总数的比例从1984年的 25%～35%增加至 1999 年的 75%～80%；传统个人退休账户的存款限额从1974年的2000美元提高到2008年的5000美元。

据联合国统计，全世界65岁以上人口2010年为5.23亿人，到2050年将达到15亿人，很快超过5岁以下儿童的人数；60岁以上人口占总人口的比例从1950年的12%将逐步上升到2050年的35%[169]。全球范围内人口老龄化进程始于发达国家，而到目前为止，美国、欧洲70%的GDP增长却来自于劳动力的增长，只有30%的GDP增长是来自生产力的提升。老龄化一方面使劳动力供给逐步萎缩，社会保障收入仅系于生产力提升的单柱支撑；另一方面又造成社会保障支出逐年增加。巨额的社会保障资金收支缺口，以及由此造成的社会保障制度的财务不可持续性危机，将是长期困扰世界各国经济社会发展的世纪性难题。

综上所述，社会保障制度成熟期，由于各项社会保障支出的刚性特征，巨额收支缺口的出现将引起社会保障制度的财务可持续性危机，政府应对社会保障制度财务可持续危机的对策、方案成为社会保障制度成熟阶段演进的主要内容。

3.3.4 社会保障制度演进规律事实验证

中国社会保障制度改革是20世纪80年代中期作为国有企业改革配套措施起步的，迄今为止，逐步形成以企业职工基本养老保险、城镇职工基本医疗保险、企业职工失业保险、企业职工工伤保险、企业职工生育保险和企业职工住房公积金制度等企业职工社会保障体系。2003年，各地开展了新型农村合作医疗试点，到2010年基本实现了覆盖全国农村居民；2004年，着手建立农村特困群众生活救助制度；2009年，开展了新型农村社会养老保险试点。2010年，全面推开城镇居民基本医疗保险试点，2011年国务院决定启动城镇居民社会养老保险试点。国家行政机关公务员和事业单位干部职工，除了参加住房公积金制度的改革之外，养老、医疗等基本保持改革开放前的福利模式。

由于我国特有的二元经济特征和特有的城镇人口、农村人口、农民工群体三个社会保障对象群体，我国的社会保障制度在社会保障制度演进规律中所处的阶段如下。

1）中国农村社会保障制度处于诞生期

20世纪80年代初期，我国开始实行联产承包责任制，计划经济时期的农村保障制度被打破，农户成为自主经营的独立单位，集体经济失去了收入的来源，已经名存实亡，不能支持原来依靠集体经济的居民的基本生活，农村居民的保障方式由集体保障变迁为家庭保障和土地保障相结合的方式。由于农村居民收入水平较低，农村地区的经济发展水平也不均衡，农村社会保障制度的发展趋于停滞。但是，随着农村老龄化社会的到来，再加上土地保障受到各种风险的威胁，单纯依靠家庭保障和土地保障已经不能满足农村居民的基本生活需求。

近年来，我国开始注重农村地区社会保障制度建设，推出新农合制度、农村养老保险制度和个别地区的计划生育保险。统计数据显示，到 2007 年，3451.9 万农村居民享受最低生活保障，7.3 亿人参加了新农合制度。

农村居民各项社会保障制度的构建，与取消农业税具有同等重要的历史进步意义，当代中国农民先后获得“上学不付费，看病不太贵，养老不用愁，种田不交税”的制度与政策福利。但是由于中国地域辽阔，东、西、南、北、中各地的自然条件、经济发展水平、社会文化历史习惯不尽相同，不同地区之间的农村居民享有的各项社会保障待遇差异很大；更由于长期形成的城乡二元经济社会结构，农村居民与城市居民、企业职工、事业单位干部职工、国家行政机关公务员之间的各项社会保障待遇的差距更为悬殊。

2）中国城镇社会保障制度处于成长期

中国现行社会保障制度的覆盖范围主要是城镇人口。20 世纪 80 年代以来，伴随中国经济体制改革的不断深化，城镇社会保障制度改革逐步展开。改革力度最大的是企业职工养老保险制度。2005 年 2 月颁布的国发〔2005〕38 号文件《国务院关于完善企业职工基本养老保险制度的决定》，在总结经验的基础上，肯定了坚持社会统筹与个人账户相结合的企业职工基本养老保险制度，要求尽快实现社会统筹部分的省级统筹，逐步做实个人账户，城镇各类企业职工、个体工商户和灵活就业人员都要参加企业职工基本养老保险。2003 年 12 月劳动和社会保障部公布的《企业年金试行办法》，把企业年金制度确定为企业补充养老保险制度。劳动就业制度的改革与新增劳动年龄人口的增加，产生了“待业人员”；国有企业的改革与企业技术进步，产生了“下岗职工”。1998 年 12 月国务院颁布的《失业保险条例》和《关于建立城镇职工基本医疗保险制度的决定》，标志着中国城镇企业事业单位职工失业保险制度和城镇企业、机关、事业、社会团体、民办非企业单位职工新的基本医疗保险制度的建立。尽管迄今为止，对于城镇职工新的基本医疗保险制度褒贬不一，但是医疗保险制度的改革已经积累了相当经验却是不争的事实。传统的城镇企业、机关、事业单位的福利住房分配制度也有了根本性的改变，住房公积金制度和房地产业的迅速发展，推进了住房制度的市场化改革。在上述养老、失业、医疗三大社会保险制度和住房制度改革取得显著进展的同时，工伤保险、生育保险和社会救济、社会优抚、社会福利等社会保障制度虽然也有程度不同的改革或改进，但总体来讲，还是基本上维持着传统计划经济时期的管理体制与基本政策[170]。

在城镇人口中对社会保障的享受程度也不同，从高到低依次为，国家公务员、事业单位职工、国有企业职工、外资及私人企业职工、灵活就业人员。农村人口对社会保障的享受程度受到不同地区之间经济发展水平差别和社会组织能力差别的影响，从高到低依次为，大中城市近郊的农村居民、平原地区及交通要道两侧的农村居民、边远山区的农村居民。进城务工农民工作的地区、就职的行业、从事的职业、所在企业的性质等众多因素，决定和影响着他们享受社会保障的程度。

正因为中国城镇人口对社会保障待遇的享受程度不同，引发中国公民对于社会保障公平性的质疑。自 1992 年开始的医疗保险改革最终因为医疗资源分配不均而宣告失败；养老保险制度正在做着覆盖全民的努力；住房保障越来越关注低收入群体；最低生活保障制度正在探索能够保证结果公平的补差水平测算方法。中国城镇社会保障制度的现状证明，它目前正处于社会保障的发育阶段。

成长阶段的社会保障制度正在发生着由公平性引发的矛盾，也必然潜在地存在社会保障制度成熟阶段所要发生的财务可持续性风险。以养老保险制度为例。1995 年中国基本养老保险制度从“现收现付制”转变为“部分积累制”以来，具有全局性影响的几个问题逐步凸现：第一，个人账户空账运行。1997 年全国基本养老保险个人账户空账规模为 140 亿元，1999 年这一数据达到 1000 亿元以上[171]；1997～2004 年上半年，全国基本养老保险个人账户空账累计达 6000 亿元，而且每年以 1000 亿元左右的规模增长[172]。第二，部分地区和行业基金缺口太大，养老金欠发严重。截至 1998 年第一季度末，除北京外的 30 个省市，以及有色金属局（原中国有色金属工业总公司）、煤炭局（原煤炭部）、铁道部和中国建筑工程总公司在参加养老保险统筹范围内，欠发 283 万离退休人员的养老金 46.8 亿元，2000 年底，仅全国工会系统的企业累计欠发养老金 71.67 亿元，涉及离退休职工 388 万人，近年来，由于中央财政加大对养老金的支持力度，养老金欠发趋势基本得到遏制，但是历史欠债问题未得到有效解决。第三，随着在职公务员收入的提高，由财政负担的养老保险金总量大幅度增加。1999 年下半年，中央财政拨款 76 亿元补发拖欠养老金，另外还拨款 63 亿元用于提高退休金标准。1998～2001 年，中央财政的基本养老保险补贴支出达 861 亿元[173]。2004 年，各级财政补贴基本养老保险基金 614 亿元，其中中央财政补贴 522 亿元，地方财政补贴 92 亿元。邹江涛在研究隐形债务时甚至指出，中国养老基金缺口高达 25 900 亿元[174]。

为了支持当前城镇社会保障制度的运行，中国整体缴费水平已经很高。例如，2004 年北京市服务业雇主雇员缴费合计是，养老 28%，医疗 12%，失业 2%，工伤 0.4%，住房公积金 10%，总计达到 52.4%。这个比例甚至超过以高福利著称的许多欧洲国家。建立“城乡统一、全国统一、全面覆盖的社会保障制度”，将会使财务可持续性问题更为突出。

3）中国农民工社会保障制度尚未诞生

就业于企业、事业单位、行政机关的绝对规模超过 2 亿人的农民工群体，其实际身份不同于农村居民、城市居民，有别于具有城市户籍的企业职工、事业单位的正式职工，更不是行政机关公务员。农民工中的一部分人参加了企业职工的养老、医疗、失业等社会保险，但是由于户籍障碍和工作岗位在行业、地区之间的高度流动性，更由于社会保障关系转续机制不健全且操作难度很大，他们无法享受与具有城市户籍的企业职工相同的社会保障待遇。农民工中的另一部分人由于同样的原因加之雇主单位的缴费躲避，干脆没有参加企业职工的各类社会保险；他们中间有的人因为长期远离户籍所在地，也耽误了参加农村居民的医疗保险、养老保险。

中国社会保障制度的发展史验证了社会保障制度演进规律的正确性。中国社会保障制度已有的实践活动可以纳入社会保障制度演进规律中的社会保障制度诞生期和成长期，按照学者们的相关研究成果，中国社会保障制度成熟期所表现出来的财务可持续性危机也已经得到理论上的验证。因此，社会保障规律能够指导中国社会保障制度的实践活动。

3.4　社会保障制度演进规律的指导意义

农村社会养老保险制度是社会保障制度的一个项目，它的建设进程将遵照社会保障制度的演进规律。本书基于社会保障制度演进规律，分析农村社会养老保险制度建设进程中必将面临的问题，用理论指导实践，具有重要的现实意义，主要表现在：

（1）社会保障制度演进规律揭示了农村社会养老保险制度的建设进程。根据社会保障制度演进规律，农村社会养老保险制度作为社会保障制度的一个项目，在建设过程中将经历制度诞生期、制度成长期和制度成熟期三个阶段。在农村社会养老保险制度的诞生期，由于制度向农村居民提供了从无到有的养老福利，必将得到农村居民的普遍认同和一致拥护，制度将迅速建立起来；农村社会养老保险制度建设的成长期，由于区域之间、不同缴费档次之间的养老金差异，制度不可避免地存在公平性问题；为了解决农村社会养老保险制度的公平性问题，最有效的策略是普遍提高政府补贴水平，由此将引发制度成熟期的财务可持续性危机。

社会保障制度演进规律清晰地预测了农村社会养老保险制度的建设进程及建设过程中面临的主要矛盾，从而为提前预判风险，采取积极的应对策略提供了依据。

（2）依据社会保障制度演进规律便于对不同区域的农村社会养老保险制度建设进行分类指导。由于我国农村社会养老保险制度建设的时间点不同，不同区域农村社会养老保险制度建设所处的阶段有所差异。针对不同地区农村社会养老保险制度的建设程度，可以按照社会保障制度演进规律，判断该地区农村社会养老保险制度所处阶段，采取侧重点不同的公共政策，从而更好地为当地农村社会养老保险制度建设服务。

（3）根据社会保障制度演进规律可以预判农村社会养老保险制度建设的风险，从而采取必要的防范措施。社会保障制度不同演进阶段所暴露出的主要矛盾不同，农村社会养老保险制度建设过程中也将面临这些主要矛盾。在农村社会养老保险制度的诞生期，农村社会养老保险制度的矛盾处于潜伏期，制度建设的主要任务是扩大覆盖面；在农村社会养老保险制度的成长期，制度所暴露出来的主要矛盾是不同群体享受到的待遇公平性矛盾，此时的主要防范措施是普遍提高农村社会养老保险参保群体的待遇水平，防止不同群体间的待遇水平差异过大，也防止农村社会养老保险待遇与其他社会群体的养老保险待遇相差过大；在农村社会养老保险制度的成熟期，由于待遇水平的提高，政府补贴的财政压力将逐渐增大，财务可持续性矛盾将显现出来，此时采取的策略应当是开源节流，努力提高农村社会养老保险制度的财务可持续能力。有了社会保障制度演进规律的指导，可以预判农村社会养老保险制度建设进程中的风险，从而采取必要的措施，减少制度建设风险的危害。

（4）根据社会保障制度演进规律可以在制度设计环节优化农村社会养老保险制度。依据社会保障制度演进规律，我们能够对农村社会养老保险制度的未来发展有更清晰的认知，结合农村社会养老保险制度建设过程中将要出现的现实问题，在风险暴露之前就有针对性地在制度设计环节予以防范，能够减少农村社会养老保险制度的成本和制度改革所面临的风险，提高制度的建设效率，进而提高农村社会养老保险制度的社会效益。

对于农村社会养老保险制度建设所处的阶段，应当有区别地看待。从农村社会养老保险制度建设的全局来看，我国农村社会养老保险制度处于制度的诞生期和成长期过渡阶段，扩大农村社会养老保险制度覆盖面仍是当前急需解决的问题，从不同区域农村社会养老保险制度建设的进程差异角度看，我国首批新农保试点县已经处于农村社会养老保险制度诞生期向成长期过渡的阶段，条件较好的试点县已经实现适龄居民的高覆盖率，进入农村社会养老保险制度的成长期。

第4章 农村社会养老保险制度的现状分析

4.1 中国农村社会养老保险制度的探索历程

4.1.1 农村养老模式的转变

我国农村地区养老模式的变迁经历了三个阶段，分别是家庭养老向集体养老转变阶段、集体养老向社会养老转变阶段、社会养老保险制度探索阶段。

家庭养老向集体养老转变的时间是1949～1980年。新中国成立初期，我国开始实行土地农民所有制，农村居民以土地作为最重要的生产资料，通过劳动获得生活资料，家中的老年人口也由家庭成员负责养老，老年人口与家庭成员一起参加劳动，此时农村居民实际上是家庭养老。1951年9月，中共中央讨论通过了《关于农业生产互助合作的决议》，由此农业合作化运动在全国快速展开；1955年7月31日，毛泽东作了《关于农业合作社问题》的报告，推动全国农业合作化进入高潮。农村居民的土地等生产资料划归集体所有，全体社员采用统一生产劳动、统一分配的制度。社员中的老弱病残居民可以分配较轻的劳动或退出农业生产活动，分配较轻劳动的社员可以记工分、参与分配，退出劳动行列的老年人，大部分地区是集体给予他们一定的生活资助。特别是对于无生活来源、无劳动能力、无法定抚养义务人的农村居民，采用五保供养制度养老。在农业合作化时期，农村老年居民的基本生活保障资料主要由集体提供，因此，这一时期我国农村地区的养老保障模式以集体养老为主。

集体养老向社会养老转变的时间是1981～1990年。20世纪80年代初期，我国开始在农村地区实行家庭联产承包责任制，集体的土地和生产资料全部承包给农村居民，农村居民根据自身的生产条件，自主决策土地的耕种内容，在完成国家和集体任务的前提下，可以分享剩下的劳动成果。家庭联产承包责任制对农民生产积极性有调动作用，提高了他们的劳动生产率。由于农村劳动生产率的提高，出现相当数量的农民工群体。青年农村居民在思想上也改变了依靠家庭养老的传统观念，再加上家庭小型化趋势，探索社会养老成为农村居民的重大社会需求。1986年10月，民政部在张家港市召开“全国农村基层社会保障工作会议”，要求探索农村社会养老保险制度，部分农村地区开始探索性地建立起农村社会养老保险制度。在这一时期，农村地区开展了农村社会养老保险制度建设工作，但是采用何种社会养老保险模式尚未最终确定。

1991 年以来，我国处于农村社会养老保险制度探索阶段。在这一时期，民政部在充分调研的基础上出台了《县级农村社会养老保险基本方案》，从 1992 年 1 月 1 日起决定开始在全国范围内建立农村社会养老保险制度，此时我国农村社会养老保险探索工作正式起步。

《县级农村社会养老保险基本方案》公布后，参加农村社会养老保险制度的人数快速上升，1993～1998 年，由 3037.3 万人上升到 8025 万人。但是，1999 年以后参加农村社会养老保险制度的人数开始出现下降，1999 年 7 月，国务院指出农村尚不具备普遍实行社会养老保险的条件，决定对已有的业务实行清理整顿。2009 年 9 月，国务院颁布《关于开展新型农村社会养老保险试点的指导意见》，拉开了新农保制度建设的序幕；2014 年 2 月，《国务院关于建立统一的城乡居民基本养老保险制度的意见》，沿用新农保制度框架，在全国范围内建立统一的城乡居民基本养老保险。

4.1.2　老农保制度建设阶段

老农保制度是从 20 世纪 80 年代中期开始试点，1991 年最终确立。老农保制度建设经历了探索期、推广期和停滞期。

1）老农保制度的探索期

20 世纪 80 年代，上海、浙江、江苏等地仿照城市职工社会养老保险的做法，开始探索农村社会养老保险制度。1985 年《中共中央关于制定国民经济和社会发展第七个五年计划的建议》中，明确提出要研究制定城乡社会养老保险制度，并开始试点工作。为了贯彻落实“七五”计划，1986 年 10 月，国务院有关部委和民政部召开了“全国农村基层社会保障工作座谈会”，在这次座谈会上，初步形成农村基层社会保障建设思路。

1987 年，民政部公布了《关于探索建立农村基层社会保障制度的报告》，认为建立农村社会保障制度是农村经济发展到一定阶段的必然要求，农村社会保障制度要以国家、集体、个人承受能力为限度，提倡自我保障，并要求充分考虑家庭保障的作用。在农村社会保障制度起步时，需要考虑三个问题：一是农村社会保障制度的覆盖范围应当由小到大；二是农村社会保障制度的内容要因地制宜，由少到多；三是社会保障待遇标准要由低到高。对于农村社会保障制度的资金来源，《关于探索建立农村基层社会保障制度的报告》指出：贫困地区，以国家提供的救灾费、救济款、优抚费和各级财政补贴为基本保障资金，继续发挥现有福利网络的作用；富裕地区，要采取国家、集体、个人三方合理分担的办法。

1987 年之后，各地开始开展农村社会养老保险试点工作。截至 1989 年 6 月，全国开展农村养老保险试点的省（自治区、直辖市）有 19 个、县（市、区、旗）有 190 个，参保人数近 90 万人，共筹集资金 4095.9 万元，有 21.6 万人领取养老金[175]。

在这一时期，农村社会养老保险制度的试点范围相对较小，统筹层次很低，且没有法律法规的保障和科学理论的指导，在农村社会养老保险制度探索中出现集体经济发展程度直接影响养老金待遇、监督机制缺乏、基金安全性较差等问题，难以满足农村老年居民的基本生活需求。

1991 年，民政部在总结农村社会养老保险制度自行试点的基础上，决定进一步扩大试点范围。同时，民政部出台《农村社会养老保险基本方案》（草案），在山东省牟平县、龙口市、招远县、荣成市、乳山县进行试点。到 1991 年 9 月，这五个县的平均参保率达到 92%，收取养老保险费 485 万元；1991 年 10 月，民政部召开了“全国农村社会养老保险工作会议”，对五个县的基本情况进行总结，分析了经验和问题，肯定了《农村社会养老保险基本方案》（草案）的基本思想，并提出修正和完善的建议，并要求将试点县的范围扩大到 100 个。

2）老农保制度的推广期

1992 年 1 月 3 日，民政部颁布了《县级农村社会养老保险基本方案（试行）》，确定了老农保制度的基本框架。

老农保制度规定：“从我国农村的实际出发，以保障老年人基本生活为目的；坚持资金个人交纳为主，集体补助为辅，国家予以政策扶持；坚持自助为主、互济为辅；坚持社会养老保险与家庭养老相结合；坚持农村务农、务工、经商等各类人员社会养老保险制度一体化的方向。由点到面，逐步发展。”保障对象是城镇户口、不由国家供应商品粮的农村人口，交纳保险人员不分性别、职业，为 20 周岁至 60 周岁，领取养老保险金的年龄一般在 60 周岁以后。老农保制度保险资金的筹集以个人交纳为主，集体补助为辅，国家给予政策扶持，个人月交费标准设 2 元、4 元、6 元、8 元、10 元、12 元、14 元、16 元、18 元、20 元十个档次，记账在个人名下；领取养老金从 60 周岁以后开始，根据交费的标准、年限，确定支付标准。老农保基金以县为单位统一管理，保值增值主要是购买国家财政发行的高利率债券和存入银行，不直接用于投资。县级以上人民政府要设立农村社会养老保险基金管理委员会，实施对养老保险基金管理的指导和监督。委员会由政府主管领导同志任主任，其成员由民政、财政、税务、计划、乡镇企业、审计、银行等部门的负责同志和投保人代表组成。

1992 年 7 月，民政部召开“全国农村社会养老保险工作经验交流会”，推动全国各地老农保制度建设工作；1992 年 9 月，民政部要求各地要因地制宜，不可一刀切地施行老农保制度；1992 年 12 月，民政部组织召开“全国农村社会养老保险工作会议”，要求老农保制度全面推广。

1993 年 12 月 6 日，民政部要求成立农村社会保险司，要求各省建立农村社会保险处，县级政府建立专门的农村社会养老保险管理机构，推进老农保制度。1994 年 5 月，农村社会保险司制定《农村社会养老保险给付阶段的操作流程和标准单证的通知》，对老农保制度的经办工作给予了制度化的规定；1994 年 7 月，民政部印发《农村社会养老保险养老金计发办法（试行）》，月领取标准计算公式是 0.008 631 526 与个人基金积累总额的乘积。1995 年 6 月，民政部提出《关于进一步做好农村社会养老保险工作的意见》。1998 年 3 月，国务院启动政府机构改革，1998 年 6 月《国务院办公厅关于印发民政部职能配置内设机构和人员编制规定的通知》将民政部的农村社会保险司划归原劳动和社会保障部，老农保制度在管理体制、制度框架层面走向成熟。

截至 1998 年底，全国已有 2123 个县开展了老农保工作，参保农村居民有 8025 万人；全年老农保基金收入 31.4 亿元，支出 5.4 亿元，当期结余 26 亿元，累计结余 166.2 亿元[①]。

3）老农保制度的停滞期

1998 年 8 月，国务院要求民政部将老农保工作移交劳动和社会保障部的过程中，由于政策时滞，大多数县级农村社会养老保险机构等待移交的时间较长，在没有明确乡镇是否保留农村社会养老保险工作机构的前提下，一些地方出现民政和劳动部门关于老农保工作的推诿现象。老农保制度的管理体制未能及时理顺，影响了老农保事业的发展。老农保制度设计环节的一些问题也显现出来，如 2～20 元/月的缴费水平过低，导致保障水平很低；老农保制度运行缺乏稳定性、公平性差、基金保值增值困难等，此外还出现了基金管理环节的挪用、拖欠等问题。

1999 年 7 月，国务院发布《国务院批转整顿保险业工作小组〈保险业整顿与改革方案〉的通知》，指出：“我国农村尚不具备普遍实行社会保险的条件。对民政系统原来开展的‘农村社会养老保险’，要进行清理整顿，停止接受新业务，区别情况，妥善处理，有条件的可以逐步将其过渡为商业保险。”老农保制度陷入停滞。我国老农保制度参保人数统计见图 4-1。

---

① 数据来源：《1998 年劳动和社会保障事业发展年度统计公报》。

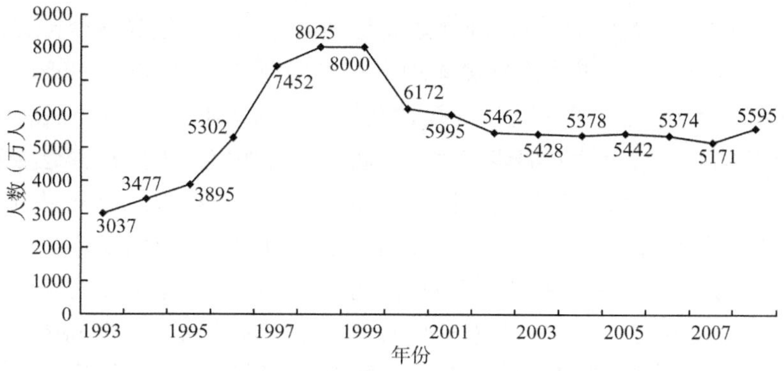

图 4-1　老农保参保人数统计图

图 4-1 显示，1993～1998 年，老农保制度参保人数持续上升，从 3037 万人上升到 8025 万人，但是 1998 年之后，老农保制度参保人数总体呈下降趋势。1999～2004 年，参保人数从 8000 万人下降到 5378 万人，2005 年参保人数略有上升，但是直到 2007 年参保人数仍呈下降趋势，2008 年老农保参保人数小幅度上升，截至 2008 年底，老农保制度参保人数为 5595 万人。至此，老农保制度不再推广，只是对老农保参保者进行存量管理。

4.1.3　新农保制度建设阶段

2009 年 9 月 1 日，国务院颁布的《关于开展新型农村社会养老保险试点的指导意见》标志着新农保制度试点工作在全国范围内正式启动。在指导意见颁布之前，我国许多地区对新农保制度进行有益的探索。

1）新农保制度的探索期

2006 年 1 月，劳动和社会保障部选择北京市大兴区、山东省烟台招远市、菏泽市牡丹区、福建省南平市延平区、安徽省霍邱县、山西省柳林县、四川省巴中市通江县、云南省南华县等县（市、区），启动新的农村社会养老保险制度建设试点工作；2007 年 8 月，《劳动和社会保障部、民政部、审计署关于做好农村社会养老保险和被征地农民社会保障工作有关问题的通知》首次提出“新型农村社会养老保险制度”一词，指出“建立以个人账户为主、保障水平适度、缴费方式灵活、账户可随人转移的新型农村社会养老保险制度和参保补贴机制”；2008 年 10 月，在《中共中央关于推进农村改革发展若干重大问题的决定》中，要求按照个人缴费、集体补助、政府补贴相结合的模式建立新农保制度；2009 年 3 月，国务院总理温家宝在政府工作报告中明确了“新农保试点要覆盖全国 10%左右的县”的工作目标。

在新农保制度探索方面，陕西省宝鸡市陈仓区和江苏省苏州市、常熟市走在全国前列。2007 年 9 月 10 日，陈仓区制定了《陈仓区新型农村社会养老保险试行办法》，规定年缴费标准为上年度本地农村人均纯收入的 10%～30%；市财政补贴标准每人每年 15 元，县（区）财政补贴标准每人每年不低于 15 元；参保人员年满 60 周岁时，按规定计入养老待遇，养老保险待遇由个人账户养老金和养老补贴两部分组成，个人账户养老金月领取标准为个人账户积累总额除以 139；养老补贴标准为每人每月 60 元。2001 年 10 月，常熟市制定了《常熟市农村养老保险暂行规定》，规定新农保缴费的财政补贴制度和社会养老补贴发放制度。对男性 60 周岁以上、女性 55 周岁以上未享受其他社会保障待遇、家庭成员全员参保的老年居民按月发放社会养老补贴，发放标准为 70 周岁以下每人每年 800 元，70 周岁以上每人每年 1000 元；市财政每年从商住用地的土地拍卖出让净收益中提取 5000 万元，从福利企业退税中提取 1000 万元，再由市财政根据情况每年再提供一定的资金，形成农村社会保障风险储备基金。

中央政府和地方政府对新农保制度的探索为新农保制度的最终确立奠定了基础。

2）新农保制度的试点期

在前期各地实践和理论探索的基础上，指导意见提出“试点→扩大试点→普遍实施”的新型农村社会养老保险制度建设思路，其基本内容可以概括为：“探索建立个人缴费、集体补助、政府补贴相结合的新型农村社会养老保险制度，实行社会统筹与个人账户相结合”的“两个结合”；“与家庭养老、土地保障、社会救助等其他社会保障政策措施相配套，保障农村老年居民基本生活”的“三个配套”；“2009 年新型农村社会养老保险制度试点覆盖面为全国 10%的县（市、区、旗），以后逐步扩大试点，在全国普遍实施，2020 年之前基本实现对农村适龄居民的全覆盖”的“三个阶段”；“保基本、广覆盖、有弹性、可持续”的“四个原则”。

指导意见颁布后，各地先后制定了具体实施办法，开始开展新农保试点工作。2009 年底，除了北京、上海、天津和重庆 4 个直辖市直接进入新农保试点外，另外确定了 320 个县（市、区、旗）为首批新农保试点县。新农保试点县分布情况见表 4-1。

表 4-1　全国首批新农保试点县分布情况

省份	试点县数量（个）	省份	试点县数量（个）	省份	试点县数量（个）
河北	18	福建	9	四川	21
山西	15	江西	11	贵州	11
内蒙古	10	山东	19	云南	13
辽宁	8	河南	21	西藏	7
吉林	9	湖北	13	陕西	11

续表

省份	试点县数量（个）	省份	试点县数量（个）	省份	试点县数量（个）
黑龙江	14	湖南	14	甘肃	10
江苏	13	广东	14	青海	5
浙江	8	广西	14	宁夏	3
安徽	12	海南	4	新疆	13

3）新农保制度扩大试点期

2010 年 4 月，人力资源和社会保障部下发了《关于 2010 年扩大新型农村社会养老保险试点的通知》，要求将新农保制度试点范围扩大到 23%的县。截止到 2010 年底，全国有 27 个省、自治区的 838 个县（市、区、旗）和 4 个直辖市开展国家新农保试点。全国参加新农保人数 1.03 亿人，其中，2863 万人领取待遇。全年新农保基金收入 453 亿元，个人缴费 225 亿元，基金支出 200 亿元，基金累计结存 423 亿元[①]。

2010 年 12 月全国人力资源和社会保障工作会议提出，2011 年全国 40%的县（市、区、旗）开展新农保试点；2011 年 4 月 20 日国务院常务会议决定，2011 年新农保覆盖地区提高至 60%。2011 年 6 月 20 日，在全国城镇居民社会养老保险试点工作部署暨新农保试点经验交流会议上，温家宝总理指出，国务院决定加快新农保试点进度，在本届政府任期内基本实现制度全覆盖。2012 年 5 月 7 日，人力资源和社会保障部、财政部在京召开全国新农保和城镇居民社会养老保险制度全覆盖工作动员视频会议，宣布从 2012 年 7 月 1 日起在全国范围内启动新农保全覆盖工作。

2011 年 6 月，国务院发布《国务院关于开展城镇居民社会养老保险试点的指导意见》，按照新农保的制度模式开展城镇居民社会养老保险试点工作，将“年满 16 周岁（不含在校学生）、不符合职工基本养老保险参保条件的城镇非从业居民，可以在户籍地自愿参加城镇居民养老保险。”纳入社会养老保险的范畴。2014 年 2 月，在整合新农保和城镇居民社会养老保险基础上，我国开始在农村地区推行城乡居民社会养老保险制度，成为现行的农村社会养老保险制度。该制度规定：农村居民个人缴费标准设为每年 100 元、200 元、300 元、400 元、500 元、600 元、700 元、800 元、900 元、1000 元、1500 元、2000 元 12 个档次，有条件的村集体经济组织应当对参保人缴费给予补助，地方人民政府应当对参保人缴费给予补贴；待遇由基础养老金和个人账户养老金构成，政府对符合领取城乡居民养老保险待遇条件的参保人全额支付基础养老金，个人账户养老金的月计发标准为个人账户

① 数据来源：《2010 年度人力资源和社会保障事业发展统计公报》。

全部储存额除以 139。

4.1.4 新农保制度创新之处

1）筹资结构的创新

老农保制度资金来源主要是个人缴费，集体补助为辅，国家仅予以政策扶持，实际上是农村居民的自我储蓄模式；新农保基金由个人缴费、集体补助、政府补贴构成。政府对符合领取条件的参保人全额支付基础养老金。同时政府还对参保缴费者予以缴费补贴，标准不低于每人每年 30 元。

2）账户结构的创新

老农保制度建立个人账户，个人账户基金积累用于养老金支出。新农保制度设有两个账户，一个是农村居民参保缴费的个人账户，个人账户基金积累用于发放个人账户养老金；同时，政府还发放基础养老金，基础养老金的来源是政府补贴。

3）养老金构成的创新

老农保制度的养老金来源是参保者个人缴费积累。新农保制度的养老金由两部分组成：一部分是个人账户养老金，即个人账户基金积累额除以 139；另一部分是基础养老金，基础养老金标准不低于每人 55 元/月。

4）缴费激励机制的创新

老农保制度和新农保制度都采用农村居民自愿参保的形式，老农保制度没有明确参保激励机制。新农保制度对参保缴费居民给予缴费补贴，补贴标准为每人每年不低于 30 元；对选择较高档次缴费标准的，给予适当鼓励，在一定程度上激发了农村居民参保缴费的积极性。

4.2 农村社会养老保险的管理体制与政策框架

4.2.1 农村养老保险的管理体制

体制是国家机关、企事业单位的机构设置、管理权限划分及其相应关系。从农村社会养老保险制度实施现状来看，管理体制见图 4-2。

由图 4-2 可知，农村社会养老保险的管理体制以县级农保管理中心为核心向上和向下延续管理职能。人力资源和社会保障部是农村社会养老保险的部署机构，出台了相关指导意见和决定，对全国农村社会养老保险工作进行统筹安排和政策指导。人力资源和社会保障部向省人力资源和社会保障厅发布农村社会养老保险的相关信息，省人力资源和社会保障厅落实政策，制定相应的实施办法。由于全国大多数省份没有建立省级农保经办机构，因此，农村社会养老保险省级经办的相关业务职能实际上由省级农村社会保险处执行。市人力资源和社会保障局按照省人力资源和社会保障厅的部署，开展本辖区内制度建设，并给予业务指导。县级人力资源和社会保障局根据上级文件精神，确定本县农村社会养老保险的工作方案，成立县级农保管理中心，具体经办农村社会养老保险业务。农保管理中心一般设综合科、征缴科、稽核科、信息科、财务科等科室，是比较完善的农村社会养老保险经办机构。乡（镇）劳动保障服务所负责辖区内农村社会养老保险业务的办理工作；村劳动保障服务站直接面向广大农村居民，协助乡（镇）劳动保障服务所，组织村民统一办理农村社会养老保险具体业务。

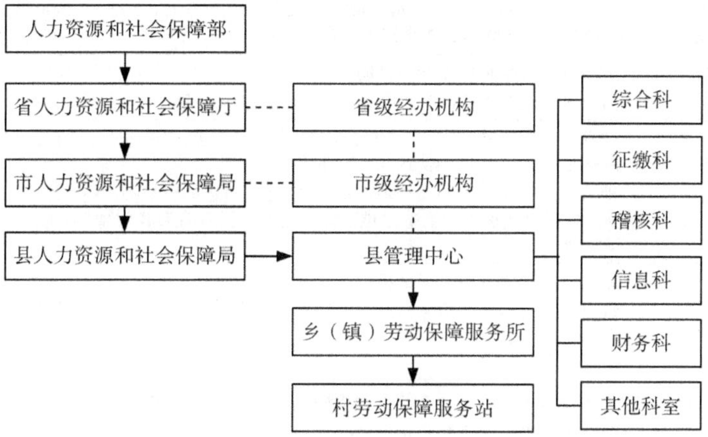

图 4-2　农村社会养老保险的管理体制

目前，财政部门、审计部门只是在本部门的职责范围内，对农村社会养老保险基金进行管理和监督，是有限的参与，尚未形成顺畅的多部门协调合作管理体制。

4.2.2　农村养老保险的政策框架

自指导意见颁布以来，国家层面不断探索农村社会养老保险制度的政策创新，并制定多项关于或涉及农村社会养老保险制度的政策法规，以指导农村社会养老保险制度建设工作。

自 2011 年 7 月 1 日开始施行的《中华人民共和国社会保险法》第二章明确规定：“国家建立和完善新型农村社会养老保险制度。新型农村社会养老保险实行个人缴费、集体补助和政府补贴相结合。新型农村社会养老保险待遇由基础养老金和个人账户养老金组成。参加新型农村社会养老保险的农村居民，符合国家规定条件的，按月领取新型农村社会养老保险待遇。”在立法层面对农村社会养老保险制度试点工作予以保障。

2014 年 2 月，《国务院关于建立统一的城乡居民基本养老保险制度的意见》对农村社会养老保险制度给予了框架式的规定，是农村社会养老保险制度实施的具体指导性文件，基本内容见表 4-2。

表 4-2　《国务院关于建立统一的城乡居民基本养老保险制度的意见》的具体内容

项目		具体规定
基本原则		全覆盖、保基本、有弹性、可持续
参保对象		年满 16 周岁（不含在校学生），非国家机关和事业单位工作人员及不属于职工基本养老保险制度覆盖范围的城乡居民
基金筹集	个人缴费	每年 100 元、200 元、300 元、400 元、500 元、600 元、700 元、800 元、900 元、1000 元、1500 元、2000 元 12 个档次，自主选择
	集体补助	1. 有条件的村集体应当给予补助 2. 鼓励其他经济组织、社会公益组织、个人提供资助
	政府补贴	1. 政府支付基础养老金，其中中央财政对中西部地区按中央确定的基础养老金标准给予全额补助，对东部地区给予 50%的补助 2. 地方政府补贴标准不低于每人每年 30 元；对选择较高档次标准缴费的，可给予适当鼓励。对重度残疾人等缴费困难群体，地方人民政府为其代缴部分或全部最低标准的养老保险费
养老金待遇	基础养老金	1. 中央确定基础养老金最低标准，目前为 70 元/（人·月） 2. 地方政府可以根据实际情况提高基础养老金标准，对于长期缴费的农村居民，可适当加发基础养老金
	个人账户养老金	1. 个人缴费以及各项补贴全部计入个人账户 2. 参考中国人民银行公布的金融机构人民币一年期存款利率计息 3. 月计发标准：个人账户全部储存额除以 139 4. 参保人死亡，个人账户中的资金余额，除政府补贴外，可以依法继承；政府补贴余额用于继续支付其他参保人的养老金
	待遇领取	1. 年满 60 周岁、累计缴费满 15 年，且未领取国家规定的基本养老保障待遇 2. 已年满 60 周岁、未领取国家规定的基本养老保障待遇的，不用缴费，直接领取
	待遇调整	根据经济发展和物价变动等，适时调整基础养老金的最低标准
基金管理	管理	1.基金纳入社会保障基金财政专户，实行收支两条线管理，单独记账、独立核算 2. 各地要在整合城乡居民养老保险制度的基础上，逐步推进城乡居民养老保险基金省级管理
	监督	1. 各级人力资源社会保障部门、财政、监察、审计部门按各自职责实施监督，确保基金安全 2. 经办机构和村民委员会每年对村内参保人缴费和待遇领取资格进行公示，接受群众监督
经办管理服务		1. 建立参保档案，长期妥善保存 2. 各地要在现有农村社会养老保险和城镇居民养老保险业务管理系统基础上，整合形成省级集中的城乡居民养老保险信息管理系统，纳入“金保工程”建设 3. 要大力推行全国统一的社会保障卡，方便参保人持卡缴费、领取待遇和查询本人参保信息 4. 城乡居民养老保险工作经费纳入同级财政预算，不得从城乡居民养老保险基金中开支
制度衔接		参加城乡居民养老保险的人员，在缴费期间户籍迁移、需要跨地区转移城乡居民养老保险关系的，可在迁入地申请转移养老保险关系，一次性转移个人账户全部储存额，并按迁入地规定继续参保缴费，缴费年限累计计算

与《国务院关于建立统一的城乡居民基本养老保险制度的意见》相配套，2014 年 3 月，人力资源和社会保障部颁布《城乡居民基本养老保险经办规程》（简称规程）。规程明确了参保登记、保险费收缴、基金申请和划拨、个人账户管理、待遇支付、保险关系注销、保险关系转移接续、基金管理、档案管理、统计管理、待遇领取资格核对（即资格认证）、内控稽核、宣传咨询、举报受理等业务环节的主要内容，规定了具体操作程序、标准和要求。

地方政府在落实农村社会养老保险制度过程中，也因地制宜地制定了新农保试点政策。例如，陕西省宝鸡市制定《宝鸡市城乡居民社会养老保险实施办法》；陕西省商洛市制定《商洛市城乡居民基本养老保险制度实施办法》；河南省制定《河南省人民政府关于建立城乡居民基本养老保险制度的实施意见》等。

4.3　农村社会养老保险实施状况

4.3.1　调查设计

1）调查目的

实地考察农村经济、社会环境，农村居民的基本生活状态，了解农村社会养老保险制度运行的环境；掌握农村居民参保情况及对农村社会养老保险制度的基本认知与意愿，搜集农村居民主观需求和客观需求资料；总结农村社会养老保险制度的宏观和微观运行状况，归纳农村社会养老保险制度试点经验与推广价值；征求农村居民对农村社会养老保险制度的期望和建议。

2）调查对象

调查对象是指被调查的总体。为了掌握农村社会养老保险工作的基本状况，本次调查的对象包括三类：①农村居民。农村居民是指具有农业户籍的人口。我们调查的农村居民是 16 周岁以上的人口。②农村社会养老保险相关的行政管理人员。本次调查将市、县、乡（镇）的人力资源与社会保障部门行政管理人员作为访谈对象，将村民委员会人员也作为行政管理人员进行访谈。③农村社会养老保险经办机构的工作人员。经办机构处于行政管理部门和农村居民之间，本次调查将农村社会养老保险经办机构的事业服务人员作为问卷调查和访谈的对象。

3）调查方法

本次调查主要采用四种调查方法：①资料搜集表法。资料收集表法是指研究者向实际工作部门索取与研究问题相关的各类资料的一种方法，所搜集的资料包括规章制度、统计报表、总结报告、工作计划等。②访谈法。访谈，就是研究性交谈，是以口头形式，根据被询问者的答复搜集客观的、不带偏见的事实材料，以准确地说明样本所要代表的总体的一种方式。本次调查中访谈的对象包括农村社会养老保险制度主管副县（区）长、人力资源与社会保障局局长、副局长，农保中心主任、副主任，乡镇主管农村社会养老保险人员，村委会主任或书记，乡镇农村社会养老保险经办机构管理人员等。③访问式问卷调查法。问卷调查法是调查者运用统一设计的问卷向被选取的调查对象了解情况或征询意见的调查方法。访问式问卷调查法就是要调查员携带调查问卷分赴各个调查地点，按照调查方案的要求，对所选择的被调查者进行访问，并按照问卷的格式和要求记录下被调查者的各种回答。④情景体会法。本次调查中，要求调查员采用情景体会法了解农村的经济社会环境、农村居民的生活状态、农村居民参加农村社会养老保险制度的态度、意愿等。

4）抽样设计

本次调查中，涉及抽样的调查方法主要是访问式问卷调查法，抽样总体是全体农村居民。按照国务院的部署，2009 年农村社会养老保险国家级试点开始在全国 10%的县开展，到 2009 年末有 27 个省、自治区的 320 个县（市、区、旗）和 4 个直辖市部分区县列入首批新型农村社会养老保险试点。鉴于本次调查需要了解的农村社会养老保险诞生、成长、成熟三个时期的实践状况，因此将实施现行农村社会养老保险时间最长的 320 个县作为抽样区域。

由于我国农村地区经济发展水平、社会进步程度、文化习俗差别很大，农村社会养老保险制度将出现多种建设模式，因此，在设计抽样框时要充分考虑农村社会养老保险的地区差异。指导意见中规定“中央财政对中西部地区按中央确定的基础养老金标准给予全额补助，对东部地区给予 50%的补助”①，为了便于与国家统计数据接轨，本次调查沿用国家统计局在 2003 年制定的划分方法，将我国的省份分为东部、中部、西部三类。在确定东部、中部、西部地区所包含的省份后，把每个省份新农保试点县、乡（镇）、村依次编号，以备抽取。

统计学中通常以 30 为界，30 个及以上的样本称为大样本，30 个以下的样本称为小样本。样本容量大于 30 时，常用的统计学公式都可以应用，因此，本次调查要保证抽取的每个村的样本容量在 30 以上。风笑天确定的计算样本容量的公式是[176-177]：

$$n=\frac{t^2}{4e^2} \tag{4-1}$$

① 在《国务院关于开展新型农村社会养老保险试点的指导意见》中并未单独提出“东北地区”，因此本次调查将全国的省份也分为东、中、西部地区，而不是《中国统计年鉴》中划分的东、中、西、东北地区。

式中，n——样本容量；

t——置信度所对应的临界值；

e——容许的抽样误差。

风笑天所确定的样本容量计算公式相对于 Scheaffer 等[178]确定的样本容量计算公式以及统计学上常用的样本容量计算方法具有三个方面的优势：一是所需参数更少。社会调查中总体的规模和标准差往往是较难查找的，风笑天的样本容量计算公式可以在不需要这些数据的前提下计算出样本容量。二是可以保证样本容量足够大。式（4-1）中假设总体成数① $p=0.5$，可以保证 $p(p-1)$ 的值最大，从而保证样本容量大于等于任意一种按照真实总体成数计算的样本容量，保证样本容量的科学性。三是计算简便。式（4-1）中，t 可以查表得到，e 根据调查实际设定，计算简便。

一般而言，社会调查中的置信区间选择 95%，此时 $t=1.96$。按照总体规模与样本规模之间的相关关系，当总体规模超过 500 000 时，样本规模应在 800 以上，此时的 $e<3.46\%$；作为大型调查，样本规模应为 1000～3000，此时的 $1.7\%<e<3\%$。由于本次调查总体规模超大，且要保证县（区）、乡（镇）、村样本的误差较小，同时考虑到调查成本，选取 $e=1.5\%$，计算得到 $n=4269$。考虑到实际调查过程可能出现的诸如拒绝回答、回答不全等误差因素，本次调查实际的样本容量是 5000，即本次调查将抽取 5000 户农村居民进行调查。

本次调查采用非概率抽样中的配额抽样确定县（区）、乡（镇）、村的样本量；采用同一层次内随机抽样的方法确定要调查的县（区）、乡（镇）、村。配额抽样适用于设计调查者对总体的有关特征具有一定的了解而样本数较多的情况[179]。本次调查既要把全国农村社会养老保险的推进情况调查清楚，又要对每个调查县的情况进行初步的了解，再加上东部、中部、西部试点县农村居民人口总数差异较大，因此，不适用于 PPS 法；采用配额抽样能够达到本次调查的目的。

在设计县级样本容量时，考虑到有试点县（区）的农村居民总数超过 500 000 人，每个试点县的样本规模不应少于 800 人，因此，将被调查试点县的数量设计为 6 个，东部、中部、西部各 2 个；同时考虑到基层调查的成本问题和统计方法的应用问题，调查设计的每个村的样本量不少于 30 个。

本次调查采用的是多阶段分层整群随机抽样的步骤：第一阶段，运用简单随机抽样方法，在东部、中部、西部各抽取一个省份，抽取结果为江苏省、河南省、陕西省；第二阶段，运用简单随机抽样方法，在江苏省、河南省、陕西省的新农保制度试点县中，分别随机抽取 2 个试点县，抽取结果为江苏省南京市高淳县、

① 总体成数是指总体中具有某一相同标志表现的单位数占全部总体单位数的比重，一般用 p 表示；总体成数的方差为 p（1–p）。

苏州市常熟市，河南省开封市通许县、南阳市西峡县，陕西省宝鸡市陈仓区、商洛市商南县；第三阶段，在抽取的新农保试点县中，按照地图法[180]抽取 5 个乡（镇）；第四阶段，按照简单随机抽样方法，在抽取的镇中，每个镇抽取 4 个村；第五阶段，按照整群随机抽样的方法，将抽取到的村划分为若干村民小组，采用简单随机抽样的方法抽取村民小组，村民小组所包含的居民家庭作为调查样本。抽样过程见图 4-3。

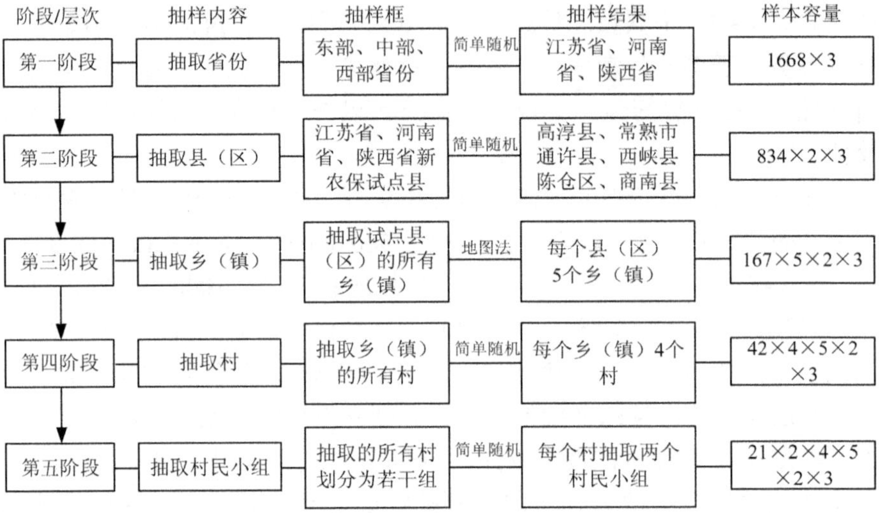

图 4-3　抽样步骤

5）调查实施

本次社会调查选取西安交通大学公共政策与管理学院有调查经验的副教授、讲师、博士生、硕士生和本科生作为调查员，共 30 名。2010 年 6 月 21 日至 8 月 12 日，课题组对陕西省陈仓区、商南县，河南省通许县、西峡县，江苏省高淳县、常熟市（简称“三省六县”）进行社会调查。共完成了对 5032 户农村居民的问卷调查，197 名经办机构人员的问卷调查，120 名管理干部的访谈，并搜集了大量的农村社会养老保险政策法规、基金运行、运行环境类资料，以体现农村社会养老保险制度诞生期的实施状况。2011 年 7 月 13 日至 8 月 5 日，课题组对调查内容进行简化，并在 2010 年第一次调查的 5032 户农村居民中，随机抽取 1255 户农村居民进行第二次社会调查，同时还对 443 名经办人员进行访问式问卷调查，对 104 名省、市、县、乡（镇）相关领导和管理干部进行讨论式深度访谈，以体现农村社会养老保险制度成长期的实施状况。2013～2016 年，在陕西、北京、江苏对 4582 户城乡居民、60 个社区（村）、38 个养老机构老年居民进行社会调查，以体现农村社会养老保险制度成熟期的实施状况。

4.3.2　农村社会养老保险制度诞生期实施状况

2009～2010 年，新农保首批试点县的核心任务是扩大制度的覆盖范围，处于农村社会养老保险制度的诞生期。本书根据第一次社会调查收集的一手资料，分析农村社会养老保险制度诞生期的实施状况，由于常熟市在 2010 年已经开始实施农保转城保工作，并停止接收新参保人员，因此，在数据分析时，以除常熟市之外的其他五县的调查数据为主。

1）被调查者及其家庭的基本信息

在针对农村社会养老保险制度诞生期调查的 5032 户农村居民中，家庭人口数均值为 4.12，0～16 周岁平均 0.84 人，17～59 周岁平均 2.47 人，60 岁以上人口平均 0.81 人，分别占家庭总人口数的 20.39%、59.95%、19.66%。在家庭人口中，具有劳动能力的人数平均为 2.93 人，务农的有 1.48 人，外出务工或经营生意的有 1.57 人；不具备劳动能力的人数平均为 1.19 人，其中学龄前儿童 0.29 人，在读学生 0.63 人，因病、残、老或其他原因丧失劳动能力的有 0.27 人。

被调查者中有 65.27%的人是户主，25.789%的被调查者是户主的配偶，90%以上的填答者能够掌握家庭的基本情况，确保了问卷填答的有效性。被调查者中，男性占 57.64%，女性占 42.36%。被调查者的年龄集中在 16～59 周岁，所占比例为 79.32%，29.01%的被调查者年龄在 60 周岁及以上。被调查者的婚姻状况见图 4-4。

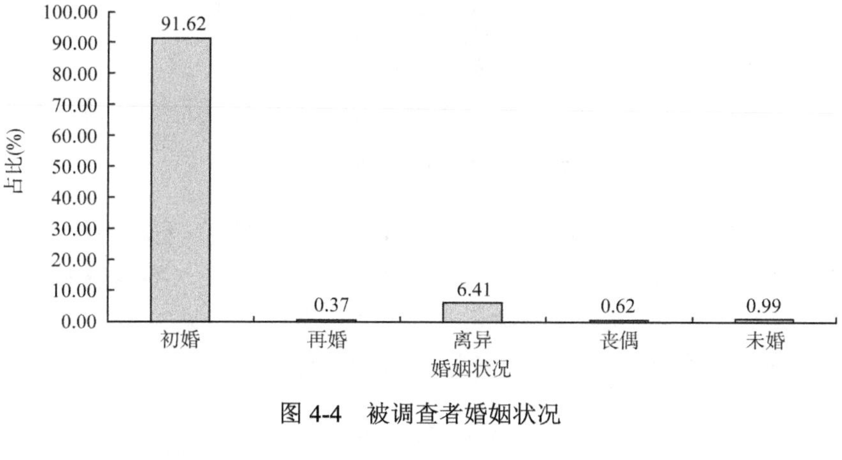

图 4-4　被调查者婚姻状况

图 4-4 显示，被调查者中初婚的人数最多，所占比例达到 91.62%，其次为离异人士，所占比例为 6.41%，再婚、丧偶、未婚的人数均不超过被调查者总数的 1%。

被调查者的文化程度集中在初中及以下，统计结果见图 4-5。

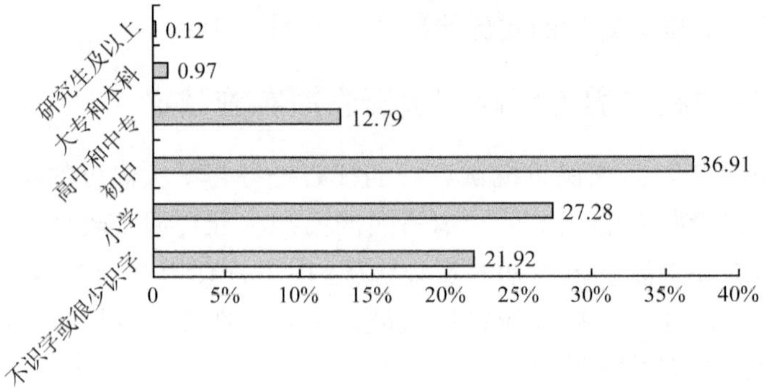

图 4-5 被调查者的文化程度

图 4-5 显示，被调查者的文化程度按照人数多少排序依次为：初中（36.91%）、小学（27.28%）、不识字或很少识字（21.92%）、高中和中专（12.79%）、大专和本科（0.97%）、研究生及以上（0.12%）。

被调查者的健康状况见图 4-6。

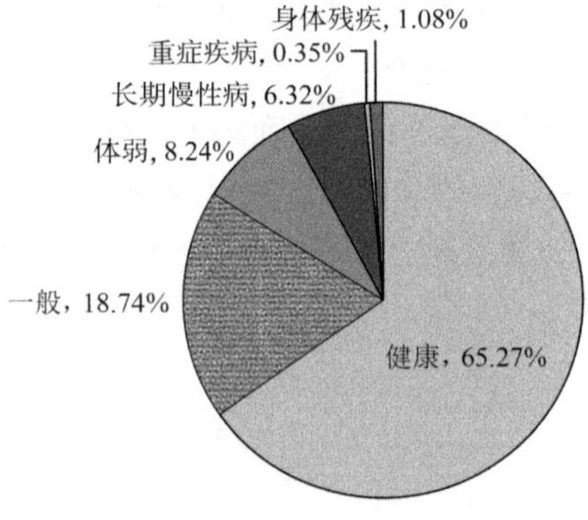

图 4-6 被调查者的健康状况

调查结果表明，被调查者家庭总收入均值为 4.31 万元，标准差为 1.10 万元，这与农村居民的现实收入状况相符合。被调查者家庭年支出入的均值为 3.61 万元，标准差为 0.73 万元。被调查者家庭每月的基本消费性支出见表 4-3。

关于被调查者的收入来源，调查结果见图 4-7。

表 4-3 被调查家庭各项支出统计表 （单位：元）

项目	极小值	极大值	均值	标准差
食品	20	10 000	441.17	89.17
衣着	0	2 000	139.56	26.12

续表

项目	极小值	极大值	均值	标准差
居住	0	130 000	1 776.26	474.10
家庭设备用品	0	60 000	440.85	243.06
交通和通信	0	1 200	162.99	49.38
文化教育娱乐	0	10 000	248.40	51.99
医疗保健	0	8 000	390.51	88.73
杂项商品和服务	0	2 000	48.56	42.78

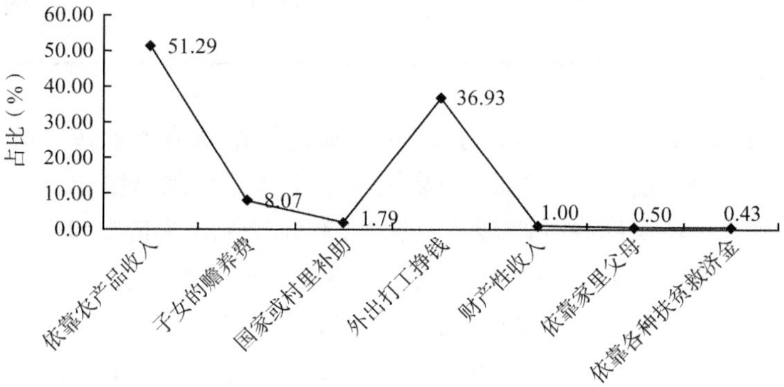

图 4-7　被调查者家庭收入来源

图 4-7 显示，农村居民的收入来源主要有两个方面：一是农产品收入，二是外出务工收入。其余的收入来源依次为：子女赡养费—国家或村里的补助—财产性收入—依靠父母—依赖各种扶贫救济金。

2）农村居民参加农村社会养老保险制度的现状

被调查地区大多是 2009 年底开始部署新农保试点工作，到 2010 年 6 月，在县域范围内基本建立起了农村社会养老保险制度。表 4-4 反映了被调查者家庭成员的参保状况。

表 4-4　被调查者家庭成员参保总体状况

<table>
<tr><th>项目</th><th colspan="4">统计结果（选择人数/有效百分比）</th></tr>
<tr><td rowspan="2">了解制度途径</td><td>媒体</td><td>当地政府</td><td>邻居家人</td><td>其他</td></tr>
<tr><td>26.76%</td><td>65.51%</td><td>6.12%</td><td>1.61%</td></tr>
<tr><td rowspan="2">是否参保</td><td colspan="2">是</td><td colspan="2">否</td></tr>
<tr><td colspan="2">77.53%</td><td colspan="2">22.47%</td></tr>
</table>

续表

<table>
<tr><td>项目</td><td colspan="12">统计结果（选择人数/有效百分比）</td></tr>
<tr><td>是否被强制</td><td colspan="6">是
7.61%</td><td colspan="6">否
92.39%</td></tr>
<tr><td>缴费档次（元）</td><td>100
81.10%</td><td colspan="2">200
17.01%</td><td colspan="2">300
0.50%</td><td>400
0.89%</td><td>500
0.17%</td><td colspan="2">600
0%</td><td colspan="2">800
0%</td><td>1000 及以上
0.33%</td></tr>
<tr><td>是否领取养老金</td><td colspan="6">是
23.75%</td><td colspan="6">否
76.25%</td></tr>
<tr><td>领取时间（月）</td><td colspan="2">均值
5.65</td><td colspan="2">标准差
2.48</td><td colspan="2">众数
6</td><td colspan="2">中位数
6</td><td colspan="2">MAX
35</td><td colspan="2">MIN
1</td></tr>
<tr><td>参保对生活水平影响</td><td colspan="4">生活水平降低
6.98%</td><td colspan="4">没有影响
78.43%</td><td colspan="4">生活水平提高
14.59%</td></tr>
</table>

表 4-4 显示，被调查地区农村居民主要通过当地政府的宣传了解政策，被调查者的参保率较高，已达 77.53%，如果剔除学生和已参加城镇职工基本养老保险的外出务工人员，参保率在 85%以上；有 92.39%参保者系自愿参保；绝大多数参保者（81.10%）选择 100 元的缴费档次；领取养老金人数所占比例为 23.75%，这与 19.66%的 60 岁及以上人口数比例基本一致；从养老金领取时间来看，平均领取时间在 5.65 个月，领取时间最短的为 1 个月，最长为 35 个月，42.07%的老人领取养老金时间为 6 个月，20.43%的老人领取养老金的时间为 10 个月；参加农村社会养老保险后，78.43%的人反映对生活水平没有影响，只有 14.59%的农村居民反映生活水平提高了，但是有 6.98%的农村居民认为参加农村社会养老保险导致生活水平降低了。

不同年龄段的农村居民参保率存在较大差异。在表 4-5 的统计结果中，16～45 周岁的农村居民参保率为 62.27%，46～59 周岁与 60 周岁及以上农村居民的参保率分别为 93.47%和 93.46%，比 16～45 周岁农村居民的参保率高了 31.20%和 31.19%。列联分析结果显示，p=0.00<0.05，表明年龄对参保率有显著影响。

表 4-5　不同年龄段人群的参保情况列联分析表

年龄	人数及占比	参保	没有参保	总计	p 值
16 周岁以下	人数（人）	0	374	374	0.00
	百分比（%）	2.67	97.33	100.00	
16～45 周岁	人数（人）	967	586	1512	
	百分比（%）	62.27	37.73	100.00	

续表

年龄	人数及占比	参保	没有参保	总计	p 值
46～59 周岁	人数（人）	687	48	735	0.00
	百分比（%）	93.47	6.53	100.00	
60 周岁以上	人数（人）	529	37	566	
	百分比（%）	93.46	6.54	100.00	

被调查地区农村居民普遍反映没有改变过缴费档次，只有不到 20%的被调查者表示改变过缴费档次，这部分人主要集中在宝鸡市陈仓区。根据访谈得知，对 2009 年参保的农村居民，2009 年缴费水平为 175 元，2010 年提高到 200 元。

从养老金领取水平来看，月基础养老金的平均值为 60.83 元，最低为 55 元，最高为 120 元，71.40%的老人所领取的月基础养老金水平为 60 元；由于农村社会养老保险大面积缴费 2009 年才开始，96.17%的领取养老金的老年人并没有个人账户养老金的积累，个人账户养老金平均值很低，只有 1.84 元。调查结果见表 4-6。

表 4-6　领取养老金水平

项目	平均值	众数	最小值	最大值
月基础养老金（元）	60.83	60	1	120
月个人账户养老（元）	1.84	0	0	60
领取养老金的平均时间（月）	5.65	6	1	35

在养老金发放及时性上，81.55%的养老金领取者表示能够按月领取养老金。在不能按月领取养老金的被调查者中，经办机构没有按月发放、不方便领取、不知道能够按月领取等原因都占到一定的比例，其中经办机构没有按月发放选择人数达到 51.33%，选择不知道能够按月领取和不方便领取的农村居民分别有 20.35%和 17.70%。

被调查地区农村居民参加农村社会养老保险时存在两个重要现象：①缴费档次的选择具有较高的同一性。81.10%的农村居民是在 100 元的缴费档次和 30 元的缴费补贴水平上。进一步对缴费档次与了解农村社会养老保险的方式进行列联分析，结果表明，选择 100 元缴费档次的居民主要通过当地政府和村干部宣传了解政策（65%）或者对农村社会养老保险补贴政策并不了解（39.4%）；此外，由于农村社会养老保险制度实施不久，大量的农村居民持观望态度，他们选择了政府允许的最低缴费档次以降低成本。②在没有充分认识到农村社会养老保险对生活水平影响的前提下参保。农村社会养老保险是一项惠农政策，但是 80%左右的居民认为这项政策的实施对生活没有影响，这一方面说明现行的缴费档次还相对较低，另一方面说明养老金待遇水平还不足以改善农村居民的生活水平。

3）农村居民对农村社会养老保险制度的基本认知

将农村社会养老保险政策进行分解，通过主观赋值法计算农村居民对农村社会养老保险政策各部分的了解度、满意度和合理度。均值的大小代表了被调查者认知程度，数值越大说明被调查者越了解（越满意、越合理），数值越小说明越不了解（越不满意、越不合理），当均值等于 3 时，说明持中立态度。调查结果见表 4-7。

表 4-7　被调查者对农村社会养老保险了解度、满意度、合理度集中位置统计表

项目	了解度		满意度		合理度	
	均值	标准差	均值	标准差	均值	标准差
新农保总体政策	3.59	0.91	3.95	0.70	3.93	0.71
缴费档次的设定	3.15	1.18	3.77	0.67	3.78	0.67
缴费年限设定	3.69	1.05	3.73	0.77	3.74	0.77
保险费按年缴纳	3.88	0.88	4.00	0.68	4.00	0.69
政府补贴政策	3.07	1.26	3.77	0.76	3.79	0.75
集体经济补助	2.49	1.26	3.41	0.79	3.41	0.80
对残疾人优惠政策	2.44	1.23	3.64	0.77	3.66	0.75
个人账户基金计息政策	2.43	1.20	3.44	0.75	3.45	0.73
基础养老金标准	3.49	1.20	3.93	0.70	3.94	0.70
个人账户计发月数为 139 个月	2.49	1.24	3.37	0.71	3.39	0.69
经办人员的服务	3.96	0.71	4.03	0.59	4.03	0.60
政策的宣传	3.96	0.67	4.04	0.59	4.03	0.62
允许农民流转土地	3.12	1.20	3.52	0.77	3.52	0.74
交钱多、时间长则养老金发放多	3.72	1.04	3.96	0.73	3.96	0.75

对于农村社会养老保险总体政策，52.16%的被调查者表示了解政策，19.90%的被调查者表示对政策的了解程度一般，13.35%的被调查者表示对政策非常了解，13.23%的被调查者表示对政策不了解，1.36%的被调查者表示对政策非常不了解。从满意度来看，48.81%的被调查者表示对总体政策满意，21.00%的被调查者表示对政策非常满意，17.42%的被调查者表示农村社会养老保险政策满意度一般，11.58%的被调查者表示对总体政策不满意，1.19%的被调查者表示对政策非常不满意。从合理度来看，55.28%的被调查者表示农村社会养老保险政策是合理的，22.60%的被调查者表示农村社会养老保险政策非常合理，19.78%的被调查者表示政策一般，2.33%的被调查者表示政策不合理，没有被调查者认为政策非常不合理。可见，农村社会养老保险政策设计已广泛被农村居民所接受。

农村社会养老保险在制度建设初期尽管了解度状况不是十分理想，但是得到了农村居民的一致拥护。农村居民对农村社会养老保险政策的了解度得分集中在2.43～3.96 分，即大多是“一般”左右，这说明在当地政府的宣传下，农村居民对农村社会养老保险政策都听说过，但是并不十分了解，了解度的平均得分是 3.27 分，得分最低的是“一年期同期存款利率计息政策”，得分最高的是“经办人员的服务”。农村居民对农村社会养老保险政策的满意度均值达到 3.76 分，得分最高的是“政策的宣传”为 4.04 分，得分最低的是“个人账户计发办法”，也达到 3.37 分，可见农村居民对农村社会养老保险政策持满意的态度。农村居民对农村社会养老保险政策满意度和合理度的认识基本一致，均值为 3.77 分，农村居民认为最不合理的是个人账户计发办法和集体经济的补助状况，但总体仍处于“合理”档次。

在了解度、满意度、合理度认知的基础上，被调查地区农村居民表现出较高的参保意愿。被调查者中有 79.65%的居民表示愿意参加农村社会养老保险，14.06%的居民表示非常愿意参加，仅有少部分被调查者表示不愿意参加，“不愿意”和“非常不愿意”参加的累计占总数的 3.57%。有 81.06%的被调查者愿意鼓励家人全部参加农村社会养老保险；10.46%的被调查者非常愿意鼓励家人参加，“愿意”和“非常愿意”鼓励家人参加农村社会养老保险的人数累计占总数的 91.52%，仅有少数被调查者不愿鼓励家人参加农村社会养老保险，“不愿意”和“非常不愿意”的被调查者占被调查者总数的 2.46%，见图 4-8。

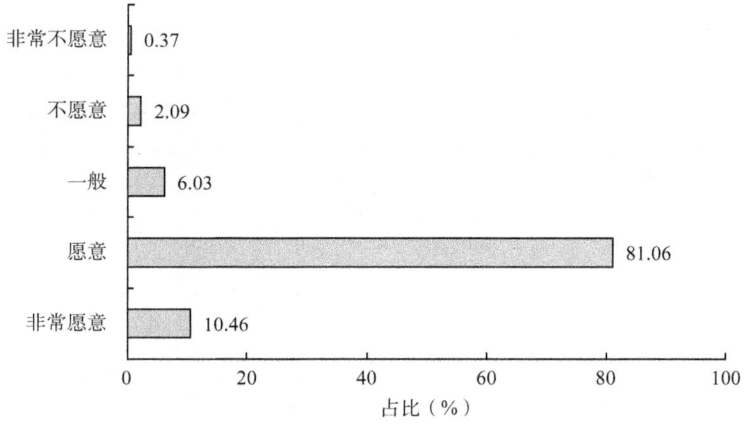

图 4-8　鼓励全家人参加农村社会养老保险的意愿情况

在对待未来的农村社会养老保险缴费水平方面，愿意提高缴费档次和愿意降低缴费档次的人数基本相当。对于是否愿意提高缴费档次，31.76%的被调查者表示不愿意提高缴费档次，31.27%表示愿意提高缴费档次，其他人持中立态度。

农村社会养老保险制度推进过程中也有部分农村居民表示不愿意参加，其原因见图 4-9。

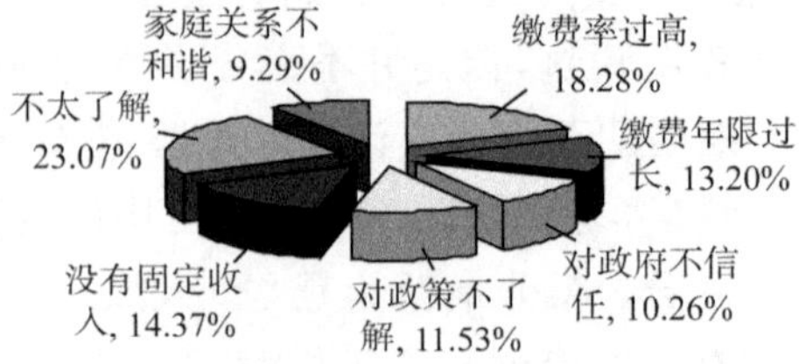

图 4-9 不愿意参加农村社会养老保险的原因统计

图 4-9 显示，农村居民中不愿意参加农村社会养老保险的原因依次是不太了解（23.07%）、缴费率过高（18.28%）、没有固定收入（14.37%）、缴费年限过长（13.20%）、对政策不了解（11.53%）、对政府不信任（10.26%）、家庭关系不和谐（9.29%）等。

农村社会养老保险制度较好地缓解了养老压力，但需要改进。相对于农村居民的基本生活支出，农村社会养老保险制度的保障水平仍然偏低。有 39.11%的被调查者认为现在老人每月领取的养老金不够生活， 8.73%的被调查者认为“完全不够用”，29.52%的被调查者认为“不太够用”，20.91%的被调查者认为“基本够用”，仅有 1.72%的被调查者认为“完全够用”，见图 4-10。

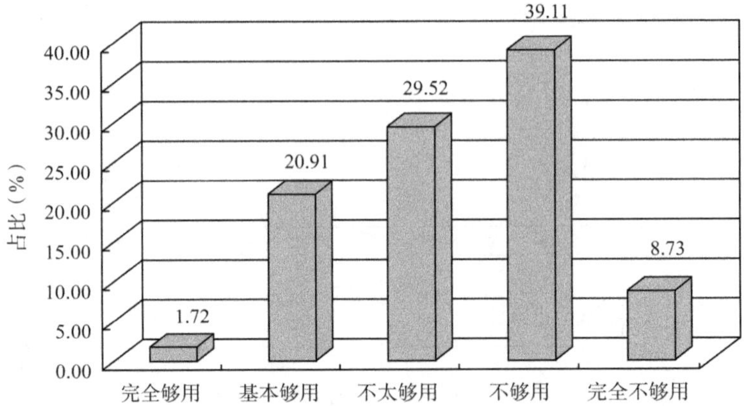

图 4-10 对于农村社会养老保险养老金是否够用的认知

4）农村居民的对农村社会养老保险制度的期望与需求

在被调查者中，每年专门用于养老方面的投入平均值为 736.02 元。其中，74.84%的被调查者每年专门用于养老方面的投入为 200 元及以下，除了参加农村社会养老保险的缴费投入之外，没有其他的养老投入。在现有养老投入下，62.34%

的被调查者认为其年老时的生活水平一般，有 30.73%的被调查者认为其年老时的生活水平会比较好，认为年老时生活水平会非常好或非常差的比例都很小，低于 1%。

被调查地区农村居民期望的月养老费用集中在 100 元及以下、101～200 元、201～300 元这三个区间，占到被调查者人数的 82.74%，其中选择 101～200 元的人数最多（34.68%），选择 100 元及以下的人数次之（25.97%），只有 1.61%的人表示月养老费用在 1001 元及以上。由此可见，农村居民对养老费用的期望水平还是较低的。

农民期望年缴费金额主要集中在 100 元及以下、101～200 元、201～300 元这三个区间，占到 93.04%。选择较多的缴费档次分别是 200 元、100 元和 0 元，所占比例分别为 49.27%、10.62%和 7.51%。在缴费年限上，被调查者期望的缴费年限主要集中在 10 年和 15 年，所占比例分别为 28.35%和 62.99%，大多数被调查者还是比较认同当前 15 年缴费年限的设计。

63.75%的被调查者表示希望将来能够参加城乡一体的社会养老保险制度，尤其是较为年轻的参保者对城乡一体的社会养老保险制度的期望更强。

基于农村居民的期望和需求，农村社会养老保险制度需要在以下方面进一步完善：

（1）保障水平。调查数据显示，农村老年居民领取养老金的平均金额为 60.28 元/月，但是，他们期望领取的养老金均值为 736.02 元/月，农村社会养老保险制度的保障水平亟须提高。

（2）缴费金额。农村居民期望每年的缴费金额均值为 160.16 元，有 35.3%的农村居民期望的缴费档次在 100 元及以下，只有 9.2%的农村居民选择 200 元以上的缴费档次。可见，农村居民的缴费承受能力有限。

（3）缴费年限。调查结果显示，农村居民期望的缴费年限集中在 10 年和 15 年两个数字上，分别占被调查人数的 28.4%和 63.0%，期望缴费年限均值为 12.91 年，可见大部分农村居民对 15 年的缴费年限是认同的，但是还有部分居民认为 15 年过长，需要在现有缴费水平下，测算最优的缴费年限。

（4）参保补贴。访谈中发现，农村居民认为参保补贴的数额太少，有居民建议按照 1∶1 的比例进行参保缴费补贴，将基础养老金提升至 100～150 元等，可见，参保补贴标准的数额应在考虑财政负担的前提下进行必要的优化。

除上述四个方面外，被调查者中 14.5%认为个人账户的设置需要进一步优化、12.1%认为农村社会养老保险管理需要进一步优化、11.3%认为制度衔接需要进一步优化、9.2%认为参保范围需要进一步优化。

4.3.3 农村社会养老保险制度成长期实施状况

2011 年 7 月，调查的三省六县农村社会养老保险参保率普遍在 85%以上，农村社会养老保险制度已经实现了从诞生期到成长期的过渡，2011 年及之后的调查资料表明，农村社会养老保险制度公平性矛盾开始显现，进入制度成长期。

1）农村社会养老保险已基本实现制度全覆盖向人群全覆盖转变

从 2010 年下半年开始，新农保首批试点县在经历了一年的制度建设之后，开始着重推进制度全覆盖工作。如南京市高淳县为实现人群全覆盖的目标，强化了目标管理，认真落实农村社会养老保险推进工作，并且通过加强领导监督，推动农村社会养老保险扩面和续保专项活动。各镇通过镇干部包村、村干部包组、组干部包人的形式，深入村组、走入农户家中，面对面宣传农村社会养老保险政策，动员农民参保缴费，主动电话联系在外务工人员以帮助其参保，对困难群体缴费问题及时完善政策，实现参保人员在享受低保待遇期间无障碍参保，为确保农村社会养老保险人群全覆盖奠定了坚实的基础。截至 2010 年底，被调查地区适龄居民参保率最高的县已经达到 99.01%，最低的也在 80%以上，特别是 60 周岁及以上农村居民的养老金发放工作已经基本实现全覆盖，领取率达到 99.41%。

以高淳县为例的统计结果发现，被调查者的参保率达到了 84.92%，见表 4-8。

表 4-8 高淳县被调查者 2010 年与 2011 年参保情况对比

性别	年龄（岁）	实际参保人数（人）		应参保人数（人）		参保率（%）	
		2010 年	2011 年	2010 年	2011 年	2010 年	2011 年
男	16～59	778	144	943	173	82.50	83.24
女	16～54	745	132	877	152	84.95	86.84
合计		1523	276	1820	325	83.68	84.92

表 4-8 显示，被调查者 2011 年参保缴费率达到 84.92%。其中，男性参保缴费率为 83.24%，女性参保缴费率为 86.84%。较 2010 年男性、女性参保缴费率均有略微提高。

表 4-9 是高淳县被调查者养老金领取情况的统计结果。

表 4-9 高淳县被调查者 2010 年与 2011 年养老金领取情况对比

性别	年龄	实领人数（人）		应领人数（人）		养老金领取率（%）	
		2010 年	2011 年	2010 年	2011 年	2010 年	2011 年
男	60 岁及以上	294	64	319	69	92.16	92.75
女	55 岁及以上	359	78	371	79	96.77	98.73
合计		653	142	690	148	94.64	95.95

表 4-9 显示，被调查者待遇领取率为 95.95%。其中男性待遇领取率为 92.75%，女性待遇领取率为 98.73%。较 2010 年男性、女性养老金领取率均有略微提高。

农村社会养老保险制度在试点地区推进速度较快，到 2011 年 6 月，经过近两年的时间，农村社会养老保险工作的重心已经由制度全覆盖向人群全覆盖转变，农村社会养老保险制度进入成长期。

2）农村社会养老保险经办服务与基金管理工作进一步完善

农村社会养老保险是国家解决农村居民养老问题的重要举措，各级农保经办机构作为制度落实的载体，在政策执行过程中发挥重要作用。农村社会养老保险经办机构作为农村社会养老保险管理和服务的部门，其机构建设状况和服务能力直接影响着农村社会养老保险工作推进的进度和质量。因此，在适度加快农村社会养老保险制度建设进程的过程中，对经办机构的建设水平和服务能力提出了更高的要求。

被调查地区农村居民对于农村社会养老保险经办机构应当提供服务的看法见图 4-11。

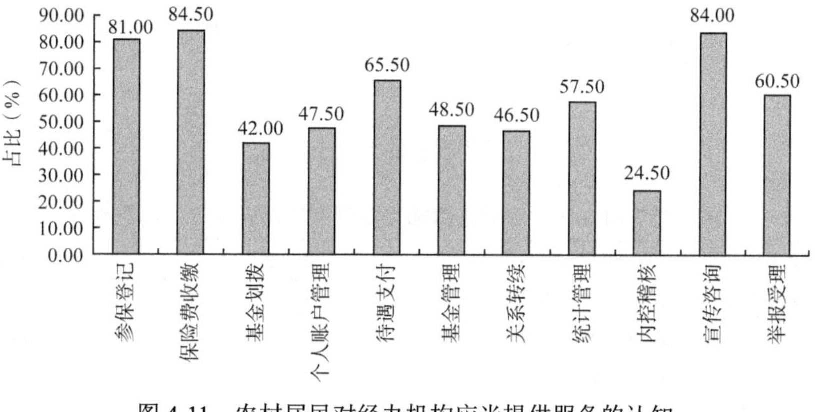

图 4-11　农村居民对经办机构应当提供服务的认知

图 4-11 显示，81.00%的被调查者认为参保登记是主要服务，84.50%的被调查者认为保险费收缴是主要服务，42.00%的被调查者认为基金划拨是主要服务，47.50%的被调查者认为个人账户管理是主要服务，65.50%的被调查者认为待遇支付是主要服务，48.50%的被调查者认为基金管理是主要内容，46.50%的被调查者认为关系转续是主要服务，57.50%的被调查者认为统计管理是主要内容，24.50%的被调查者认为内控稽核是主要内容，84.00%的被调查者认为宣传咨询是主要内容，60.50%的被调查者认为举报受理是主要内容。

农村居民的参保缴费业务一般都在村里缴纳，由村干部代为收缴或由农村社会养老保险专员到村上收缴。调查发现，农村居民用在缴费上的时间平均值是6.60分钟，参保缴费业务的办理效率基本能够满足农村居民的需求。养老金的领取地是与农村社会养老保险经办机构合作的金融机构，如陈仓区为邮政储蓄银行、商南县为陕西信用合作社、通许县为邮政储蓄银行、西峡县为河南信用合作社，但是调查发现村民办理养老金手续的时间最长是720分钟，最短是3分钟，平均值是103.19分钟，农村社会养老保险养老金领取等待时间较长。农村居民对于农村社会养老保险养老金领取中遇到的困难，调查结果见图4-12。农村居民对于农村社会养老保险经办服务与基金管理的满意度统计结果见表4-10。

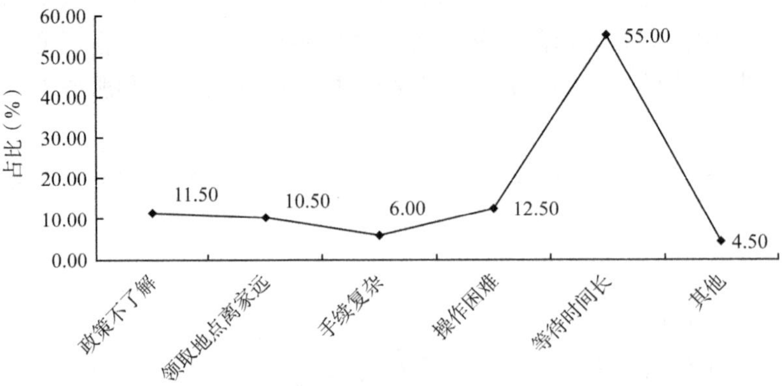

图4-12　农村居民在领取养老金时遇到的困难

表4-10　被调查者对农村社会养老保险经办服务与基金管理的满意度调查结果

农村社会养老保险经办管理与服务内容	满意度均值	满意度标准差
您对业务经办人员服务态度的满意程度	4.37	0.9677
您对业务经办人员服务水平的满意程度	4.33	0.8503
您对参保登记的满意度	4.42	0.7724
您对保险费收缴的满意度	4.32	0.8897
您对待遇支付的满意度	3.71	0.9542
您对保险关系转移接续的满意度	3.79	1.0301
您对宣传咨询的满意度	4.24	0.9201
您对举报受理的满意度	3.98	0.9481
您对制发卡证的满意度	4.24	0.8505
您对信息查询的满意度	4.24	0.9509

表4-10显示，农村居民对农村社会养老保险经办机构的经办服务与基金管理工作满意度较高，满意度均值超过4的项目有经办人员服务水平、服务态度、参保登记、保费收缴、宣传咨询、制发卡证、信息查询，这说明，农村居民对这些

经办业务的满意度在“满意”与“非常满意”之间。满意度均值低于 4 的项目有举报受理、关系转移接续、待遇支付等业务，经办机构应当在这些业务环节提高服务水平。

访谈发现，农村社会养老保险经办服务与基金管理工作还存在如下问题需要进一步改进：

（1）县（区、市）、乡（镇）级领导对农村社会养老保险制度建设的关注程度下降。新农保试点第一年，各试点县的主要领导都高度重视新农保试点工作，普遍成立了由县（区、市）委书记、县（区、市）长和乡（镇）党委书记、乡（镇）长任组长的新农保试点领导小组；组建由县（区、市）主管领导主持，相关部、局负责人参加的新农保试点工作机构，建立新农保管理中心；采取多项举措，迅速实现县（区、市）域内新农保制度的全覆盖。进入新农保试点第二年，县（区、市）、乡（镇）新农保工作领导小组的重视程度明显下降，新农保试点工作机构组织的专题宣传、会议部署、领导下乡等次数显著减少；村级新农保经办人员工作热情有所下降。

（2）县（区、市）级农村社会养老保险经办机构缺乏建设标准和业务流程操作规范。一是机构设置级别不同，职能股室数目各异。陈仓区、常熟市的农村社会养老保险管理中心按正科级设置，商南、通许、西峡、高淳四县则按副科级设置。各县（区、市）农保中心设置职能股室 3～5 个不等。二是各县农保中心人员编制数量不一。陈仓区农保中心 27 名工作人员；商南县农保中心 19 名工作人员；西峡县农保中心 9 名工作人员。三是缺乏农村社会养老保险经办规程的实施细则和服务标准。调查发现，各县的农村社会养老保险经办规程（条例、办法）都比较笼统，尚未制定具体的可操作的实施细则，也没有各类经办业务的服务标准。调查资料显示，参保者缴费时每次所需时间平均为 17.18 分钟，而待遇领取每次所需时间却平均为 60.13 分钟。

（3）村级农村社会养老保险经办机构经办人员队伍不稳定，对农村社会养老保险制度的理解有偏差。陈仓区、商南县、通许县、西峡县村级经办业务大多由村文书或村会计兼职办理，由于兼职补贴经费难以落实，村级经办人员队伍不稳定。西峡县没有规定村级经办人员待遇；陈仓区尽管规定了村级经办人员每月至少 50 元的兼职补贴，但是很多经办人员反映尚未领到相应补贴。课题组调查的陈仓区、商南县、通许县、西峡县 32 个行政村中有 15 个村至少更换过一次农村社会养老保险经办人员。常熟市、高淳县在每个行政村设置一名村级专职社会保障委员，但是由于职务变动快，造成村级社会保障委员频繁变动。

（4）农村社会养老保险个人账户基金“活期转定期”不及时。调查发现，三省六县（区、市）都存在缴费入账“活期转定期”不及时的现象，即从村级收缴保费上交乡（镇），乡（镇）汇集保费上交县级，其间农村社会养老保险缴费均以活期存款计息，一段时间后才转为定期存款。部分乡（镇）缴费入账“活期转定期”的时滞长达 3 个月。而未来养老金个人账户储存额的发放，则应根据指导意见的规定，参考中国人民银行公布的金融机构人民币一年期存款利率计息。2010 年陈仓区共收缴养老保险费 4149 万元，按照 2010 年 8 月的人民币一年期银行存款利率计算，如“活期转定期”的时滞为 1 个月，县财政需要承担 6.53 万元的利息差；“活期转定期”的时滞为 3 个月，县财政要承担 19.92 万元的利息差。

3）不同地区之间的养老金水平差距较大

根据指导意见，农村社会养老保险养老金水平除了由中央政府制定的基础养老金标准决定外，地方政府对基础养老金的补贴额度也直接影响养老金水平。我们调查的六个县，成长期农村社会养老基础养老金补贴水平见表 4-11。

表 4-11 被调查地区基础养老金补贴水平

省	县（市、区）	基础养老金发放办法
陕西省	陈仓区	60～69 周岁每人每月 60 元，70～79 周岁 70 元，80～89 周岁 80 元，90 周岁以上 90 元
	商南县	年满 60～69 周岁每人每月 55 元，年满 70～79 周岁每人每月 65 元，80 岁以上每人每月 75 元
河南省	通许县	月基础养老金=55 元+5 元
	西峡县	每人每月享受 60 元基础养老金，其中国家补贴 55 元，县政府补贴 5 元
江苏省	高淳县	基础养老金月领取标准以启领时当年月缴费基数为标准，按 8%的比例计发累计缴费年限每满 1 年（不满 1 年的月数折算为年计算，下同），计发比例另增加 0.3%
	常熟市	缴费年限达到 15 年及以上的人员基础养老金:按照 120 元的标准确定；缴费每满 1 年按照 6 元标准确定； 缴费年限不足 15 年人员基础养老金按照 100 元标准确定

注：因分析农村社会养老保险制度成长期需要，表中为 2011 年数据

表 4-11 显示，被调查地区农村社会养老保险基础养老金标准差异较大。通许县和西峡县基础养老金标准为每人每月 60 元；陈仓区基础养老金标准为 60 元起步，年龄每增加 10 岁，基础养老金增加 10 元；商南县基础养老金标准为 55 元起步，年龄每增加 10 岁，基础养老金标准增加 10 元；常熟市基础养老金标准为 120 元和 100 元两种，远超过陕西省和河南省的基础养老金标准；高淳县基础养老金标准为当月缴费基数的 8%，调查时点为每人每月 360 元，为三省六县最高值。由此可见，农村社会养老保险基础养老金标准差异很大，最高值是最低值的 6.54 倍，且基础养老金标准与当地经济发展水平基本呈现正向相关的关系。

从被调查的六个县老年居民实际领取的养老金来看，差距也较大，见图 4-13。

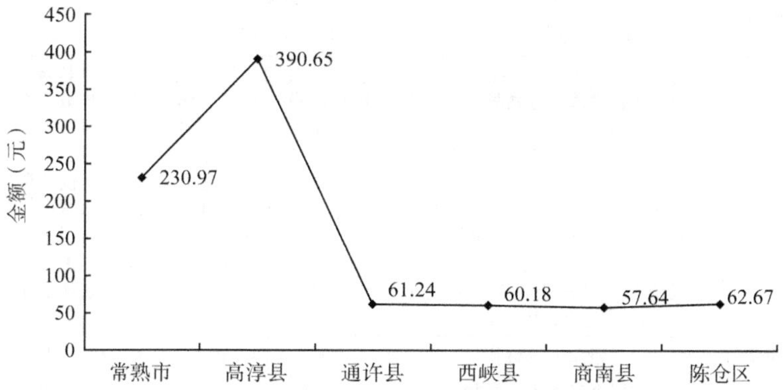

图 4-13　被调查者平均领取的养老金水平

图 4-13 显示，高淳县、常熟市农村居民领取到的农村社会养老保险养老金水平远高于陕西省和河南省的四个被调查县。在陕西省和河南省四个被调查县中，基础养老金水平从高到低排序依次为陈仓区、通许县、西峡县和商南县。农村社会养老保险基础养老金水平的区域差异明显。

4.4　农村社会养老保险实施效果

4.4.1　经办管理体制初步建立

依照指导意见、规程等政策，被调查地区普遍建立起了“四级”联动的农村社会养老保险制度管理体制。

县级人力资源和社会保障局负责农村社会养老保险制度的组织实施和监督管理；农村社会养老保险管理中心负责各项具体工作的分配和落实；乡（镇）劳动保障事务所承担具体业务办理工作；村劳动保障服务站协助劳动保障事务所，组织村民统一办理农村社会养老保险的具体业务。

农村社会养老保险管理过程中，人力资源和社会保障局主要负责政策的制定和监管，不负责具体业务操作；农保中心作为承上启下的业务经办部门，全面运作农村社会养老保险工作，而乡（镇）和村级，由于人力、财力等约束，管理体制尚不健全。

表 4-12 是农村社会养老保险经办部门的人员、职责和业务职能情况。

表 4-12　农村社会养老保险经办部门基本情况

人员配备		农保中心	劳动保障事务所	劳动保障服务站
		24 人（12 名协管员）	1～5 人（1～3 名协管员）	1～2 人
主要职责		宣传、贯彻执行农村社会养老保险政策；对镇业务指导、人员培训和检查考核；保险费汇集、存储及基金管理；参保人员资格审查、建立个人账户、办理保险关系转移、注销登记审批；审查养老金领取人员的资格、养老金给付标准和拨付养老金；信息管理系统和区农保业务档案管理工作；数据统计工作	宣传和贯彻执行政策；本镇保险费汇集、上缴；对参保缴费、享受待遇、转包、注销登记资格及有关表格进行审核；配合区农保中心建立本镇参保人员个人账户；本镇信息管理系统及档案管理工作；本镇数据统计工作	宣传和贯彻执行有关政策；本村参保缴费及待遇享受人员资格、增减变化的初审上报；本村保险费收集、上缴；本村参保人员养老金申领、注销登记及转保申报；村级档案管理和统计工作
业务职能	调查摸底	建立汇总资料	统计本镇调查情况	专人入户调查
	参保缴费	核查参保人员资料	审核村资料并汇总	统一填写资料
	资金归集	完成资金归集	每日资金存入专户	专人保管每日上缴
	账户管理	—	配合农保中心建账户	建立、管理个人账户
	待遇审批	审核、审批、备案	审核并报送农保中心	公示公告、上报
	注销/转移	审批	开具证明	提出申请
	基金管理	收缴、报送	核实、报送	预算决算、内外监督
	统计稽核	整理、汇总、分析、稽核	核实、报送台账和数据	报送台账和数据
	信息系统	建立系统，专人管理	专人管理	—
	档案管理	建立档案，专人管理	专人保管	—

4.4.2　制度得以迅速建立普及

被调查地区农村居民主要通过当地政府的宣传了解农村社会养老保险政策，被调查人群的参保率较高，如果剔除学生和已参加城镇职工基本养老保险的外出务工人员，参保率在 85%以上；有 92.39%的参保者系自愿参保；绝大多数参保者（81.10%）选择 100 元的缴费档次；领取养老金人数占参保人数的比例为 23.75%，这与 19.66%的 60 岁及以上人口数比例基本一致；从养老金领取时间来看，平均领取时间在 5.65 个月，领取时间最短的为 1 个月，最长为 35 个月，42.07%的老人领取养老金的时间为 6 个月，20.43%的老人领取养老金的时间为 10 个月。被调查地区农村居民的参保效果基本达到了首批试点县制度诞生期的预期，农村社会养老保险制度在诞生期得到迅速建立并普及。

农村社会养老保险制度是一项提高农村老年居民生活水平的惠农政策，应让绝大多数农村居民更倾向于参加农村社会养老保险。但是，以性别、年龄、婚姻状况、文化程度、外出务工状况等因素为自变量，以是否参保为因变量，通过 Logistic 回归分析发现，除性别外其他因素对是否参保都有显著影响。结果显示：年龄越大的人越倾向于参加农村社会养老保险，这与农村社会养老保险制度建立个人账户，个人代内收支调节的初衷是不相符的；婚姻经历较为坎坷的人群更倾向于参加农村社会养老保险，文化程度较高的人更倾向于参加农村社会养老保险，没有外出务工的人更倾向于参加农村社会养老保险，这说明农村居民并未理解农村社会养老保险的保险属性，而是把农村社会养老保险当做一种有偿的救济制度，需要救济的就积极参加，不需要救济的不倾向于参保。

4.4.3　制度得到居民一致拥护

在农村社会养老保险制度诞生期，尽管农村居民并不是非常了解政策，但是他们普遍认同和一致拥护农村社会养老保险制度。农村居民对农村社会养老保险政策的满意度均值达到 3.76 分，得分最高的是“政策的宣传”为 4.04 分，得分最低的是“个人账户计发办法”，也达到 3.37 分，可见农村居民对政策持满意的态度，并且农村居民对政策满意度和合理度的认识基本一致，均值为 3.77 分，总体仍处于“合理”档次。

进一步进行聚类分析，发现农村居民对农村社会养老保险政策满意度方面，可分为两大类：一类是以利率政策和集体补助为代表，得分偏向“一般”；另一类是以“缴费档次”和经办服务为代表，得分偏向“满意”。合理度方面的得分走势与满意度基本一致。

由此可见，在农村居民了解有限的背景下，农村社会养老保险制度得到了农村居民的普遍认同。

4.4.4　待遇公平矛盾开始凸显

在课题组开展的问卷调查和访谈中，设计了关于农村社会养老保险制度待遇水平公平性的相关问题。

被调查者关于农村社会养老保险制度财政补贴公平性风险的认知见图 4-14。

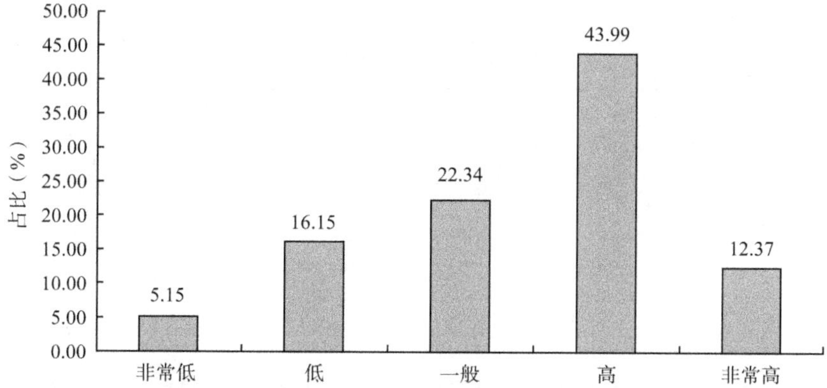

图 4-14　被调查者关于农村社会养老保险制度财政补贴公平性风险的认知

图 4-14 显示，农村居民认为各地农村社会养老保险制度财政补贴水平不同而造成的不公平性风险较高，选择“高”和“非常高”的人数比例为 56.36%，只有 21.30%的被调查者认为不存在不公平。

被调查者对于不同地区保障水平不一致的公平性风险认知见图 4-15。

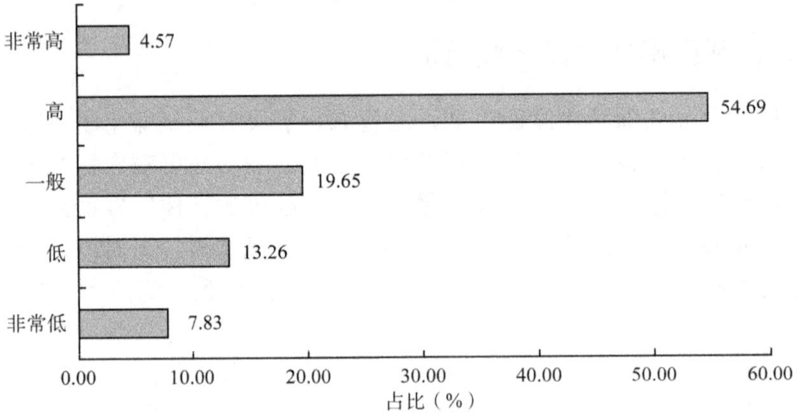

图 4-15　被调查者关于不同地区保障水平不一致的公平性风险认知结果

图 4-15 显示，认为不同地区因保障水平不一致而引发农村社会养老保险制度公平性风险的人数较多，所占比例达到 59.26%，不认为这是一种公平性风险的人数所占比例仅为 21.09%。

被调查者对于各地开展农村社会养老保险制度建设时间不一致导致的不公平性风险的认知统计结果见图 4-16。

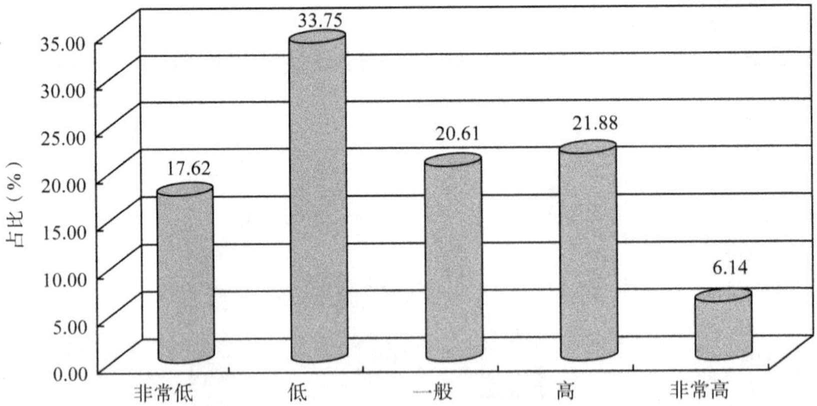

图 4-16　被调查者关于各地开展时间不一致导致的不公平性风险认知

图 4-16 显示，被调查者对于农村社会养老保险制度建设时间不一致所导致的

不公平性风险赞成的人数所占比例不大，有 28.02%；被调查者不认为这是一种公平性风险的人数较多，所占比例为 51.37%。

农村社会养老保险制度内部保障水平不公平性主要体现在不同地区财政补贴不公平和不同地区保障水平不公平两个方面。访谈资料显示，被调查地区农村居民对农村社会养老保险保障水平的不公平表示了强烈的不满，有被调查者提出，本县与邻县的基础养老金补贴水平不一致，本县低于邻县每人每月 5 元，这是不公平的；还有被调查者提到，本县统一按照 30 元的缴费补贴标准给予缴费补贴，而邻县则是按照弹性的补贴标准给予缴费补贴，多缴多补。在对农村社会养老保险制度管理干部的访谈中，较为集中的观点是国家应当加大对中西部地区财政补贴的力度，因为东部地区普遍制定了较高的基础养老金标准，与中西部地区形成了鲜明的对比，出于地区公平的考虑，在地方政府财力有限的前提下，应当加大国家财政对中西部地区农村社会养老保险制度的支持力度。

社会养老保险制度的目标是保障参保者年老后的基本生活，实现老有所养。我国为保障老年人口的基本生活提供的社会保障制度除社会养老保险制度之外，还有城镇居民最低生活保障制度、农村居民最低生活保障制度、城乡低保边缘困难对象救助制度、城乡三无人员供养制度、农村散居五保供养制度等，在农村地区，农村社会养老保险制度的保障水平应当与这些养老保障制度的保障水平基本相当，但是，调查发现农村社会养老保险制度的保障水平远低于这些涉及老年人口的社会保障制度保障水平。

以江苏省为例，2010 年，城镇居民最低生活保障标准为月人均 430 元；农村居民最低生活保障标准为月人均 350 元；城乡低保边缘困难对象补助标准为月人均 350 元；城市三无对象、农村集中供养五保标准为月人均不低于 602 元；农村散居供养五保标准为月人均不低于 490 元；重残人员生活救助标准按城乡低保标准实行差额救助。2010 年，城镇职工社会养老保险缴费年限满 15 年的人员月养老金约 570 元，见表 4-13。

表 4-13　江苏省涉及老年人口的社会保障制度待遇享受对比表　（单位：元/月）

项目	城乡低保边缘困难对象、城镇重残人员生活	城镇低保补助	城市三无对象	城镇职工社会养老保险待遇平均水平	农村低保、农村重残人员生活补助	农村散居供养五保标准	农村集中供养五保标准	被调查地区待遇平均水平
金额	350	430	602	570	350	490	602	310.66

表 4-13 显示，农村社会养老保险保障水平与其他社会养老保险制度保障水平相比较低，由此导致农村社会养老保险制度的外部不公平性。

第 5 章　农村社会养老保险制度的演进风险

根据社会保障制度演进规律，农村社会养老保险制度建设将经历三个阶段：制度诞生期，即农村社会养老保险制度建立初期，由于新制度提供了从无到有的保障福利，从而得到社会各方面的普遍认同和一致拥护，促成制度迅速建立并普及；制度成长期，由于农村社会养老保险制度内在的不可避免地存在着对不同社会群体提供的福利差异，保障水平的公平性遭到强烈质疑，因此，解决保障差异、实现保障公平是这一阶段农村社会养老保险制度演进的主要内容，制度演进的方向是以制度覆盖的全体保障对象中享受高福利人群的保障水平为标准，就高不就低，提高制度覆盖的全体保障对象的福利水平；制度成熟期，由于制度覆盖的全体保障对象福利水平的普遍提高，更由于农村社会养老保险待遇的刚性特征，出现巨额的农村社会养老保险基金收支缺口，引发农村社会养老保险制度财务不可持续性危机。当前农村社会养老保险制度处于成长期，本书以首批调查资料为基础，按照社会保障制度演进规律揭示的农村社会养老保险制度演进进程，对农村社会养老保险制度诞生期、成长期、成熟期面临的主要风险进行预测。

5.1　制度诞生期扩大覆盖范围的约束条件

5.1.1　基层经办机构服务能力不足

我国农村地区人口众多，居住分散，对农村社会养老保险制度的基层经办能力提出了较高的要求。农村社会养老保险的政策宣传、保费收缴、养老金发放等主要工作量集中在乡（镇）、村两级，其中，村级更是直接面对广大农村居民；尤其是保费收缴、养老金发放的政策性强，服务面广，服务对象文化程度低，现金往来的手续繁琐、安全风险度高等，对基层经办人员的政治素质、业务能力有一定的要求。

我们调查的三省六县普遍存在的问题是：乡（镇）、村农村社会养老保险经办管理与服务机构工作人员数量不足、文化程度偏低、专业知识缺乏，办公场所拥挤、设备短缺、经费不足。地处东中部的江苏、河南四个县（市、区），每个行政村基本配备了 1～2 名协管员；而地处西部的陕西两个县（区），协管员只配备到镇一级，只有个别经济情况较好的行政村配备了专职协管员。六个县（市、区）53.13%的农村社会养老保险经办人员文化程度为大专及以下，其中高中、中专及以下的比例为 21.00%；只有 8.41%经办人员是人力资源与社会保障类专业毕业的。我们调查的乡（镇）农村社会养老保险经办机构的经办场所面积与其数万名服务对象人数相比显得十分狭小，其中总面积、前台服务面积、信息化系统（机房）面积、业务管理面积、行政管理面积的平均值分别为 202.81 m^2、72.24 m^2、17.39 m^2、129.19 m^2、90.79 m^2；计算机的配备从 1～18 台不等，平均为 4.12 台，其中数量在 1～2 台的乡（镇）经办机构占到 48%；每个乡（镇）为经办机构配备的公务汽车、摩托车平均为 0.25 辆。

5.1.2　低收入居民的缴费能力有限

农村社会养老保险基金由个人缴费、集体补助、政府补贴构成，除残疾人、五保供养人员等弱势群体外，个人账户基金主要依靠个人缴费。农村居民个人缴费能力成为制约农村社会养老保险制度建设进程的重要因素。

调查资料显示，农村居民所期望的养老金发放水平是 4664.52 元/年，是现行规定最低 840 元/年基础养老金的 5.55 倍。我们调查的六个县（市、区）农村居民参加农村社会养老保险的个人缴费与参加商业养老保险的个人缴费之和仅 736.02 元/年，除常熟市之外的其他五个县（区）这一数据只有 367.96 元/年（表 5-1）。

表 5-1　农村居民的养老期望　（单位：元/年）

地区	养老投入	期望养老金水平	期望缴费水平
陈仓区	413.07	3 021.84	160.16
商南县	284.50	3 476.64	149.28
通许县	193.30	2 098.08	135.06
西峡县	433.96	2 703.24	188.75
高淳县	514.96	4 992.6	365.33
常熟市	2 576.33	11 694.36	275.06
平均值	736.02	4 664.52	212.27

《国务院关于建立统一的城乡居民基本养老保险制度的意见》规定的缴费档次，占 2014 年我国农村居民低收入户年人均纯收入的比例分别为 3.61%、7.23%、10.84%、14.45%、18.06%；占高收入户年人均纯收入的比例分别为 0.42%、0.84%、1.25%、1.67%、2.09%（表 5-2）。其中，300 元缴费标准占农村居民低收入户年人均纯收入的 10.84%，相当于企业职工基本养老保险缴费率 8%的 1.36 倍。参照企

业职工基本养老保险缴费率标准，农村居民中低收入户承担 300 元及以上缴费额显得负担较重；现行缴费档次对于农村居民中高收入户和高收入户来说，又显得偏低。

表 5-2　农村社会养老保险缴费占农村居民年人均纯收入的比例（%）

项目		2014 年收入五等分下农村居民年人均纯收入（元）				
		低收入户	中低收入户	中等收入户	中高收入户	高收入户
		2 768.1	6 604.4	9 503.9	13 449.2	23 947.4
年缴费档（元）	100	3.61	1.51	1.05	0.74	0.42
	200	7.23	3.03	2.10	1.49	0.84
	300	10.84	4.54	3.16	2.23	1.25
	400	14.45	6.06	4.21	2.97	1.67
	500	18.06	7.57	5.26	3.72	2.09

注：收入五等分下农村居民年人均纯收入的数据来源于《中国统计年鉴 2015》

5.1.3　农村居民政策认知程度偏低

农村社会养老保险制度是国家为保障农村老年人口基本生活，在农村居民 16～59 周岁期间，由个人、集体和政府共同承担缴费责任，年满 60 周岁后，领取由政府提供的基础养老金和由个人缴费、集体补助累积的个人账户养老金的一种制度安排。在调查中我们发现，农村居民对农村社会养老保险制度的原理认知甚少，甚至存在诸多误解。很多调查对象以为自己现在的缴费是用于支付现在 60 周岁以上老人的养老金；家庭没有老人的农村居民，以为自己是为其他家庭的老人缴纳养老金，因此不愿意成为参保者。一些调查对象以为将来领取的养老金只有基础养老金，不知道还有个人账户养老金，因此不愿意选择较高的缴费档次。

调查结果显示，调查对象对政府基础养老金补贴政策了解程度的平均值为 3.49；对缴费档次、政府缴费补贴、弱势人群优惠等政策了解程度的平均值分别为 3.15、3.07、2.44；对集体补贴、个人账户计发月数、个人账户计息办法等政策了解程度的平均值分别为 2.49、2.49、2.43。与农村中老年人相比，年轻人对农村社会养老保险政策关注程度更低。

5.1.4　制度信息化建设进程不均衡

农村社会养老保险制度运行涉及海量的数据和账户信息。调查发现，地处东、中部的常熟市、高淳县、西峡县、通许县均建立了本辖区的农村社会养老保险信息系统平台，实现档案管理的信息化。而地处西部的陈仓区，虽然农村社会养老保险制度建设时间较早，但是直到 2010 年 7 月才开始试运行农村社会养老保险网络平台；商南县则有一段时间停留在纸质档案阶段，不便于信息的修改、更新和共享，增加了管理成本。三省六县信息化建设情况见表 5-3。

表 5-3　三省六县农村社会养老保险信息化建设情况

地区	信息化网络
江苏常熟	市、镇、村三级网络平台，实现计算机村村通；乡镇建立规范化的工作纸质与电子档案
江苏高淳	市、县、镇、村四级联网管理；乡镇建立规范化的工作纸质与电子档案
河南通许	建立纵向县、乡业务贯通，横向与合作银行实施联网的信息系统平台；乡镇建立规范化的工作纸质与电子档案
河南西峡	建立信息化平台；乡镇建立规范化的工作纸质与电子档案
陕西陈仓	2010 年 7 月开始运行网络平台；乡镇建立规范的工作纸质与电子档案
陕西商南	已经运行统一的互联网式信息管理系统；有规范的工作纸质与电子档案

目前，全国统一的农村社会养老保险信息系统管理软件和网络平台尚未在全国各地普遍推行，一些省份自行开发农村社会养老保险信息管理系统。由于不同地区农村社会养老保险经办管理模式、业务操作流程不同，各地开发的信息管理系统在数据库结构、数据接口、指标体系、主要功能模块等方面的标准不一，阻碍了农村社会养老保险信息在更大范围内的交流和共享。因此，急需加快建设全国统一的农村社会养老保险信息系统平台。

5.1.5　地方政府财政补贴能力有限

与老农保相比，现行农村社会养老保险的重要特征是强化了中央政府和地方政府的财政责任。就基础养老金来看，国家财政完全具有承担能力。但从中、西部地区来看，各级地方财政承担农村社会养老保险个人缴费补贴、经办经费、基础设施建设的能力有限。在访谈中，河南省通许县、西峡县和陕西省陈仓区、商南县的县、乡（镇）有关领导和管理人员，纷纷列举了其所在地区地方财政对农村社会养老保险资金投入的困难，对地方财政的后续资金投入表示了很大的担忧。陈仓区有关领导表示，2009 年全区新农保应参保人口为 33.09 万人，即使只按照每年每人最少 30 元的标准，地方财政每年对农村社会养老保险投入资金达 992.7 万元，占 2009 年陈仓区财政收入的 2.07%，加上经办机构的人员工资、运行经费、建设投资等，对区财政形成很大的压力。

5.1.6　省级农村社会养老保险经办机构缺失

大多数省级政府尚未建立独立的农村社会养老保险经办机构。中央、省级财政的农村社会养老保险补贴由财政部门逐级拨付农村老龄居民，省级人力资源和社会保障厅的农村社会保险处负责向财政部门报送预算。由于缺乏专门的省级农村社会养老保险经办机构，省级经办职能缺位，市、县、乡（镇）农村社会养老保险经办缺少具体的业务指导；省域内农村社会养老保险信息化建设缺乏统一规划和实施组织；省级农村社会养老保险信息传递效率偏低，信息资料报送速度和准确性不高；对基层农村社会养老保险经办工作的监督薄弱。

5.2 制度成长期待遇水平公平性失衡风险

5.2.1 制度公平性分析框架

公平是一种公正、无偏的状态、质量或者理想。公平的概念涉及伦理、道德、争议和公正，因此，对于不同领域的公平，有很多不同的定义和评价方法[181]。与平等相比，公平强调的是机会均等[182]，即以某种假设和社会理念为基础的一种分布状况，是为了实现某种社会价值而进行的一种分配方式，并非简单的平均分布。《辞海》中对公平的解释是：作为一种道德要求和品质，指按照一定的社会标准（法律、道德、政策等）、正当的秩序合理地待人处事，是制度、系统、重要活动的重要道德性质[136]。同时，公平一词也属于事实判断范畴，无论是起点公平、过程公平，还是结果公平，都有一定的客观依据，是人们的一种客观判断，具有客观性。

在价值判断范畴，公平的核心含义是公正和正义，是对人们拥有的权利、机会、成果等方面进行平等或均等的对待，一般的计算方法是看所有参与者的各项属性是否平均。公平一词中的公是指公正合理，广泛的支持；平是指理想状态的实现。实现公平既要求机会和权力均等，也要求结果均等。在现有研究中，涉及收入分配领域公平的研究成果，一般从三个角度定义公平：①从收入差距的角度定义公平。学者们认为收入分配不公平有两种情况[183]：一是平均分配，不同劳动付出者的所得是相同的；二是收入差距过大，整个社会的基尼系数过大。②从个人权利的角度定义公平。在个人的收入分配过程中，如果出现权利不平等的现象，就称之为收入分配不公。③从收入分配体制的角度定义公平。如果社会中收入分配体制不公平，那么人们在收入分配过程中出现的机会和收入分配的过程就是不平等的，就会出现收入分配不公。上述三种定义公平的方法尽管角度和出发点不同，但是都很好地描述了什么是公平、什么是不公平。

马克思主义认为，公平是不同的实践主体在社会文化活动中，按双方都能接受的规则和标准采取行动和处理相互之间关系的准则。恩格斯提出，希腊人和罗马人的公平认为奴隶制度是公平的，1789 年资产者的公平要求废除封建制度[141]。从马克思主义关于公平的理解来看，公平是一种具体的观念，而且处于不断变化之中。

社会保障制度的公平不是个人意义上的公平，而是社会意义上的公平。在社会层面，对于公平的理解是社会为了实现已经确定的目标而制定一系列规定，这些规定得到执行，目标实现了，就实现了社会公平[184]。社会养老保险领域，就是同一社会养老保险制度内部不同群体、不同社会养老保险制度之间的保障水平对社会养老保险制度预设目标的实现程度是否相同，如果实现程度是相同的，那么就说明社会养老保险制度是公平的，否则就说社会养老保险制度是不公平的。农村社会养老保险制度的目标是为农村老年居民提供基本生活需求的保障，它的公平性是指制度内部不同参保群体之间的保障程度、与其他社会养老保险制度保障程度的差异性，如果这种差异性接近于 0，那么就说明农村社会养老保险制度是公平的，如果这种差异性较大，那么就说农村社会养老保险制度是不公平的。

社会保障领域公平性的传统测量方法有以下几种：①极差法；②劳伦兹曲线和基尼系数；③差异指数；④不平等斜率指数及相对指数；⑤集中曲线法；⑥因子分析和快速聚类法；⑦渐进分布理论；⑧Bootstrap 方法；⑨份额比例测度法；⑩普通离散系数测度法；⑪收入集中度测度法[184-188]。极差法、劳伦兹曲线和基尼系数、差异指数、集中曲线法等都只是对某一指标作单因素分析，没有考虑多个因素的作用。基尼系数的综合评价方法可以从多因素的角度来评价不公平性，但需要进一步探索评价模型。因子分析和快速聚类分析重点在于进行变量筛选和定性分析，不能对农村社会养老保险制度的不公平性问题进行精确的测量。份额比例测度法、普通离散系数测度法、收入集中度测度法，不能反映农村社会养老保险制度实现目标的程度，而只是对养老金发放金额的统计学描述。因此，需要结合农村社会养老保险制度的建设目标，需要探索适用于描述农村社会养老保险制度公平性的方法。

按照农村社会养老保险制度公平性的定义，可以把农村社会养老保险制度的公平性分解为制度的内部公平性和制度的外部公平性两种。农村社会养老保险制度的内部公平性是指制度内不同参保群体的保障水平与其基本生活需求比值的差异性；制度的外部公平性是指农村社会养老保险制度与其他社会养老保险制度保障水平与相应的保障对象基本生活需求比值的差异性。养老金替代率，是指劳动者退休时的养老金领取水平与退休前工资收入水平之间的比率。它是衡量劳动者退休前后生活保障水平差异的基本指标之一。养老金替代率的具体数值，通常是以“某年度新退休人员的平均养老金”除以“同一年度在职职工的平均工资收入”来获得。本书把农村社会养老保险制度或其他社会养老保险制度保障水平与保障对象基本生活需求的比值称为实际替代率，作为衡量农村社会养老保险制度公平性的主要指标。

调查发现，由于现行农村社会养老保险制度在 2009 年底才开始试点，同一县域范围内，参保居民个人账户养老金积累额较小，老年农村居民基本没有个人账户养老金积累，他们领取的养老金以基础养老金为主，因此，同一县域范围内不同参保人所享受到的制度保障水平差距不大；而不同试点地区，由于基础养老金补贴政策的差异，导致农村居民养老金的领取水平差异较大，因此，农村社会养老保险制度的内部公平性主要研究不同地区养老金实际替代率的差异，比较东部、中部、西部地区农村社会养老保险制度的实际替代率。由于东部、中部、西部地区不同试点县，农村社会养老保险政策设计有所差异，制度的相关数据没有统一的统计口径，因此所需数据主要来源于抽样调查数据。

农村社会养老保险制度的外部公平性主要是比较农村社会养老保险制度与企业职工基本养老保险制度、城镇居民社会养老保险制度[①]、机关事业单位退休金制度、事业单位工作人员养老保险制度之间的实际替代率差异。

农村社会养老保险制度公平性的分析框架见图 5-1。

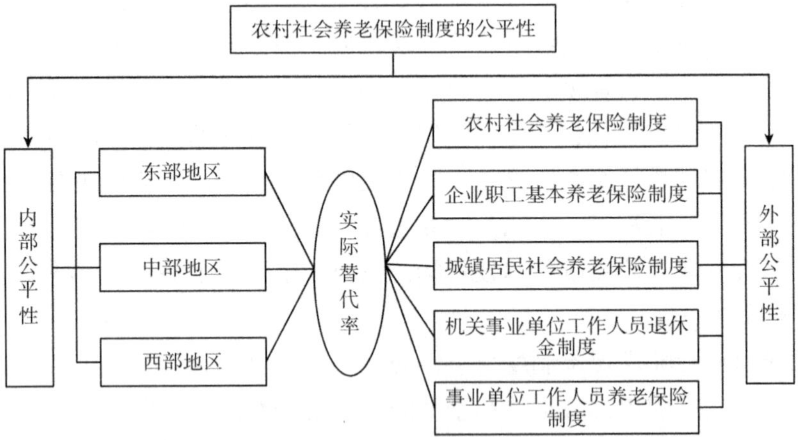

图 5-1　农村社会养老保险制度公平性的分析框架

① 此处考察的农村社会养老保险制度成长期的公平性问题，以 2011～2014 年为时间范围，此时存在城镇居民社会养老保险制度。

5.2.2　制度公平性测算模型

5.2.2.1　模型构建思路

农村社会养老保险制度公平性测算的目的是比较不同地区的农村社会养老保险制度和不同社会养老保险制度之间的实际替代率，从而得出公平性指数，以此来定量描述农村社会养老保险制度的公平性。农村社会养老保险制度公平性测算模型的构建步骤是：

第一步，计算基本生活需求。由于企业职工基本养老保险制度、城镇居民社会养老保险制度、机关事业单位工作人员退休金制度、事业单位工作人员养老保险制度的保障对象均生活在城镇，所处的社会经济环境是相同的，基本生活需求应当是一致的。需要计算的基本生活需求包括东部、中部、西部地区农村居民的基本生活需求；我国农村居民、城镇居民的基本生活需求。

第二，计算养老金水平。计算不同地区农村社会养老保险制度、其他社会养老保险制度的养老金水平。采用整体法计算养老金水平，即把参加某一项社会养老保险制度的社会成员所领取的养老金取均值，得到平均的养老金水平。

第三，计算实际替代率。实际替代率是养老金水平与基本生活需求的比值。不同地区或制度的实际替代率是其养老金水平与其基本生活需求的比值。

第四，计算公平性指数。参照标准差的计算方法，采用变异系数法测算农村社会养老保险制度内部公平性和外部公平性指数。内部公平性指数的测算方法是计算东部、中部、西部农村社会养老保险制度实际替代率的标准差；外部公平性指数的测算方法是首先求其他制度实际替代率与农村社会养老保险制度实际替代率的差值，然后将这些差值的平方相加，再开方。

5.2.2.2　前提假设

（1）社会养老保险制度的目标是满足参保者的基本生活需求。指导意见提出：“探索建立个人缴费、集体补助、政府补贴相结合的新农保制度，实行社会统筹与个人账户相结合，与家庭养老、土地保障、社会救助等其他社会保障政策措施相配套，保障农村居民老年基本生活。”其他社会养老保险制度也提出了保障老年人口基本生活的目标。

（2）我国各种社会养老保险制度在测算区间内保持不变。在目标区间内，农村社会养老保险制度、企业职工基本养老保险制度、城镇居民社会养老保险制度、机关事业单位工作人员退休金制度、事业单位工作人员养老保险制度等保持现有的基金筹集和养老金发放政策不变。

（3）全国的农村社会养老保险制度模式以指导意见为标准，东部、中部、西部地区的农村社会养老保险制度分别以江苏省、河南省、陕西省的制度为标准。

（4）企业职工基本养老保险制度、城镇居民社会养老保险制度、机关事业单位工作人员退休金制度、事业单位工作人员养老保险制度保障对象基本生活需求相同，为城镇居民基本生活需求。因为企业职工基本养老保险制度、城镇居民社会养老保险制度、机关事业单位工作人员退休金制度、事业单位工作人员养老保险制度的保障对象生活的环境均是城镇，他们维持基本生活的消费性支出从整体性的角度来看是相同的。

5.2.2.3 模型推导

1）基本生活需求测算模型

1875 年，德国统计学家 Engel 提出的恩格尔系数法，成为 20 世纪测算居民基本生活需求量的主要方法之一。1902 年，Rowntree 提出的市场菜篮法，以居民生活必需物品为依据计算居民基本生活需求量。1954 年，英国经济学家 Stone 构建的线性支出模型（LES），用于测算居民基本生活需求量；1973 年，Liuch 改进线性支出模型，构建了测算结果更接近于居民基本生活需求实际值的扩展线性支出模型（ELES）。1976 年，OECD 通过对其成员国的调查，得出把社会人均收入的 50%作为居民基本生活需求量的结论。

杨立雄[189]认为恩格尔系数法在核算食物消费时忽略了结构因素，不能反映衣、住、行、医等方面的支出；陈浩[188]等指出，进入小康社会后，居民对食品消费的支出弹性减小，恩格尔系数趋于稳定，其测算结果就难以反映居民基本生活需求量的变化；骆祚炎[190]认为，恩格尔系数仅以统计年鉴中最低收入组的居民为测算对象，不符合我国的实际情况。杨立雄[189]认为，收入比例法在确定居民基本生活需求量占社会平均收入的比例时没有公认的统一标准，计算也略显粗糙，影响了结论的准确性。唐运舒等[191]认为扩展线性支出模型相对于恩格尔系数法和收入比例法显得更为客观；封铁英等[192]认为扩展线性支出模型简单，计算方法科学，是目前较好的测算居民基本需求的方法。本书认为，扩展线性支出模型可以使用政府统计部门公开发布的统计资料，数据采集方便，且具有权威性；尽管扩展线性支出模型存在采用统计支出分类较少，造成样本量少，引起估计偏差[193]等缺陷，但通过延长测算年份，增加年份样本等办法，即可以弥补缺陷，减少估计偏差。

《中国统计年鉴》把居民生活消费需求分为食品、衣着、居住、家庭设备用品及服务、交通通信、文教娱乐用品及服务、医疗保健和其他商品及服务八大类指标，本书把此八类消费性支出界定为居民基本生活需求。

居民基本生活需求扩展线性支出公式：

$$p_i q_i = p_i q_i' + b_i (M - \sum_{j=1}^{k} p_i q_i') \quad (i=1,2,\cdots,k; 0 \leqslant b_i \leqslant 1; \sum_{i=1}^{k} b_i \neq 1) \tag{5-1}$$

式中，p_i——第 i 种消费品的价格；

q_i——居民对第 i 种消费品的实际需求量；

q_i'——居民对第 i 种消费品的基本需求量；

b_i——居民对第 i 种消费品的边际消费倾向；

M——居民人均总收入；

k——农村居民支出分类数。

设：

$$\alpha_i = p_i q_i' - b_i \sum_{j=1}^{k} p_j q_j' \tag{5-2}$$

$$V_i = p_i q_i \tag{5-3}$$

那么：

$$V_i = \alpha_i + \beta_i M + \xi_i \tag{5-4}$$

式中，α_i、β_i 表示待估计参数，ξ_i 表示误差项。

如果 α_i 和 β_i 均通过显著性检验，那么第 i 种消费品的基本需求量表示为：

$$p_i q_i' = \alpha_i + \beta_i \sum_{i=1}^{n} \alpha_i (1 - \sum \beta_i) \tag{5-5}$$

如果 α_i 未能通过显著性检验，β_i 通过了显著性检验，那么第 i 种消费品的基本需求量表示为：

$$p_i q_i' = \frac{\beta_i}{1 - \sum_{j=1}^{m} \beta_j} \sum_{k=m+1}^{n} p_k q_k \tag{5-6}$$

式中，m——α_i 未能通过显著性检验、β_i 通过了显著性检验时，第 i 种消费品的数量。

由此得到：

$$PL = \sum_{j=1}^{k} p_i q_i' \tag{5-7}$$

式中，PL——居民基本生活需求量。

设 PL_{t1} 和 PL_{t2} 分别表示农村居民和城镇居民 t 年的基本生活需求，那么根据农村居民、城镇居民消费性支出数额，参照式（5-1）～式（5-7）可计算出 PL_{t1} 和 PL_{t2}。

2）养老金水平测算模型

在计算养老金水平时，按照制度类型分别构建测算模型。

第一，农村社会养老保险制度养老金水平测算模型。

根据农村居民个人账户精算平衡原理，得到：

$$Q_{b,t}^{1}\sum_{j=b}^{n/12-1}\left(\frac{1+m}{1+r}\right)^{j}=\overline{W_{t-b+a}}\cdot(C_1+C_2+C_3)\sum_{j=a}^{b-1}(1+g_y)^{j-a}(1+r)^{b-j} \tag{5-8}$$

式中，$Q^{1}_{b,t}$ ——第 t 年 b 岁农村居民的个人账户养老金发放额；

N——个人账户计发月系数；

b——农村居民待遇领取初始年龄；

m——养老金年调整率；

r——个人账户计账利率；

a——农村居民参保初始年龄；

C_1——农村居民参保缴费率；

C_2——集体经济补助率；

C_3——政府财政补贴率；

$\overline{W_t}$ ——第 t 年农村居民人均纯收入；

g_y——农村居民人均纯收入增长率。

求解式（5-8）得到农村居民个人账户养老金发放金额为：

$$Q_{b,t}^{1}=\frac{\overline{W_{t-b+a}}\cdot(C_1+C_2+C_3)\sum_{j=a}^{b-1}(1+g_y)^{j-a}(1+r)^{b-j}}{\sum_{j=b}^{n/12-1}\left(\frac{1+m}{1+r}\right)^{j}} \tag{5-9}$$

由于农村社会养老保险制度的基础养老金是政府以文件形式确定的，因此，第 t 年 b 岁农村居民的养老金发放额为：

$$Q_{b,t}=JC_t+\frac{\overline{W_{t-b+a}}\cdot(C_1+C_2+C_3)\sum_{j=a}^{b-1}(1+g_y)^{j-a}(1+r)^{b-j}}{\sum_{j=b}^{n/12-1}\left(\frac{1+m}{1+r}\right)^{j}} \tag{5-10}$$

式中，$Q_{b,t}$ ——第 t 年 b 岁农村居民的养老金发放额；

JC_t ——第 t 年基础养老金额。

根据式（5-10），可得 t 年农村社会养老保险制度的人均养老金水平为：

$$\bar{Q}_t = \frac{\sum_{j=b} Q_{j,t} N_{j,t}}{N_t} \tag{5-11}$$

式中，$\bar{Q}_t$ ——第 t 年人均养老金水平；

$N_{j,t}$ ——j 岁领取养老金的参保者总数；

N_t ——领取养老金的总人数。

第二，企业职工基本养老保险养老金水平。

根据《国务院关于完善企业职工基本养老保险制度的决定》（国发〔2005〕38 号），企业职工基本养老保险养老金发放总量由“新人”、“中人”及“老人”养老保险金构成。

$$SD_t = YD_t + MD_t + OD_t \tag{5-12}$$

式中，SD_t ——t 年企业职工基本养老保险养老金发放总量；

YD_t ——t 年新人企业职工基本养老保险养老金发放总量；

MD_t ——t 年中人企业职工基本养老保险养老金发放总量；

OD_t ——t 年老人企业职工基本养老保险养老金发放总量。

t 年“新人”基本养老保险金需求 YD_t 是基础养老金需求和个人账户养老金需求之和。“新人”基础养老金需求由退休“新人”人数、个人退休前一年社会平均工资和特定基础养老金发放比例决定，可以表示为：

$$YDj_t = \sum_{x=b}^{\omega-1} LY_{x,t} \cdot AW_{t-x+b-1} \cdot P \tag{5-13}$$

式中，YDj_t ——t 年退休“新人”基础养老金；

ω ——极限寿命；

$LY_{x,t}$ ——t 年 x 岁的退休“新人”人数；

$AW_{t-x+b-1}$ ——$t-x+b-1$ 年，即 t 年 x 岁的退休“新人”退休前一年的社会平均工资；

P ——基础养老金占当地上年度在岗职工月平均工资和本人指数化月平均缴费工资平均值的比例。

“新人”个人账户养老金需求是本人个人账户全部储存额的 1/139，可以表示为：

$$YDr_t = \sum_{x=b}^{\omega-1} LY_{x,t} \cdot \frac{1}{139} \sum_{j=1}^{b-a} 8\% W_{t-x+a} \cdot (1+i)^{b-a-j} \tag{5-14}$$

式中，YDr_t ——t 年退休“新人”个人账户养老金；

a ——职工开始参加社会养老保险的年龄；

W_{t-x+a} ——t 年 x 岁的退休“新人”在 $t-x+a$ 年的缴费工资额；

i ——表示个人账户记账利率。

t 年“中人”需求 MD_t 是在基础养老金需求和个人账户养老金需求的基础上增加用来补偿过去已积累养老金权利的过渡性养老金需求。“中人”基础养老金需求与“新人”基础养老金需求的发放和精算方法相同，由退休“中人”人数、个人退休前一年社会平均工资和基础养老金发放比例决定，可以表示为：

$$MDj_t = \sum_{x=b}^{J} LM_{x,t} \cdot AW_{t-x+b-1} \cdot P \tag{5-15}$$

式中，MDj_t ——t 年退休“中人”基础养老金；

$LM_{x,t}$ ——t 年 x 岁的退休“中人”人数。

“中人”个人账户养老金需求是本人个人账户全部储存额的 1/139，可以表示为：

$$MDr_t = \sum_{x=b}^{\omega-1} LM_{x,t} \cdot \frac{1}{139} \sum_{j=1}^{b-a} 8\% W_{t-x+a} \cdot (1+i)^{b-a-j} \tag{5-16}$$

式中，MDr_t ——t 年退休“中人”个人账户养老金。

“中人”过渡性养老金需求，受上年度全市职工平均工资、建立个人账户前的缴费年限和视同缴费年限相关，还包括相关的调节金需求。

因此，t 年“中人”的过渡性养老金需求为：

$$MDg_t = \sum_{x=b}^{J} LM_{x,t} \cdot (AW_{t-x+b-1} \cdot 1.9\% + 48) \cdot TI_x \tag{5-17}$$

式中，MDg_t ——t 年退休“中人”的过渡性养老金；

TI_x ——x 岁“中人”1998 年以前的缴费年限和视同缴费年限总和。

t 年“老人”养老保险金需求是受“老人”的人数、社会平均养老金和制度规定的养老保险金调整率影响的数额，公式为：

$$OD_t = \sum_{x=b}^{\omega-1} LO_{x,t} \cdot AP_{t-x+b-1} \cdot (1+\psi \cdot g_y)^{x-b} \tag{5-18}$$

式中，OD_t ——t 年退休“老人”基本养老保险金；

$LO_{x,t}$ ——t 年 x 岁的退休“老人”人数；

$AP_{t-x+b-1}$ ——$t-x+b-1$ 年，即 t 年 x 岁的退休“老人”退休前一年的社会平均养老保险金。

根据上述分析，企业职工基本养老保险金发放总额为：

$$SD_t = YDj_t + YDr_t + MDj_t + MDr_t + MDg_t + OD_t \tag{5-19}$$

企业职工基本养老保险人均养老金水平为：

$$\overline{SD_t} = \frac{SD_t}{L_{z,t}} \tag{5-20}$$

式中，$\overline{SD_t}$——t 年企业职工基本养老保险人均养老金水平；

$L_{z,t}$——t 年领取企业职工基本养老保险养老金的总人数。

第三，城镇居民社会养老保险养老金水平。

根据城镇居民个人账户精算平衡原理，得到：

$$T_{c,t}^1 \sum_{j=c}^{n/12-1} \left(\frac{1+l}{1+r}\right)^j = \overline{M_{t-c+d}} \cdot (B_1 + B_2 + B_3) \sum_{j=d}^{c-1} (1+h_y)^{j-d} (1+r)^{c-j} \tag{5-21}$$

式中，$T^1{}_{c,t}$——第 t 年 c 岁城镇居民的个人账户养老金发放额；

n——个人账户计发月系数；

c——城镇居民待遇领取初始年龄；

l——城镇居民社会养老保险养老金年调整率；

r——个人账户计账利率；

d——城镇居民参保初始年龄；

B_1——城镇居民参保缴费率；

B_2——集体经济补助率；

B_3——政府财政补贴率；

M_t——第 t 年城镇居民人均纯收入；

h_y——城镇居民人均纯收入增长率。

求解式（5-21）得到城镇居民个人账户养老金发放金额为：

$$T_{c,t}^1 = \frac{\overline{M_{t-c+d}} \cdot (B_1 + B_2 + B_3) \sum_{j=d}^{c-1} (1+h_y)^{j-d} (1+r)^{c-j}}{\sum_{j=c}^{n/12-1} \left(\frac{1+1}{1+r}\right)^j} \tag{5-22}$$

由于城镇居民社会养老保险制度的基础养老金是政府以文件形式确定的，因此，第 t 年 b 岁居民的养老金发放额为：

$$T_{c,t} = BS_t + \frac{\overline{M_{t-c+d}} \cdot (B_1 + B_2 + B_3) \sum_{j=d}^{c-1} (1+g_y)^{j-d} (1+r)^{c-j}}{\sum_{j=c}^{n/12-1} \left(\frac{1+l}{1+r}\right)^j} \tag{5-23}$$

式中，$T_{c,t}$——第 t 年 c 岁城镇居民的养老金发放额；

BS_t——第 t 年城镇居民基础养老金额。

根据式（5-23），可得 t 年城镇居民社会养老保险制度的人均养老金水平为：

$$\overline{T_t} = \frac{\sum_{j=c} T_{j,t} P_{j,t}}{P_t} \tag{5-24}$$

式中，$\overline{T_t}$——第 t 年城镇居民社会养老保险制度人均养老金水平；

$P_{j,t}$——j 岁领取养老金的城镇居民社会养老保险制度参保者总数；

P_t——领取城镇居民社会养老保险制度养老金的总人数。

第四，机关事业单位工作人员退休金水平测算模型。

根据现行机关事业单位退休金制度，退休人员的基础工资和工龄工资按原标准计发，职务工资和级别工资按本人原标准的一定比例计发。国家公务员工作满35年的，职务工资、级别工资两项之和按88%计发；工作满30年不满35年的，按82%计发；工作满20年不满30年的，按75%计发；工作满10年不满20年的按照70%计发；工作不满10年的按照50%计发。事业单位工作人员按照职务工资和津贴的一定比例计发退休金，按照工作年限10～35年以上，计发比例分别为75%、80%、85%、90%。由此可得：

$$SY_t = \sum_{i=1} pp_i \cdot R_i \tag{5-25}$$

式中，SY_t——机关事业单位工作人员退休金总额；

pp_i——第 i 类机关事业单位工作人员职务工资和津贴计发比例；

R_i——第 i 类机关事业单位工作人员职务工资和津贴计发比例的领取人数。

根据式（5-25），可得：

$$\overline{SY_t} = \frac{\sum_{i=1} pp_i \cdot R_i}{\sum_{i=1} R_i} \tag{5-26}$$

式中，$\overline{SY_t}$——机关事业单位工作人员人均退休金水平。

第五，事业单位工作人员社会养老保险养老金水平测算模型。

第 t 年公益服务类事业单位“新人”养老保险基金支出为：

$$NE_t = N_1 Q_t + N_2 Q_t \tag{5-27}$$

式中，NE_t——“新人”养老保险基金支出；

$N_1 Q_t$——第 t 年事业单位“新人”基础养老金支出；

$N_2 Q_t$——第 t 年事业单位“新人”个人账户养老金支出。

第 t 年事业单位“新中人”养老保险基金支出 NME_t 为：

$$NME_t = NM_1Q_t + NM_2Q_t + NM_3Q_t + NM_4Q_t \tag{5-28}$$

式中，NME_t ——第 t 年事业单位“新中人”养老保险基金支出；

NM_1Q_t ——第 t 年事业单位“新中人”基础养老金支出；

NM_2Q_t ——第 t 年事业单位“新中人”个人账户养老金支出；

NM_3Q_t ——第 t 年事业单位“新中人”过渡性养老金支出；

NM_4Q_t ——第 t 年事业单位“新中人”调节补贴金支出。

第 t 年事业单位“老中人”养老保险基金支出为：

$$OME_t = OM_1Q_t + OM_2Q_t + OM_3Q_t + OM_4Q_t \tag{5-29}$$

式中，OME_t ——第 t 年事业单位“老中人”养老保险基金支出；

OM_1Q_t ——第 t 年事业单位“老中人”养老保险基础养老金支出；

OM_2Q_t ——第 t 年事业单位“老中人”个人账户养老保险基金支出；

OM_3Q_t ——第 t 年事业单位“老中人”过渡性养老保险基金支出；

OM_4Q_t ——第 t 年事业单位“老中人”调节补贴金支出。

第 t 年事业单位“老人”养老保险基金支出为：

$$OE_t = O_1Q_t + O_2Q_t \tag{5-30}$$

式中，OE_t ——第 t 年事业单位“老人”养老保险基金支出；

O_1Q_t ——第 t 年事业单位“老人”基础养老金支出；

O_2Q_t ——第 t 年事业单位“老人”养老保险调节补贴金支出。

第 t 年事业单位养老保险基金总支出为：

$$E_t = NE_t + NME_t + OME_t + OE_t \tag{5-31}$$

式中，E_t ——第 t 年事业单位养老保险基金总支出。

根据式（5-31）可得：

$$\overline{E}_t = \frac{E_t}{S_t} \tag{5-32}$$

式中，$\overline{E}_t$ ——事业单位工作人员养老保险养老金平均水平；

S_t ——事业单位工作人员领取事业单位工作人员养老保险养老金的总人数。

3）养老金实际替代率测算模型

根据养老金实际替代率的含义，可得：

$$O_{1t} = \frac{\overline{Q}_t}{PL_{t1}} \tag{5-33}$$

$$O_{2t} = \frac{\overline{SD_t}}{PL_{t2}} \tag{5-34}$$

$$O_{3t}=\frac{\overline{T_t}}{PL_{t2}} \tag{5-35}$$

$$O_{4t}=\frac{\overline{SY_t}}{PL_{t2}} \tag{5-36}$$

$$O_{5t}=\frac{\overline{E_t}}{PL_{t2}} \tag{5-37}$$

式中，O_{1t} ——农村社会养老保险制度实际替代率；

O_{2t} ——企业职工基本养老保险制度实际替代率；

O_{3t} ——城镇居民社会养老保险制度实际替代率；

O_{4t} ——机关事业单位工作人员退休金制度实际替代率；

O_{5t} ——事业单位工作人员养老保险制度实际替代率。

在计算我国东部、中部、西部农村社会养老保险制度实际替代率时，所用模型为式（5-33），只是参数设定时分别采用我国东部、中部、西部地区农村社会养老保险制度及农村居民消费性支出的数据。

4）公平性指数测算模型

$$F_1=\sqrt{\frac{\sum_{i=1}^{3}({O_{1t}}^{i}-\overline{O_{1t}})^2}{2}}\text{，（}i=\text{东、中、西）} \tag{5-38}$$

式中，F_1 ——农村社会养老保险制度内部公平性指数；

${O_{1t}}^{i}$ ——i 地区农村社会养老保险制度实际替代率；

$\overline{O_{1t}}$ ——东部、中部、西部地区实际替代率均值。

$$F_2=\sqrt{\frac{\sum_{j=1}^{5}(O_{jt}-O_{1t})^2}{4}} \tag{5-39}$$

式中，F_1——农村社会养老保险制度外部公平性指数。

5.2.3　内部公平性测算结果

农村社会养老保险制度内部公平性分析的是我国东部、中部、西部农村社会养老保险制度实际替代率的差异。根据式（5-33），进行如下参数设定：

（1）我国东部、中部、西部地区农村居民消费性支出水平。根据抽样调查的程序，抽取江苏省、河南省、陕西省分别代表东部、中部、西部。东部、中部、西部地区农村居民的消费性支出水平来源于江苏、河南、陕西的统计年鉴中的“农村居民家庭人均生活消费支出”统计数据。

（2）农村社会养老保险初始缴费年龄 a。根据指导意见的相关规定，农村居民参加社会养老保险制度的最低缴费年龄为 16 周岁。本书设 $a=16$。

（3）农村社会养老保险初始领取养老金年龄 b。指导意见指出“年满 60 周岁、未享受城镇职工基本养老保险待遇的农村有户籍的老年人，可以按月领取养老金。”本书设 b=60。

（4）个人账户养老金计发月数 n。指导意见规定个人账户养老金的月计发标准为个人账户全部储存额除以 139，即 n=139。

（5）个人账户记账利率 r。指导意见指出“个人账户储存额目前每年参考中国人民银行公布的金融机构人民币一年期存款利率计息”，本书取 1999～2010 年人民币一年期定期存款利率平均值，即 r=0.0243。

（6）农村居民人均纯收入的年调整率 g_y。由于本书仅计算作为农村社会养老保险制度成长期的 2010 年数据，因此不需要调整，$g_y=0$

（7）农村居民人均纯收入 $\overline{W_{2010}}$。来源于《2011 江苏统计年鉴》《2011 河南统计年鉴》《2011 陕西统计年鉴》中的农村居民家庭人均纯收入数据。

（8）农村居民参保缴费额。根据我们的调查，江苏省、河南省、陕西省农村社会养老保险制度缴费额较为集中，可计算出江苏省、河南省、陕西省每年人均缴费额分别为 790.43 元、143.64 元、157.83 元。

（9）农村社会养老保险基础养老金发放额。根据三省六县的调查，江苏省、河南省、陕西省人均基础养老金水平分别为 2660.50 元、728.45 元、714.38 元。

（10）养老金年调整率 m。由于本书计算的是一个年度的数据，因此设 m=0。

根据参数设定的结果和式（5-33）和式（5-38）的计算思路，可得表 5-4。

表 5-4　农村社会养老保险制度内部公平性测算结果

地区	农村居民基本生活需求（元/年）	养老金水平（元/年）	实际替代率	内部公平性指数
东部	4984.34	2687.65	0.54	
中部	2428.06	740.38	0.30	0.1626
西部	3214.67	731.49	0.23	

表 5-4 显示，东部、中部、西部的农村社会养老保险养老金水平均小于农村居民基本生活需求，两者的关系可以由图 5-2 直观地表示。

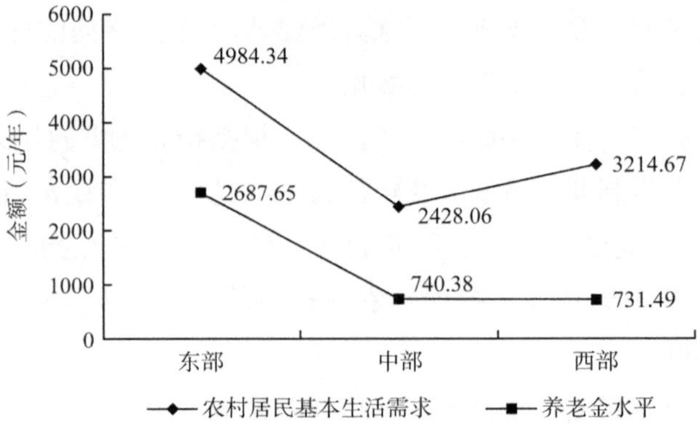

图 5-2　东部、中部、西部农村社会养老保险养老金水平对比

农村居民的基本生活需求以东部地区最高，达到 4984.34 元/年，最低的是中部地区，为 2428.06 元/年，东部地区是中部地区的 2.05 倍；农村居民的养老金水平按照高低依次排序为东部、中部、西部地区。东部、中部、西部地区的农村社会养老保险实际替代率见图 5-3。

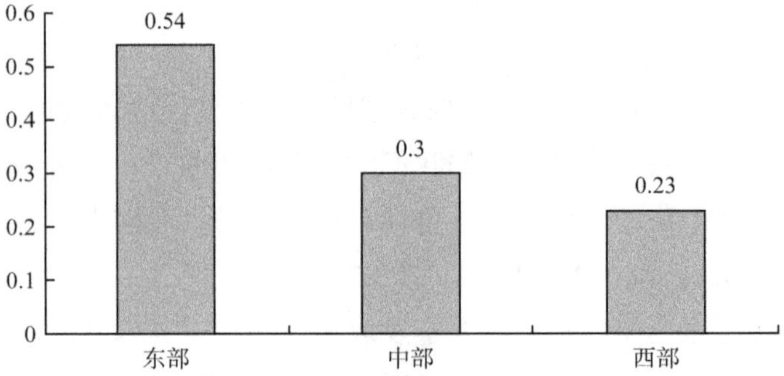

图 5-3　东部、中部、西部农村社会养老保险实际替代率对比

图 5-3 显示，农村社会养老保险实际替代率最高的是东部地区，为 0.54，最低的是西部地区为 0.23，这也反映了农村社会养老保险制度的保障水平在东部地区最高、中部地区次之、西部地区最低。即使是东部地区 0.54 的实际替代率也远未能达到制度的目标，仅在 54%的程度上保障了农村居民的基本生活需求，普遍提高农村社会养老保险制度的养老金水平势在必行。

根据东部、中部、西部地区农村社会养老保险制度的实际替代率，计算得到农村社会养老保险制度内部公平性指数为 0.1626。公平性指数是一个相对的概念，公平性指数为 0 是完全公平状态，公平性指数越大，不公平性越强。0.1626 的公平性指数意味着东部、中部、西部地区的农村社会养老保险实际替代率偏离均值的程度为 0.1626。对于内部公平性指数，不能仅观测数值的大小，还要观测该数值与观测均值的比例关系。经计算，农村社会养老保险制度内部公平性指数占制度实际替代率均值 0.3567 的 45.58%，这说明农村社会养老保险制度内部是非常不公平的。

5.2.4　外部公平性测算结果

农村社会养老保险制度外部公平性是比较农村社会养老保险制度的实际替代率与企业职工基本养老保险制度、城镇居民社会养老保险制度、机关事业单位退休金制度、事业单位工作人员养老保险制度之间的实际替代率差异。利用式（5-39）进行计算，需要如下的参数设定：

（1）农村社会养老保险制度参数设定。农村社会养老保险制度参数中的初始缴费年龄 a、初始领取养老金年龄 b、个人账户养老金计发月数 n、个人账户记账利率 r、养老金年调整率 m、农村居民人均纯收入的年调整率 g_y 均参照 5.2.3 节中的参数设定结果。对于农村居民的消费性支出，选取《中国统计年鉴 2011》中的"按收入五等份分农村居民家庭平均每人生活消费支出"数据；农村社会养老保险制度的农村居民参保缴费率、2010 年农村社会养老保险基础养老金发放额根据调查数据确定。在我们调查的三省六县中，常熟市已经实施城乡一体的养老保险制度，其余西峡、通许、陈仓、商南、高淳五县（区）农村居民缴费额和人均纯收入的加权平均值分别为 192.04 元、5153.17 元。假定农村居民缴费率为 192.04÷5153.17=3.73%。根据三省六县的调查，2010 年，被调查者平均实际领取的养老金为每人每月 62.67 元，假定 $JC_{2010}=62.67$。

（2）城镇居民基本生活需求参数设定。城镇居民基本生活需求主要涉及"按收入等级分城镇居民家庭平均每人全年消费性支出""按收入等级分城镇居民家庭平均每人全部年收入"两个数据，依据《中国统计年鉴 2011》获得这两组数据。

（3）企业职工基本养老保险制度参数设定。①鉴于 1998 年以前统计资料的不完整性，以 1998 年 12 月 31 日为界：1998 年 12 月 31 日以后参加工作和参加基本养老保险的城镇职工为"新人"；1998 年 12 月 31 日以前参加工作，1998 年 12 月 31 日以后到达法定退休年龄的参加养老保险的城镇职工为"中人"；1998 年 12 月 31 日以前退休的人员为"老人"。②假定"新人"参加工作并加入养老保险制度的最初年龄是 20 岁。"中人"的缴费年限和视同缴费年限总和设为 15 年。本书以我国法定退休年龄为依据，参考邱菀华等[194]的做法，把退休年龄的平均值确定为 58 岁。职工的各年龄生存概率使用 1989～1990 年全国市镇职工从业生命表中的数据，其中 90 岁为职工寿命的终值。③由于城镇职工年龄构成数据残缺，参考王鉴岗[195]的做法，用城镇人口年龄构成数据代替城镇职工年龄构成数据；数据来源于西安交通大学张思锋教授主持的国家社科基金项目《中国人口结构变动与社会保障需求研究》的相关成果。④根据 2000～2010 年我国社会平均工资增长率，考虑通货膨胀的影响，结合王晓军[196]、宋晓梧[197]观点，设社会平均工资增长率 g_y 为 5%。且由于 1998 年职工缴费工资数据无法获得，以 1998 年社会平均工资来代替职工缴费工资进行预测。⑤根据陕西省劳动厅 1998 年文件《关于规范基本养老金计发基数有关问题的通知》，职工基本养老金的计发基数调整最高增加金额，不得高于上年地、市职工月平均工资增长数额 60%。因此，假设养老金年调整率 ψ 为社会平均工资增长率的 60%。⑥根据有关规定，企业职工基本养老保险个人账户记账利率，应该由银行一年定期存款平均利率确定。为了便于操作，参考 2005～2010 年国有商业银行存款平均利率，假设基本养老保险个人账户记账利率保持 3.20%不变。

（4）城镇居民社会养老保险制度参数设定。城镇居民社会养老保险制度在业务经办方面与农村社会养老保险制度由同一经办机构办理，城镇居民社会养老保险制度的政策框架与农村社会养老保险制度相同，初始缴费年龄、初始领取养老金年龄、个人账户养老金计发月数、个人账户记账利率、养老金年调整率均参照农村社会养老保险制度参数设定结果。对于城镇居民社会养老保险制度的缴费水平和基础养老金发放水平，参照陕西省的做法和对陕西省人力资源和社会保障厅农保处内部资料的统计结果，取缴费水平为 251.35 元/年，基础养老金水平为 100 元。

（5）机关事业单位工作人员退休金制度参数设定。机关事业单位退休金制度涉及的参数主要有两个，一是第 i 类机关事业单位工作人员职务工资和津贴计发比例，二是第 i 类机关事业单位工作人员职务工资和津贴计发比例的领取人数，由于这两个指标在作者检索的资料范围内没有公开的详细数据，且根据《中华人民共和国政府信息公开条例》，2006 年以后机关、事业单位平均退休金数据按涉密信息管理，属于不予公开范围，因此只能寻找替代数据。从 2005 年的数据来看，企业、事业、机关人均离退休费分别是 8803 元、16 425 元、18 410 元，机关事业单位人均离退休费为 17 417.5 元。根据 2006 年我国工资制度改革的相关文件，退休金与在职人员工资同步增长，假设机关事业单位人均离退休费按照企业职工平均工资的增速增长，根据《中国统计年鉴 2011》中的数据，2010 年企业职工平均工资是 2005 年企业职工平均工资的 2.0076 倍，照此计算 2010 年机关事业单位平均退休金应当是 34 968.02 元/年。

（6）事业单位工作人员养老保险制度参数设定。①事业单位工作人员开始工作年龄、退休年龄和生存极限年龄。调查结果显示，事业单位工作人员开始工作年龄平均为 23.16 岁；根据《全国市镇从业人口生命表》，按照男女人口数量加权，退休年龄平均为 58 岁；极限年龄设定为 90 岁。②基金投资收益率。参照企业职工基本养老保险 3.20%的投资收益率。③在职职工养老保险覆盖率、退休职工养老保险覆盖率、基金征缴率和基金发放率。参照封铁英[198]的研究成果，设定目标期间内实行事业单位工作人员养老保险制度的事业单位在职职工养老保险覆盖率、退休职工养老保险覆盖率、基金征缴率和基金发放率均达到 100%。④养老保险缴费率与计入个人账户比例。根据《事业单位工作人员养老保险制度改革试点方案》，基本养老保险费由单位和个人共同负担，单位缴纳基本养老保险费（简称单位缴费）的比例，一般不超过单位工资总额的 20% ，具体比例由试点省（市）人民政府确定，因退休人员较多、养老保险负担过重，确需超过工资总额 20%的，应报劳动保障部、财政部审批。个人缴纳基本养老保险费（简称个人缴费）的比例为本人缴费工资的 8%，由单位代扣。⑤养老金计发办法。根据《事业单位工作人员养老保险制度改革试点方案》，设定“新中人”和“老中人”的养老金过渡系数为 1.2%，“新人”b 岁退休时养老金平均计发月数 152，“老中人”b 岁退休时养老金平均计发月数 A_{b1}=120，“老人”b 岁退休时对应的基础养老金发放比例 k_b=90%。

根据参数设定的结果，即式（5-39）的计算思路，可得表 5-5。

表 5-5　农村社会养老保险制度外部公平性测算结果

项目	保障对象基本生活需求（元/年）	养老金水平（元/年）	实际替代率	外部公平性指数
农村社会养老保险制度	2949.22	943.77	0.32	3.69
企业职工基本养老保险制度	5501.81	16 740.52	3.04	
城镇居民社会养老保险制度	5501.81	1 347.25	0.24	
机关事业单位退休金制度	5501.81	34 968.02	6.36	
事业单位工作人员养老保险制度	5501.81	19 586.41	3.56	

表 5-5 显示，我国不同社会养老保制度的实际替代率相差很大，以实际替代率最高的机关事业单位退休金制度和农村社会养老保险制度相比，前者的实际替代率是后者的 19.88 倍。图 5-4 直观地显示了不同社会养老保险制度实际替代率的差异情况。

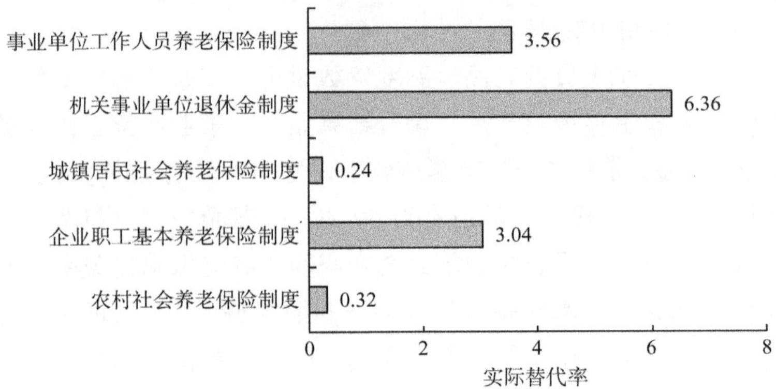

图 5-4　不同社会养老保险制度的实际替代率比较

经计算，农村社会养老保险制度外部公平性指数为 3.69，这表明，其他社会养老保险制度的实际替代率偏离农村社会养老保险制度实际替代率的几何平均数为 3.69，这一数值是农村社会养老保险制度实际替代率的 11.53 倍，农村社会养老保险制度与其他社会养老保险制度保障水平存在较大的不公平性。

5.3　制度成熟期基金财务不可持续性风险

5.3.1　基金财务可持续性分析框架

1）农村社会养老保险基金财务可持续的含义

人口老龄化一方面使劳动力供给逐步萎缩，社会保障收入仅系于生产力提升的单柱支撑；另一方面又造成社会保障支出逐年增加。巨额的社会保障资金收支缺口，以及由此造成的社会保障制度的财务不可持续性危机，将是长期困扰世界各国经济社会发展的世纪性难题。根据社会保障制度演进规律，社会保障制度成熟期，由于制度覆盖的全体保障对象福利水平的普遍提高，更由于社会保障支出的刚性特征，出现了巨额的社会保障资金收支缺口，引发社会保障制度的财务不可持续性危机。

可持续发展这一术语源于国际社会关于环境问题的争论，但随着社会的发展，关于可持续的定义早已超出环境保护的范围。1987 年，联合国世界环境与发展委员会在向联合国提交的报告《我们共同的未来》中指出，可持续发展是既满足当代人的需要，又不对后代人满足其发展需要的能力构成危害的发展。即可持续发展是公平地考虑当代人与后代人的发展，在自然、经济和社会发展中将人类的局部利益与整体利益、眼前利益与长远利益结合起来，是以人类的生存和长远发展为根本的发展。

现代社会养老保险制度可持续发展包含制度层面的可持续性、财务方面的可持续性、环境方面的可持续性等。根据社会保障制度演进规律，在社会保障制度建设的成熟期，由于制度覆盖的全体保障对象福利水平的普遍提高，更由于社会保障支出的刚性特征，出现了巨额的社会保障资金收支缺口，引发社会保障制度的财务不可持续性危机。因此，本书对农村社会养老保险制度可持续发展问题的讨论集中在制度财务可持续性方面。

在一个企业中，财务可持续性是指企业本身提供的业务所产生的收入能够覆盖其运营操作成本和资金成本，以保证其收入大于支出，实现自我生存和发展，若财务上不能收支平衡，不能保持自我持续，必然会影响到企业的可持续发展，财务可持续性的核心是财务收支平衡。参照可持续发展和企业财务可持续性的概念，本书把农村社会养老保险制度财务可持续性界定为在特定的财务结算期间，农村社会养老保险制度基金收入和基金支出基本平衡、基金略有结余的财务运行状态。

农村社会养老保险制度财务可持续性涉及两个重要指标：

一是农村社会养老保险基金收入。根据财政部、人力资源和社会保障部制定的《新型农村社会养老保险基金财务管理暂行办法》，农村社会养老保险基金，是指通过参保农村居民个人缴费、集体补助、政府补贴等渠道筹集的，用于支付符合领取条件的农村居民养老金待遇等支出的专项资金。农村社会养老保险基金收入包括：个人缴费收入、集体补助收入、政府补贴收入、利息收入、转移收入、上级补助收入、下级上解收入和其他收入。个人缴费收入是指参保农村居民按照规定的标准缴纳的农村社会养老保险养老保险费收入；集体补助收入是指乡（镇）、村等集体经济组织对参保农村居民个人缴费给予的补助收入，以及其他经济组织、社会公益组织、个人为参保人缴费提供的资助收入；政府补贴收入是指财政给予基金的补贴收入；利息收入是指用基金购买国家债券、存入商业银行等存款类金融机构所取得的利息收入；转移收入是指参保对象跨统筹地区流动而划入的基金收入；上级补助收入是指下级经办机构接收上级经办机构拨付的补助收入；下级上解收入是指上级经办机构接收下级经办机构上解的基金收入；其他收入是指社会组织和个人对基金的捐赠以及其他经财政部门核准的基金收入。从当前农村社会养老保险制度建设的实际来看，我国农村社会养老保险制度基金收入主要包括个人缴费收入、政府补贴收入、利息收入。

二是农村社会养老保险基金支出。农村社会养老保险基金支出包括：养老金待遇支出、转移支出、补助下级支出、上解上级支出、其他支出。养老金待遇支出是指按规定支付给参保农村居民的养老保险待遇支出；转移支出是指参保农村居民跨统筹地区流动而转出的基金支出；补助下级支出是指上级经办机构拨付给下级经办机构的补助支出；上解上级支出是指下级经办机构上解上级经办机构的支出；其他支出是指经财政部门核准开支的其他支出。从我国农村社会养老保险制度实施现状来看，农村社会养老保险基金支出主要是养老金待遇支出，具体包括基础养老金和个人账户养老金。基础养老金是指政府规定计发标准，并由各级财政为符合待遇领取条件的参保农村居民全额予以补助的养老金待遇；个人账户养老金是指参保农村居民达到养老保险待遇领取条件时，按照其个人账户全部储存额除以计发月数计算，支付给参保农村居民的养老金待遇，以及参保人死亡时一次性支付其合法继承人除政府补贴外的个人账户资金余额。

农村社会养老保险制度财务可持续性可以由图 5-5 直观地表示。

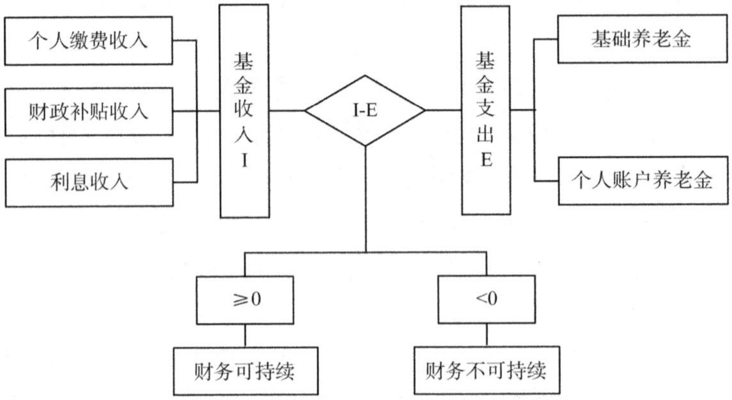

图 5-5　农村社会养老保险制度财务可持续性含义示意图

根据图 5-5，农村社会养老保险基金收入与基金支出的关系决定了制度的财务可持续性。如果基金收入大于或等于基金支出，那么农村社会养老保险制度具有财务可持续性；如果农村社会养老保险制度的基金收入小于基金支出，那么农村社会养老保险制度是财务不可持续的。

2）农村社会养老保险制度的政府财政责任

农村社会养老保险制度采用个人缴费、集体补助、政府补贴相结合的资金筹集模式，与其他社会养老保险制度相比，更加强调政府补贴。农村社会养老保险制度的政府补贴包括两个方面：

一是农村社会养老保险制度的缴费补贴，即入口补。现行制度规定，地方人民政府应当对参保人缴费给予补贴，对选择最低档次标准缴费的，补贴标准不低于每人每年 30 元；对选择较高档次标准缴费的，适当增加补贴金额；对选择 500 元及以上档次标准缴费的，补贴标准不低于每人每年 60 元。对重度残疾人等缴费困难群体，地方人民政府为其代缴部分或全部最低标准的养老保险费。缴费补贴计入个人账户，参保人死亡，个人账户中的资金余额，除政府补贴外，可以依法继承；政府补贴余额用于继续支付其他参保人的养老金。

二是农村社会养老保险制度的基础养老金，即出口补。指导意见规定，政府对符合领取条件的参保人全额支付基础养老金，其中中央财政对中西部地区按中央确定的基础养老金标准给予全额补助，对东部地区给予 50%的补助。农村社会养老保险制度的基础养老金采用现收现付制，不设立独立的账户，根据基础养老金预算情况，政府拨付。

根据指导意见，农村社会养老保险制度的账户结构实际上仅存在个人账户，用以记录个人缴费金额、政府给予的缴费补贴、基金利息等，当参保人达到养老金领取条件时，个人账户基金累积额用以发放个人账户养老金。个人账户的运行模式是完全积累制。政府基础养老金补贴直接由政府财政拨付，不设立独立账户，采用现收现付制。

根据指导意见和《新型农村社会养老保险基金财务管理暂行办法》，当农村社会养老保险基金收支出现缺口时，由政府财政承担。由于农村社会养老保险制度仅设个人账户，因此，基金收支缺口实际上是个人账户的收支缺口，即农村社会养老保险个人账户超支额。农村社会养老保险制度个人账户超支额出现的原因是指导意见中的两条规定，一是“个人账户养老金组成，支付终身”，二是“个人账户养老金的月计发标准为个人账户全部储存额除以 139”，当领取个人账户养老金者的存活时间超过 139 时，他将在领取完个人账户积累额之后，继续领取个人账户养老金，这部分即为个人账户超支额。

综上所述，农村社会养老保险制度的财政责任包括缴费补贴、基础养老金、个人账户超支额三部分。

3）农村社会养老保险制度财务可持续性的测算机理

农村社会养老保险制度与其他社会养老保险制度在基金收入和基金支出结构上有所不同。农村社会养老保险制度的基金收入主要包括个人缴费、政府缴费补贴和利息收入，且农村社会养老保险制度的个人账户基金采用实账管理，个人账户基金余额不能用于支付基金收入与基金支出的差额，而是由财政部门专户管理。

因此，农村社会养老保险制度个人账户基金在支付完 139 个月内的个人账户养老金后，仍存在大规模节余的状态下有可能出现个人账户超支额，且这部分超支额由政府财政负担。

农村社会养老保险制度的基础养老金不设社会统筹账户专户管理，而是采用政府直接财政拨付的方式，下发到老年农村居民手中。本书假设存在一个虚拟的社会统筹账户，这个虚拟的社会统筹账户的基金收入是 0，而基金支出则是基础养老金，因此，基础养老金是农村社会养老保险基金收支差额的组成部分。由此得到：

设：I_t 为 t 年农村社会养老保险基金收入；I_{gt} 为 t 年个人缴费额；I_{jt} 为 t 年政府缴费补贴额；I_{rt} 为 t 年基金利息收入；I_{st} 为 t 年虚拟社会统筹账户收入；E_t 为 t 年农村社会养老保险基金支出；E_{zt} 为 t 年正常个人账户养老金支出，即 139 个月之内的个人账户养老金支出；E_{ct} 为 t 年个人账户超支额；E_{bt} 为 t 年基础养老金支出；

$$I_t = I_{gt} + I_{jt} + I_{rt} + I_{st} \tag{5-40}$$

$$E_t = E_{zt} + E_{ct} + E_{bt} \tag{5-41}$$

设 Y_t 表示农村社会养老保险个人账户积累额，那么，农村社会养老保险制度 t 年的基金规模是当年基金收入总额与上年度个人账户节余额之和；农村社会养老保险制度个人账户当年积累额在实质上也是一种基金支出，计入下一年度的基金收入。由此可得农村社会养老保险基金收支缺口的计算方法是：

$$F_t = I_t + Y_{t-1} - (E_t + Y_t) = I_{gt} + I_{jt} + I_{rt} + I_{st} + Y_{t-1} - (E_{zt} + E_{ct} + E_{bt} + Y_t) \tag{5-42}$$

式中，F_t——t 年农村社会养老保险基金收支缺口。

根据指导意见及农村社会养老保险制度的账户收支原理，可得：

$$Y_t = Y_{t-1} + I_{gt} + I_{jt} + I_{rt} - E_{zt} \tag{5-43}$$

由于，

$$I_{st} = 0 \tag{5-44}$$

所以，

$$F_t = -E_{ct} - E_{bt} \tag{5-45}$$

式（5-45）为计算农村社会养老保险制度收支缺口的公式。

农村社会养老保险制度收支缺口由政府财政承担，如果加上政府缴费补贴，那么农村社会养老保险制度财政支出总额为：

$$E_{ht} = |F_t| + I_{jt} = E_{ct} + E_{bt} + I_{jt} \tag{5-46}$$

5.3.2　基金财务可持续性测算模型

5.3.2.1　模型构建的思路

农村社会养老保险制度财务可持续性评价的主要指标是制度基金收入与基金支出的差额，即农村社会养老保险基金的收支平衡状况。由于农村社会养老保险制度在账户设置上的特殊性，计算农村社会养老保险基金收支缺口可以通过计算个人账户超支额、基础养老金两个变量得到。农村社会养老保险制度的基金缺口由政府财政兜底，因此，在计算农村社会养老保险制度基金缺口的基础上，进一步计算农村社会养老保险制度政府财政补贴总额，以此说明施行农村社会养老保险制度对政府财政的压力。构建农村社会养老保险制度财务可持续性测算模型的步骤是：

第一，构建农村社会养老保险个人账户超支额测算模型。个人账户超支额是自领取养老金时起，存活时间超过 139 个月的参保居民继续按照原标准领取个人账户养老金造成的。计算个人账户超支额需要首先计算领取个人账户超支养老金的人口数量、个人账户超支养老金的标准。关于领取个人账户超支养老金的人口数量可以参照西安交通大学张思锋教授国家社科项目《中国人口结构变动与社会保障需求研究》中关于中国人口的测算结果；关于个人账户超支养老金的标准需要在测算个人账户收入的基础上计算。

第二，构建农村社会养老保险基础养老金测算模型。基础养老金补贴总额是基础养老金标准与养老金领取人数的乘积。对于基础养老金标准根据社会调查数据获得全国的均值，并参照农村居民消费性支出的增速设定基础养老金的增长率。

第三，构建农村社会养老保险政府缴费补贴测算模型。农村社会养老保险政府缴费补贴总额取决于参保人数和补贴标准。假设补贴标准按照个人缴费水平相同的增长率增长。

第四，计算农村社会养老保险基金收支差额。农村社会养老保险基金收支差额是个人账户超支额与农村社会养老保险基础养老金之和。

第五，计算农村社会养老保险制度财政支出总额。农村社会养老保险制度财政支出总额是农村社会养老保险基金收支差额与政府缴费补贴之和。

5.3.2.2　前提假设

1）农村社会养老保险整体政策框架保持稳定

假设农村社会养老保险制度开始全国普遍实施之后，仍然沿用指导意见的政策框架，并且在预测区间内保持不变。

2）政府补贴不区分中央政府补贴和地方政府补贴

指导意见规定了中央政府和地方政府对农村社会养老保险制度的补贴责任，中央财政对中西部地区按中央确定的基础养老金标准给予全额补助，对东部地区给予 50%的补助。由于分地区人口数据获得困难，同时考虑到研究目的是测算农村社会养老保险制度的基金收支缺口，哪一级政府提供的补贴对制度的可持续性影响不大，因此，将中央政府补贴和地方政府补贴统称为政府补贴。

3）政府财政补贴采用现收现付制

对于政府补贴，不论是缴费补贴，还是基础养老金补贴，假设都采取现收现付的形式，即当年需要当年列支，不进行积累。

4）农村社会养老保险制度缴费标准换算成比例数据

目前，农村社会养老保险制度的缴费标准按档次缴费，地方可以根据实际情况增设缴费档次。为了便于构建测算模型和实现缴费标准根据经济发展水平的动态调整，以农村居民缴费标准占当年农村居民人均纯收入的比例为制度缴费率。

5）农村社会养老保险制度参数动态调整

农村社会养老保险制度在总体政策框架不变的前提下，应当随着社会经济的进步而不断调整主要参数。指导意见要求筹资标准和待遇标准要与经济发展及各方面承受能力相适应，假设筹资标准和待遇标准是动态调整的。

5.3.2.3　模型推导

1）农村社会养老保险个人账户超支额测算模型

农村社会养老保险制度每年的参保人数测算方法是：

$$L_t' = \sum_{x=a}^{b-1} L_{x,t} \times O_t \tag{5-47}$$

式中，L_t' ——t 年农村社会养老保险参保人口数；

$L_{x,t}$——第 t 年 x 岁的农村人口数；

a——初始参保年龄；

b——待遇领取年龄；

Q_t——t 年参保率。

单个农村居民 t 年个人账户缴费累积额为：

$$M_t = \overline{W}_t \times (C_1 + C_2 + C_3) \tag{5-48}$$

式中，M_t——t 年单个农村居民个人账户缴费累积额；

$\overline{W}_t$ ——t 年农村居民人均纯收入；

C_1——个人缴费率；

C_2——集体补助率；

C_3——政府缴费补贴率。

根据式（5-47）和式（5-48）可得：

$$I_t' = L_t' \times M_t = \sum_{x=a}^{b-1} L_{x,t} \times O_t \times \overline{W}_t \times (C_1 + C_2) \tag{5-49}$$

式中，I_t'——t 年农村社会养老保险正常缴费收入。

由于指导意见要求距领取年龄不足 15 年的，应按年缴费，也允许补缴，累计缴费不超过 15 年，因此存在补缴保费的收入：

$$I_t'' = \sum_{i=b-h+1}^{b-1} L_{i,t} \times O_t \times (i + h - b) \times \overline{W}_0 \times C_1 \tag{5-50}$$

式中，I_t''——t 年补缴保费收入；

h——补缴保费总年份。

因此，t 年农村社会养老保险个人账户基金收入为：

$$I_t = I_t' + I_t'' = \sum_{i=a}^{b-1} L_{i,t} \times O_t \times \overline{W}_t \times (C_1 + C_2) + \sum_{i=b-h+1}^{b-1} L_{i,t} \times O_t \times (i + h - b) \times \overline{W}_0 \times C_1 \tag{5-51}$$

基年 x 岁的农村居民至领取养老金年龄个人账户累积额可以表示为：

$$K_{b-t,t} = (h - t) \times \overline{W}_0 \times C_1 \times (1+i)^t + \sum_{j=1}^{t} \overline{W}_0 \times (1 + g_y)^{t-j+1} \times (C_1 + C_2) \times (1+i)^{t-j+1} \tag{5-52}$$

式中，$K_{b-t,t}$——基年 x 岁的农村居民至领取养老金年龄个人账户累积额；

$\overline{W}_0$——基年农村居民人均纯收入；

g_y——目标区间内农村居民人均纯收入增长率；

i——农村社会养老保险基金利息率。

由此得到：

$$\begin{aligned} Q_{b,t} &= \frac{K_{b-t,t}}{n} \times 12 \\ &= \frac{(h-t) \times \overline{W}_0 \times C_1 \times (1+i)^t + \sum_{j=1}^{t} \overline{W}_0 \times (1+g_y)^{t-j+1} \times (C_1 + C_2) \times (1+i)^{t-j+1}}{n} \times 12 \end{aligned} \tag{5-53}$$

式中，$Q_{b,t}$——t 年 b 岁参保居民的年个人账户养老金额；

n——个人账户养老金计发月数。

对于已经享受农村社会养老保险待遇的农村居民，若在个人账户计发月系数内死亡，则其个人账户的余额可以依法继承。因此，第 t 年，个人账户养老金支出额可以表示为：

$$E_{zct}=\sum_{k=1}^{t}L_{b+k-1,t}\times O_{t-k}\times Q_{b,t-k+1}\times(1+m)^{k-1}+\sum_{k=1}^{t}(L_{b+k-2,t}-L_{b+k-1,t+1})\times K_{b-1,t-k+1}\times\frac{n-12(k-1)}{n} \tag{5-54}$$

式中，E_{zct}——t 年个人账户支出额。

农村社会养老保险个人账户超支问题在农村居民领取养老金 $[n/12]+1$ 或 $n/12$ 年出现，考虑 t 年 y 岁领取养老金者产生的个人账户超支额：

当 $n/12$ 为整数且 $y-b\leqslant n/12$ 时，

$$E_{ct,y}=0 \tag{5-55}$$

当 $n/12$ 为整数且 $y-b>n/12$ 时，

$$E_{ct,y}=12\times\left\{\sum_{x=a}^{b-1}(h-t)\times\overline{W}_0\times C_1\times(1+i)^t+\sum_{j=1}^{t}\overline{W}_0\times(1+g_y)^{t-j+1}\times(C_1+C_2+C_3)\times(1+i)^{t-j+1}\right\}\Big/n \tag{5-56}$$

当 $n/12$ 为非整数且 $y-b\leqslant[n/12]$ 时，

$$E_{ct,y}=0 \tag{5-57}$$

当 $n/12$ 为非整数且 $y-b=[n/12]+1$ 时，

$$E_{ct,y}=\left\{1-\frac{n}{12}+\left[\frac{n}{12}\right]\right\}\times12\times\left\{\sum_{x=a}^{b-1}(h-t)\times\overline{W}_0\times C_1\times(1+i)^t+\sum_{j=1}^{t}\overline{W}_0\times(1+g_y)^{t-j+1}\times(C_1+C_2+C_3)\times(1+i)^{t-j+1}\right\}\Big/n \tag{5-58}$$

当 $n/12$ 为非整数且 $y-b>[n/12]+1$ 时，

$$E_{ct,y}=12\times\left\{\sum_{x=a}^{b-1}(h-t)\times\overline{W}_0\times C_1\times(1+i)^t+\sum_{j=1}^{t}\overline{W}_0\times(1+g_y)^{t-j+1}\times(C_1+C_2+C_3)\times(1+i)^{t-j+1}\right\}\Big/n \tag{5-59}$$

根据式（5-55）～式（5-59），可得：

$$E_{ct}=12\times\sum_{y=b}^{\omega-1}O_tE_{ct,y}\times\left(\frac{l_{y,t}+l_{y+1,t+1}}{2}\right) \tag{5-60}$$

式中，$l_{y,t}$——t 年初 y 岁的人口数。

式（5-60）即为农村社会养老保险个人账户超支额测算模型。

2）农村社会养老保险基础养老金测算模型

$$E_{bt}=Q_{t,1}\times L_t'=Q_{1,1}\times k_1^{t-1}\times O_{t,1}\times\sum_{x=b}^{\omega-1}\frac{l_{x,1}+l_{x+1,2}}{2} \tag{5-61}$$

式中，$Q_{t,1}$——第 t 年基础养老金标准；

k_1——基础养老金标准调整率。

3）农村社会养老保险政府缴费补贴测算模型

$$\begin{aligned}&Q_{t_0,2}=\bar{W}_{t0}\times C_3\\&I_{jt}=Q_{t,2}\times L_t=Q_{1,2}\times k_2^{t-1}\times O_{t,2}\times\sum_{x=a}^{b-1}\frac{l_{x,1}+l_{x+1,2}}{2}\end{aligned} \tag{5-62}$$

式中，$Q_{t,2}$——t 年农村社会养老保险政府缴费补贴标准；

k_2——政府缴费补贴调整率。

4）计算农村社会养老保险基金收支缺口

$$\begin{aligned}F_t=-E_{ct}-E_{bt}=&-12\times\sum_{y=b}^{\omega-1}O_tE_{ct,y}\times\left(\frac{l_{y,t}+l_{y+1,t+1}}{2}\right)\\&-Q_{1,1}\times k_1^{t-1}\times O_{t,1}\times\sum_{x=b}^{\omega-1}\frac{l_{x,1}+l_{x+1,2}}{2}\end{aligned} \tag{5-63}$$

5）计算农村社会养老保险制度财政支出总额

$$\begin{aligned}E_{ht}&=|F_t|+I_{jt}=E_{ct}+E_{bt}+I_{jt}\\&=12\times\sum_{y=b}^{\omega-1}O_tE_{ct,y}\times\left(\frac{l_{y,t}+l_{y+1,t+1}}{2}\right)+Q_{1,1}\times k_1^{t-1}\times O_{t,1}\\&\quad\times\sum_{x=b}^{\omega-1}\frac{l_{x,1}+l_{x+1,2}}{2}+Q_{1,2}\times k_2^{t-1}\times O_{t,2}\times\sum_{x=a}^{b-1}\frac{l_{x,1}+l_{x+1,2}}{2}\end{aligned} \tag{5-64}$$

5.3.3　基金财务可持续性测算结果

5.3.3.1　参数设定

农村社会养老保险制度参数中的初始缴费年龄 a、初始领取养老金年龄 b、个人账户养老金计发月数 n、个人账户记账利率 r、养老金年调整率 m、农村居民人均纯收入的年调整率 g_y 均参照 5.2.3 节中的参数设定结果。对其他参数的设定结果如下：

（1）目标区间。农村社会养老保险制度在 2012 年开始在全国普遍实施，因此对制度财务可持续性测算的起点是 2012 年；根据郑功成[199]的研究成果，我国养老保险制度建设的近期是 2008～2012 年、中期是 2013～2020 年、远期是 2021～2049 年，本书选择 2049 年作为预测区间的终点。选择 2012～2049 年作为测算区间，一方面能在时间跨度上显示当前农村社会养老保险制度财务可持续性的发展趋势，另一方面农村社会养老保险制度个人账户超支现象只有在较长时间内才能显现出来。

（2）农村居民年人均纯收入 $\bar{W}$ 。根据“灰色新陈代谢 $GM(1,1)$模型”[200]，以 2000～2011 年的数据为基础，预测得到 2012～2020 年农村居民年人均纯收入的数值。

（3）基年基础养老金标准 $Q_{t0,1}$。根据三省六县的调查，被调查者平均实际领取的养老金为每人每月 59.95 元，设定 $Q_{t0,1}$=59.95。

（4）农村居民参保缴费率 C_1。在我们调查的三省六县中，常熟市已经实施城乡一体的养老保险制度，其余西峡、通许、陈仓、商南、高淳五县（区）农村居民缴费额和人均纯收入的加权平均值分别为 192.04 元、5153.17 元。本书假定农村居民缴费率为 192.04 ÷5153.17=3.73%。

（5）集体补助率 C_2。根据社会调查结果，目前农村社会养老保险制度的集体补助基本缺失，少数实行集体补助的村，补助的形式也是补助到 C_1 之中，因此 C_2 为 0。

（6）政府缴费补贴率 C_3。根据指导意见，农村社会养老保险制度缴费补贴的额度是每人每年 30 元的最低标准，即 C_3 为 30÷5153.17=0.58%。

（7）养老金年调整率 m。参考《中国统计年鉴》2000～2010 年农村居民生活消费支出增长率的二项移动平均值作为调整率，即 m=10.70%。

（8）缴费年限 h。指导意见将 15 年作为 45 周岁以下农村居民参加“新农保”的最低缴费年限，设 h=15 年。

（9）第 t 年参保率 O_t。根据三省六县调查的结果，制度参保率已经普遍达到 85%以上，最高的达到 99.01%，综合我国农村地区的实际，设定农村社会养老保险参保率为 95%。

（10）第 t 年养老金领取率。根据三省六县调查的结果，60 周岁以上老年居民养老金达到 97%以上，设定养老金领取率为 100%。

5.3.3.2 测算结果

根据式（5-60）～式（5-64）以及参数设定的结果，计算得到表 5-6。

表 5-6 农村社会养老保险制度财务可持续性测算结果 （单位：亿元）

年份	个人账户超支额	基础养老金	政府缴费补贴	基金收支缺口	财政支出总额
2012	0	754.86	124.41	–754.86	879.27
2013	0	857.69	132.67	–857.69	990.36
2014	0	978.00	140.87	–978.00	1 118.87
2015	0	1 111.64	149.30	–1 111.64	1 260.94
2016	0	1 251.08	158.14	–1 251.08	1 409.22
2017	0	1 413.06	168.04	–1 413.06	1 581.10
2018	0	1 574.26	178.85	–1 574.26	1 753.11
2019	0	1 717.77	191.34	–1 717.77	1 909.11
2020	0	1 882.70	203.86	–1 882.70	2 086.56
2021	0	2 034.13	218.04	–2 034.13	2 252.17
2022	0	2 297.79	228.70	–2 297.79	2 526.49
2023	33.24	2 658.68	236.60	–2 691.92	2 928.52
2024	37.58	3 019.91	246.07	–3 057.49	3 303.56
2025	43.62	3 435.70	255.08	–3 479.32	3 734.40
2026	49.60	3 903.95	263.91	–3 953.55	4 217.46
2027	56.51	4 368.97	275.05	–4 425.48	4 700.53
2028	64.30	4 977.62	282.18	–5 041.92	5 324.10
2029	72.47	5 620.57	311.46	–5 693.04	6 004.50
2030	83.17	6 386.44	340.96	–6 469.61	6 810.57
2031	93.81	7 148.83	376.10	–7 242.64	7 618.74
2032	106.61	7 966.36	414.49	–8 072.97	8 487.46
2033	119.20	8 806.09	457.56	–8 925.29	9 382.85
2034	132.56	9 684.15	504.71	–9 816.71	10 321.42
2035	146.17	10 541.58	558.79	–10 687.75	11 246.54
2036	160.34	11 416.36	618.32	–11 576.70	12 195.02
2037	173.95	12 195.56	688.56	–12 369.51	13 058.07
2038	187.76	13 024.34	764.49	–13 212.10	13 976.59
2039	199.63	13 829.61	849.71	–14 029.24	14 878.95
2040	212.17	14 609.86	945.70	–14 822.03	15 767.73
2041	224.39	15 400.21	1 052.77	–15 624.60	16 677.37

续表

年份	个人账户超支额	基础养老金	政府缴费补贴	基金收支缺口	财政支出总额
2042	235.67	16 429.05	1 161.61	–16 664.72	17 826.33
2043	246.91	17 317.15	1 290.13	–17 564.06	18 854.19
2044	262.46	18 404.96	1 424.92	–18 667.42	20 092.34
2045	275.16	19 743.77	1 567.06	–20 018.93	21 585.99
2046	291.73	21 693.85	1 705.71	–21 985.58	23 691.29
2047	312.28	24 337.05	1 839.94	–24 649.33	26 489.27
2048	343.72	27 045.11	2 001.34	–27 388.83	29 390.17
2049	388.81	30 234.26	2 178.10	–30 623.07	32 801.17

5.3.3.3　测算结果分析

表 5-6 显示，随着时间的推移，农村社会养老保险制度将面临巨大的财务危机。对表 5-6 中的测算结果逐项分析如下。

1）个人账户超支额

农村社会养老保险基金个人账户超支额自 2023 年开始显现，呈现出快速增长的趋势，见图 5-6。

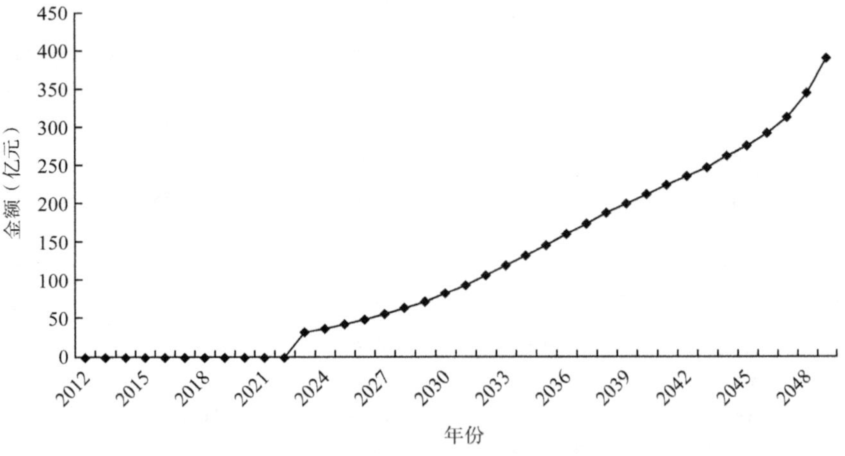

图 5-6　个人账户超支额测算结果

2023 年，农村社会养老保险制度个人账户超支额一出现就达到 33.24 亿元，并以 9.92%的增速增长到 2049 年的 388.81 亿元。个人账户超支额在 2023 年出现的原因是农村社会养老保险制度是 2012 年建立的，个人账户也从 2012 年开始积累基金，即使是从 2012 年开始就有老年居民领取个人账户养老金，那么也要在 139 个月（11.58 年）之后他的个人账户基金积累额才会被领完，出现个人账户超支现象。

2）基础养老金

农村社会养老保险基础养老金全额由政府财政支付。测算结果表明，我国农村居民的基础养老金规模较大，且增长速度很快。2012 年，基础养老金规模达到 754.86 亿元，到 2020 年基础养老金规模是 1882.70 亿元，到 2049 年基础养老金规模则快速上升到 3.02 万亿元，2012～2049 年，基础养老金规模增长了 39.05 倍，增速达到了 10.49%。基础养老金的变动趋势见图 5-7。

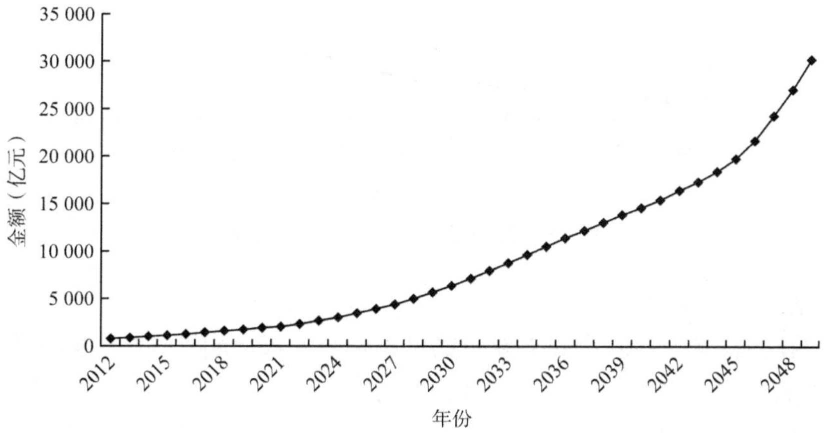

图 5-7　基础养老金规模测算结果

造成农村社会养老保险基础养老金规模快速上升的原因主要有两个：第一，领取基础养老金的人数增加。我国农村地区人口老龄化速度的加快，农村老龄人口数量快速增加。测算结果表明，2012 年我国农村地区老龄人口总数为 1.05 亿人，农村地区老龄人口的规模将在 2032 年达到最大值，为 1.45 亿人，之后缓慢下降到 2049 年的 0.97 亿人。尽管农村地区老龄人口数量经历了一个先上升后下降的过程，但是老龄人口数量庞大，导致基础养老金规模巨大，且升速较快。第二，基础养老金标准不断提升。指导意见规定，中央确定的基础养老金标准为每人每月 55 元，国家根据经济发展和物价变动等情况，适时调整全国基础养老金的最低标准。2012～2049 年，我国基础养老金标准必然会不断提升，这也引发基础养老金规模的上升。

3）政府缴费补贴

农村社会养老保险政府缴费补贴是激励农村居民参保缴费的主要措施。随着经济发展和物价变动以及农村居民缴费水平的提高，政府缴费补贴也必将提升。测算结果表明，2012 年，政府缴费补贴总额是 124.41 亿元，到 2050 年增长到

2178.10 亿元，增长率达到 8.04%，见图 5-8。

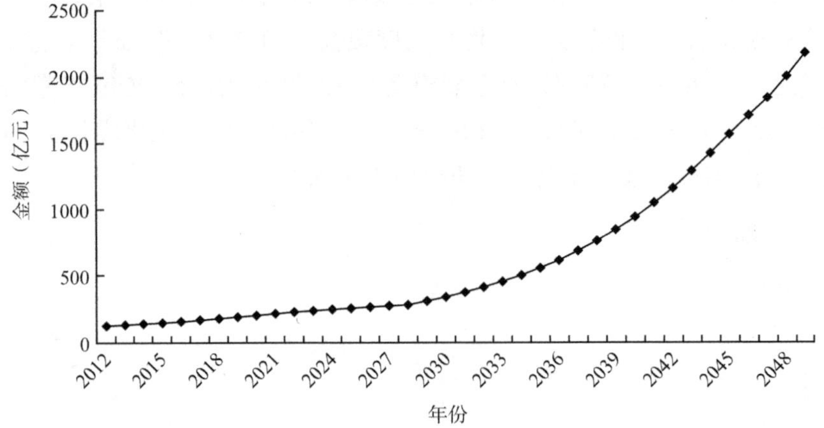

图 5-8　政府缴费补贴规模测算结果

4）基金收支缺口

农村社会养老保险基金收支缺口的来源是个人账户超支额和基础养老金。由于基础养老金所对应的虚拟社会统筹账户的收入是 0，因此，基础养老金是基金收支缺口的组成部分。测算结果表明，农村社会养老保险基金收支缺口在 2012 年是 754.86 亿元，增长到 2049 年达到 3.06 万亿元，增长速度是 10.53%，见图 5-9。根据农村社会养老保险制度财务可持续性的概念，农村社会养老保险制度在财务上是不可持续的。

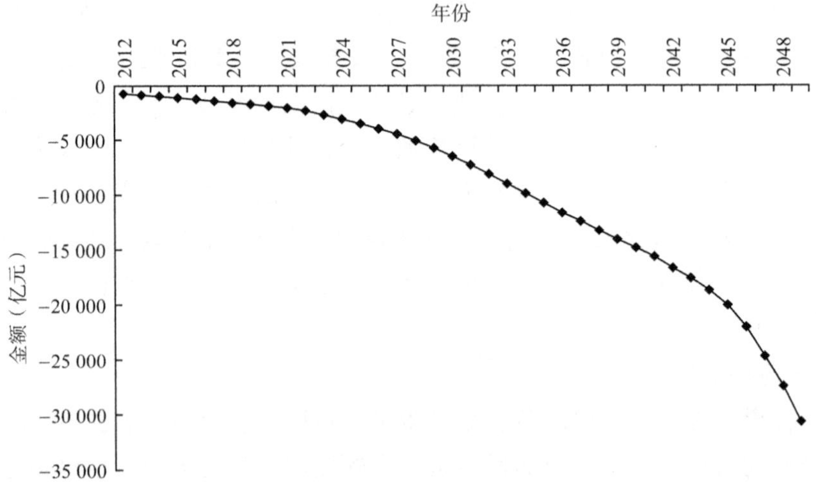

图 5-9　基金收支缺口测算结果

5）农村社会养老保险制度财政支出总额

农村社会养老保险制度财政支出总额是中央政府和地方政府每年需要拨付的用于支付基础养老金、个人账户超支额、农村居民缴费补贴等项目的资金总量。测算结果显示，2012～2049 年，农村社会养老保险制度财政支出总额增长迅速。2012 年财政支出总额是 879.27 亿元，以 10.27%的速度快速递增到 2049 年的 3.28 万亿元，见图 5-10。

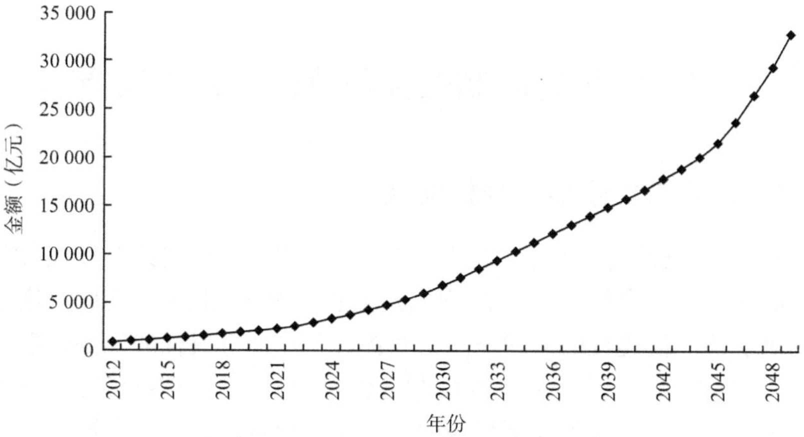

图 5-10　农村社会养老保险制度财政支出总额测算结果

导致农村社会养老保险制度财政支出额快速增加的原因主要是农村老年居民人口数量的快速增长、农村高龄居民数量的增加以及制度保障水平的提升。巨额的农村社会养老保险制度财政支出总额给政府财政带来了沉重的负担。特别是 2034 年之后，农村社会养老保险制度财政支出总额将突破万亿元，到 2049 年将达到 3.28 万亿元，农村社会养老保险制度面临着财务不可持续风险。

第 6 章　农村社会养老保险制度演进风险的防范政策

6.1　逐步提高制度覆盖范围的政策选择

6.1.1　加快农村基层经办机构建设

作为农村社会养老保险制度建设的基石，基层经办机构经办管理与服务能力的不足已经成为制约农村社会养老保险制度建设进程的瓶颈。因此，适度加快农村社会养老保险制度建设的关键是，切实提升基层经办机构的经办管理与服务能力。第一，明确县（市、区）、乡（镇）、村各级经办机构的职能分工；完善乡（镇）、村两级经办服务机构，尤其加强村级服务机构的建设；优化业务流程，实现参保信息的准确、完整和安全，提高经办效率。第二，加强基层经办机构人才队伍建设，确保乡（镇）社会保障服务所拥有与服务对象数量相适应的专职人员编制，村社会保障服务站应当配备专职社会保障经办员；定期或不定期对基层经办机构的工作人员进行专业培训。第三，各级财政设立专门账户，确保县（市、区）、乡（镇）、村各级经办机构包括人员工资、场地建设、设施配备等在内的经费投入。

6.1.2　完善个人缴费及其激励政策

参考城镇企业职工基本养老保险个人缴费占工资收入 8%的参数，建议根据当前农村居民低收入户、中低收入户、中等收入户、中高收入户、高收入户的年收入水平，设置缴费档次；缴费额上限为基本缴费档次最高额的 300%；基本缴费档次应该随着经济发展和人民生活水平的提高适时调整。为了鼓励有能力的农村居民选择较高的缴费档次，建议地方各级财政按照参保者所选基本缴费档次的特定比例给予缴费补贴，并计入参保者的个人账户；缴费额超过最高缴费档次的，按照最高缴费档次给予缴费补贴。为了避免由此加大的政策不公平，建议地方各级财政对残疾人和低保户代缴保费；在落实每个参保者缴费补贴之外，对低收入户和中低收入户再给予一定的补充缴费补贴。

6.1.3　加强宣传以提高居民认可度

农村居民对农村社会养老保险制度原理认知不足，对政策内容了解程度偏低，在很大程度上制约着制度的建设进度。因此，要进一步加强农村社会养老保险制度与政策的宣传力度和实效性。第一，加强对经办人员的思想政治教育和业务培训，不断提高经办人员的政治素质和业务水平，使其更好、更深地理解政策内容，自觉地在业务经办过程中宣讲制度原理，解释各项政策的含义。第二，充分利用文艺演出、电视、广播、报纸、网站等多种宣传媒介，向社会各个阶层宣传农村社会养老保险制度和政策，营造良好的舆论氛围。

6.1.4　搭建社会保险网络管理平台

农村社会养老保险信息管理系统的建设，是实现业务规范化和现代化的基本条件。建议开发并尽快普及全国统一的信息系统管理软件，在数据库结构、数据接口、指标体系、主要功能模块等方面实行全国统一的标准。合理划分省（自治区）、市、县（市、区）在信息管理系统建设中的任务和责任，落实信息化建设中地方各级财政的投入比例。确保县（市、区）、乡（镇）、村各级的农村社会养老保险经办机构具有足够的软硬件设施。加强对乡（镇）、村级经办人员的技术培训，使其熟练掌握计算机基本操作，熟悉信息化管理软件的使用。

6.1.5　促进不同区域制度均衡发展

中央政府在农村社会养老保险制度建设过程中应当加强对财政基础薄弱地区的转移支付额度，中央政府资金在承担这些地区全额基础养老金的基础上，再承担 50%的农村社会养老保险制度运行费用。国家级贫困县以及少数民族地区、陆地边境县、革命老区县的基础养老金和缴费补贴、制度运行费用建议由中央财政进行支付。通过对财政困难地区推进农村社会养老保险制度所需费用的转移支付，能够在一定程度上均衡全国农村社会养老保险制度的建设进程。促进经济落后地区农村社会养老保险制度管理水平的提高，进而增强这些地区保障农村居民基本生活的能力，改善经办机构的管理水平，提升制度建设的效率。

6.1.6　设立省级农村社保经办机构

省级农村社会养老保险经办机构负责包括制度建设进程、资金投入、机构建设、人员编制、信息化建设等在内的全省农村社会养老保险制度建设的规划并组织实施；指导省内各级农村社会养老保险经办机构的管理、服务工作；编制本省范围内的宣传资料，组织培训全省各级经办机构的工作人员；制定、完善本省农村社会养老保险业务经办管理办法、内控和稽核制度，负责对基层经办工作的监督、监察；参与制定本省农村社会养老保险基金管理办法、财务管理细则；编制、汇总、上报本级农村社会养老保险基金财务、会计和统计报表等。

6.2　实现制度待遇水平公平的政策选择

6.2.1　增加中西部地区财政补贴额

农村社会养老保险制度设计的目标是满足农村老年居民的基本生活需求。测算结果表明，我国东部、中部、西部地区的农村社会养老保险制度实际替代率都较低，特别是中部、西部地区实际替代率仅分别为 0.30 和 0.23，远低于东部地区的 0.54，适度提高农村社会养老保险制度的待遇水平既是养老金满足农村居民基本生活需求的需要，也是缩小区域间保障水平差距的需要。

我国区域经济发展不平衡，东部、中部、西部地方各级政府财政能力差异很大。农村社会养老保险制度建设中地方政府的财政补贴需求，已经超过中西部很多地方政府的财政支付能力。建议中央政府加大对中西部地区农村社会养老保险制度建设的财政转移支付额度，中央财政在支付中西部地区基础养老金的同时，再承担 50%的缴费补贴。增加中西部地区财政补贴额度能够提高农村社会养老保险制度保障水平，缩小中西部地区待遇水平与东部地区的差距，是解决农村社会养老保险制度内部待遇差异、实现农村社会养老保险制度内部待遇公平的重要手段。

6.2.2　提高农村居民养老待遇水平

调查发现，农村社会养老保险基础养老金发放标准与农村居民的期望值相去甚远。陈仓区、商南县、通许县、西峡县、高淳县、常熟市农村居民期望的养老金发放额分别为 251.82 元/（人·月）、289.72 元/（人·月）、174.84 元/（人·月）、225.27 元/（人·月）、416 元/（人·月）、394.5 元/（人·月）。2010 年实际发放的养老金一般为 55 元/（人·月）、60 元/（人·月）；常熟市的基础养老金最高，也只有 120 元/（人·月）。不仅低于农村居民对养老金的期望值，且难以满足农村居民的基本生活需要。

经计算，农村社会养老保险制度的实际替代率仅为 0.32，远低于企业职工基本养老保险制度、机关事业单位退休金制度、事业单位工作人员养老保险制度的实际替代率，农村社会养老保险制度外部公平性指数达到了 3.69，不同社会养老保险制度间待遇水平差异很大。

提高农村社会养老保险制度的养老金待遇水平需要：

第一，提高政府补贴和集体补助在基金征缴环节的激励作用。农村居民普遍选择较低的个人缴费标准是造成养老金待遇水平偏低的原因之一，基于此，建议政府补贴采取差异化的策略，针对不同缴费档次设计相应的政府补贴标准。设计政府补贴标准的基本原则是政府补贴金额占个人缴费金额的比例是常数，这样农村居民的缴费积极性就会提高，从而提高个人账户基金筹集水平。政府应当鼓励集体经济对农村社会养老保险缴费予以补助，可设定集体补助的配套比例，以任务下达的方式将农村社会养老保险集体补助配套比例下达各乡镇政府，当集体没有条件给予补助时，集体补助部分由政府承担。

第二，提高基础养老金水平。基础养老金是农村社会养老保险养老金的主要组成部分。调查发现，农村居民领取的养老金中，基础养老金所占比例达到 95% 以上，基础养老金水平的高低决定了养老金的发放水平。建议中央政府和地方政府加大基础养老金补贴力度。各地方政府可设定制度实际替代率目标，以实际替代率倒推计算出基础养老金水平，依据基础养老金精算数据，申请上级政府配套资金，以确保农村社会养老保险制度能够保障农村老年居民的基本生活需求。

第三，建立基础养老金调整机制。农村社会养老保险制度建设初期，基础养老金发放标准、参保人员缴费档次，可以低水平起步，先解决农村居民的老有所养问题。随着制度的确立和完善，逐步提高基础养老金发放标准，提高参保人员缴费档次。鉴于近年来农村物价水平上涨幅度较大，在参保人员缴费档次一时难以提高的情况下，建议中央财政、地方各级财政根据上一年度农村居民人均纯收入增长率和农村居民消费价格涨幅之和，调整基础养老金发放标准。

6.2.3　提高社会养老保险管理层次

目前，我国农村社会养老保险制度、城镇居民社会养老保险制度实行县级管理，企业职工基本养老保险制度、事业单位工作人员养老保险制度实行省级管理，较低的管理层次弊端是社会养老保险基金规模较小，存在收支平衡的风险；管理分散，政府寻租现象严重；社会养老保险基金地区间调剂不畅，抗风险能力差；阻碍劳动力流动，导致社会养老保险可携带性差。在较低管理层次下，各社会养老保险制度的待遇水平一般取决于统筹区域的经济发展水平，从而造成不同统筹地区社会养老保险制度保障水平的不公平性。

通过逐步提高企业职工、城乡居民社会保险各险种社会统筹账户资金的管理层次，完善企业职工、城乡居民个人账户资金的关系转续办法，能够在一定程度上解决城乡居民、企业职工之间养老金待遇不公平问题。而这些制度与机关事业单位工作人员退休金制度的公平性差异需要从根本上对机关事业单位相关制度的框架予以改革。

6.2.4 推进社会养老保险制度统一

在我国建立健全城乡一体化的社会养老保险制度，将全体公民纳入同一个社会养老保险制度之中是消减社会养老保险制度保障水平差异、实现保障公平的重要战略措施。推进城乡一体化社会养老保险制度要经过三个阶段：

第一，社会养老保险制度全覆盖阶段。这一阶段的目标是建立起覆盖城乡所有人口的社会养老保险制度。具体而言，是在现有的企业职工基本养老保险制度、机关事业单位工作人员退休金制度、事业单位工作人员养老保险制度之外，快速在全国范围内建立起城乡居民社会养老保险制度，以保证社会养老保险制度覆盖无遗漏，为推进城乡一体化社会养老保险制度奠定基础。

第二，社会养老保险制度准城乡一体化阶段。在这一阶段，将制度框架较为类似的社会养老保险制度合并管理，减少社会养老保险制度的制度类型。具体而言，将企业职工基本养老保险制度与事业单位工作人员养老保险制度合并管理，使我国现有的三种社会养老保险制度减少到两种。

第三，社会养老保险制度城乡一体化阶段。企业职工基本养老保险、机关事业单位工作人员退休金制度、城乡居民社会养老保险制度合并管理后的制度合并成一种制度，建立起一种新型的城乡一体化社会养老保险制度，这种制度是低保障水平向高保障水平的靠拢。在社会养老保险城乡一体化阶段实现之后，我国将只有一种社会养老保险制度，社会养老保险制度的外部公平性问题得以解决。

6.3 规避财务不可持续危机的政策选择

6.3.1 建立制度参数动态调整机制

农村社会养老保险制度待遇水平要既能保障农村居民基本生活需要，防止超越发展阶段的过快的福利增长，又要有利于促进农村社会养老保险制度与其他养老方式相结合，防止道德风险。设定科学合理的农村社会养老保险待遇水平，要从农村居民基本生活需要和经济发展水平约束两个角度考虑。农村社会养老保险制度的量入为出，一是要考虑在当前的个人账户计发月数下，对于个人账户超支额财政是否有足够能力兜底；二是对于基础养老金的支出水平，是否有足够的财力长期保障；三是个人账户的储存额是否能够实现基金的保值增值。

在当前农村社会养老保险制度的参数设定框架下，未来政府财政支出额巨大，农村社会养老保险制度的财务可持续性面临着危机。因此，应当适时调整制度的主要参数，使得农村社会养老保险制度收支缺口和政府财政支出额增速放缓，始终处于政府财政财力可支付的范围。

6.3.2　设计全国统筹调剂基金账户

目前，对于农村社会养老保险基金出现的缺口只能由政府财政补足，而没有能够自身调节基金缺口的基金。本书建议设立全国统筹调剂基金账户，该账户的主要收入来源是参保人在 71.58 岁之前死亡的个人账户政府缴费补贴金、全国社会保障基金的部分利息收入、财政支出低于预算部分、东部地区参保者关系转续的结余资金等，此账户委托全国社会保障基金理事会管理，并对全国统筹调剂基金进行投资运营。全国统筹调剂基金账户的用途是支付地方财政困难的地区社会养老保险财政支出；通过这一账户，缓解农村社会养老保险制度的财务不可持续危机。

6.3.3　培育基金保值增值运营体系

（1）通过大额协议存款方式确定与通货膨胀率基本持平的农村社会养老保险基金存款利率。虽然农村社会养老保险基金单个账户的存款额度有限，但是从宏观角度来看，基金管理者面对的是庞大的农村社会养老保险基金总额积累。因此，需要国家有关部门协商，以农村社会养老保险基金整体作为一个投资单位商定协议存款利率（以等于或高于通货膨胀率的利息水平），从而实现农村社会养老保险基金的保值甚至增值。

（2）由国家发行特种定向农村社会养老保险国债，利率可根据通胀率的高低具体确定为 4%左右，从而将农村社会养老保险基金的利息损失降到最小，并力争实现基金的增值。此项举措既能保证巨额的农村社会养老保险基金保值增值，又能提高政府融资水平，为中国经济的发展作出贡献。

（3）委托全国社会保障基金理事会对农村社会养老保险基金进行投资运营。农村社会养老保险基金的运营有两种模式：一是纳入全国社保基金管理范畴，通过委托代理的形式交由全国社保基金理事会代为运营；二是独立运营。由于农村社会养老保险基金管理制度体系尚不健全，尚不具备独立运营的能力和基础。全国社会保障基金理事会已经建立了一套相对行之有效的管理体制，基金自成立以来年均投资收益率为 8.82%，也积累了丰富的投资经验和基金管理经验。建议将农村社会养老保险基金通过委托代理的方式交由全国社保基金理事会代为管理和运营，从而达到基金的增值目的，实现降低各级政府财政压力，不断提高农村养老保险水平的目标。

（4）建立相互制衡的农村社会养老保险基金运营管理体制。应明晰农村社会养老保险基金的个人产权性质，从而为建立个人账户基金委托代理关系，选择专业基金公司进行基金的投资运营奠定基础。建立在信托和委托代理模式下的现代公司法人治理结构，是基金运营体制设计的依据和目标，具体结构可以参照全国社保基金理事会的设置。

（5）建立运行顺畅的农村社会养老保险基金运营运行机制。建立在法律约束框架下的多方利益协调统一及责权利互相制衡和监督的具有激励和约束功能的运行机制，充分发挥基金投资运营的相关机构和个人的积极性、创造性的同时，有效遏制委托代理关系中的信息不对称所引发的代理人“偷懒”行为及道德风险。在具体资产配置上，加快开放多元化基金投资渠道的步伐，既要有特种定向债券，又要有投资收益高且安全性强的国家投资项目的优先投资权，还要有高风险、高收益的资本市场（尤其是股票市场）的一定比例的投资，从而确保农村社会养老保险基金的保值和增值。

6.3.4　人口红利向资本红利的转型

多年来，“人口红利”一直被用以解释中国过去三十年经济高速增长的劳动力供给动因，预告即将到来的“未富先老”的中国老龄化社会因劳动力短缺而可能导致的经济增长动力不足问题。“人口红利”具有两个方面的含义：一是由于劳动年龄人口在总人口中所占比重很大，GDP 高速增长主要来自于劳动力的增长；二是由于劳动力增长推动 GDP 高速增长，为未来老龄化社会聚集、积累、储存巨额的社会财富或社会资产，形成未来老龄化社会强大的“资本红利”。把“人口红利”提升为“资本红利”的枢纽是基金制。防范中国农村社会养老保险制度财务不可持续性危机的有效路径是在制度尚处于成长期的今天，组成一个雄厚、庞大的基金体系；培育以政府为主导、以专业投资公司为主体的基金保值、增值运营体系。加之伴随人口老龄化引起的劳动力供给萎缩和运用“资本红利”而必然并迅速兴起的替代人力的各类机器人研发、制造、使用、服务等产业链的形成，以及整个经济体系的现代化、后现代化，中国未来 GDP 增长必将从目前主要来自于劳动力的增长转变为主要来自于生产力的提升，农村社会养老保险制度财务不可持续性危机将随着人口红利向资本红利转型的到来而得以避免。

第7章　防范风险政策导向下农村社会养老保险制度的目标模式

7.1　设 计 依 据

7.1.1　现实依据

1）国外农村社会养老保险制度建设的基本条件

从国外社会养老保险制度建设的历史来看，农村社会养老保险制度建设滞后于城镇社会养老保险制度是一种常见的现象。关于城镇和农村建立起社会养老保险制度的时间差距，德国是74年，加拿大是63年，美国是55年，日本是30年。国外社会养老保险制度建设的经验表明，在国家社会经济满足一定条件的情况下就应该着力推进农村社会养老保险制度建设。

在人口城市化条件方面，国外建立起农村社会养老保险制度的时间点大约在农村人口数量超过总人口数量50%的时间点。建立农村社会养老保险制度时，农村人口比例最高的是希腊的56.2%；日本、葡萄牙、西班牙等国农村人口的比例也较高，分别达到了56.1%、52.7%、48.8%；建立农村社会养老保险制度时，农村人口比重较低的是美国和德国，分别仅为24.70%和24.00%。我国在2010年农村人口数量就达到了6.74亿人，占总人口数的50.32%，基本达到葡萄牙、西班牙等国建立农村社会养老保险制度时的农村人口比例。

在社会经济发展水平方面，国外建立农村社会养老保险制度之初，人均GDP水平一般在2000美元。丹麦、日本等国在农村人均GDP 2000美元左右时，建立起了农村社会养老保险制度。日本建立农村社会养老保险制度时的人均GDP水平为1653美元；欧盟13国[①]建立农村社会养老保险制度时的人均GDP为2226美元，其中最低的国家葡萄牙农村人均GDP为1445美元；从农业生产总值来看，欧盟13国农业GDP占总GDP的比重平均为17.2%，最高为42%。我国在2006年人

① 本书从欧盟成员国中选择荷兰、比利时、卢森堡、法国、意大利、德国、英国、丹麦、希腊、葡萄牙、西班牙、瑞典、芬兰等13个国家，考察它们建立农村社会养老保险制度时的人均GDP。

均 GDP 就已经达到了 2063 美元，农业生产总值所占比重为 11.8%，基本达到了国外建立农村社会养老保险制度时的经济条件。

国外农村社会养老保险制度有三种模式，分别为援助自助者模式、福利型养老保险模式和储蓄型养老保险模式。国外农村社会养老保险制度的主要特点是农民养老保障制度的建立时间普遍晚于城镇、公共财政在农民养老保障中承担主要责任、农民的养老保障政策与农业政策紧密关联。20 世纪 70 年代以来，受到石油危机的影响，大多数发达国家先后建立起了多层次的农村社会养老保险制度。例如，日本、丹麦、美国、加拿大等国针对农村居民建立起了农民年金计划，由政府组织经办，政府提供高额的财政补贴。日本在 1970 年发布了《农业劳动者年金基金法》，对农民年金计划进行法律上的规定。除农民年金计划外，发达国家还鼓励农民建立起个人储蓄性养老保障计划，在税收等方面国家予以政策支持，如美国在 1981 年立法规定农民用于养老的储蓄不需纳税；日本还建立了农业人身共济保险。

目前，我国正处于社会和谐发展、缩小城乡差距的重要时期，建立健全城乡社会保障体系是国家工作的重要内容。在农村社会养老保险制度建设条件基本成熟的前提下，应当借鉴发达国家的经验，构建完善的农村社会养老保险制度体系，并辅之以补充养老保险制度，加快农村社会养老保险制度的建设进程，让农村居民能够享受到经济发展和社会进步的成果。

2）企业职工基本养老保险制度建设的实践历程

我国自 20 世纪 90 年代初开始探索建立企业职工基本养老保险制度，经过 20 年的探索和改革，已经建立起较为完善的企业职工基本养老保险制度。企业职工基本养老保险制度的探索历程能够为农村社会养老保险制度建设提供一定的实践经验。我国企业职工基本养老保险制度建设经历了四个阶段：

1991 年 6 月到 1995 年 2 月为改革试点阶段。1991 年，国务院在部分省市开展试点的基础上，颁布了《关于城镇企业职工养老保险制度改革的决定》，要求随着经济的发展，逐步建立起基本养老保险与企业补充养老保险和职工个人储蓄性养老保险相结合的制度。改变养老保险完全由国家、企业包下来的办法，实行国家、企业、个人三方共同负担，职工个人也要缴纳一定的费用。

1995 年 3 月到 1997 年 7 月为深化改革阶段。1995 年，国务院颁布了《关于深化企业职工养老保险制度改革的通知》，明确提出基本养老保险费用由企业和个人共同承担，施行社会统筹与个人账户相结合的“统账结合”模式的企业职工基本养老保险制度；1997 年，国务院颁布了《关于建立统一的企业职工基本养老保险制度的决定》，对我国企业职工基本养老保险制度进行统一的规定，确定了企业和职工的缴费比例以及养老金计发办法。至此，我国企业职工基本养老保险制度的政策框架基本确立。

1997 年 8 月到 2005 年 12 月为扩大制度覆盖面阶段。企业职工基本养老保险制度的参保范围是城镇各类企业职工和个体劳动者，包括国有企业、集体企业、外商投资企业、私营企业、股份制企业以及联营企业职工。2003～2005 年，原劳动和社会保障部发布的《关于农垦企业参加企业职工基本养老保险有关问题的通知》、《关于监狱企业工人参加企业职工基本养老保险有关问题的通知》和《国务院关于完善企业职工基本养老保险制度的决定》将企业职工基本养老保险制度覆盖率较低的农垦企业职工、监狱企业职工、个体工商户和灵活就业人员等作为制度覆盖面扩大的工作重点。

2006 年至今为企业职工基本养老保险制度完善阶段。为了提高企业职工基本养老保险制度的待遇水平、规避企业职工基本养老保险制度财务不可持续风险，我国开展了做实个人账户、提高企业职工基本养老保险管理层次等工作，目前已在全国范围内开展了做实个人账户工作，全国 28 个开展企业职工基本养老保险制度的省份已经全部实现了省级统筹。

3）农村社会养老保险制度演进进程及其主要风险

根据社会保障制度演进规律，农村社会养老保险制度将经历制度诞生期、成长期、成熟期三个阶段。设计农村社会养老保险制度要充分考虑农村社会养老保险制度演进进程中的主要风险，并在制度设计环节，将防范风险的政策充分考虑进来。

农村社会养老保险制度诞生期，“四级”联动的管理体制已经初步建立，农村居民参保效果基本达到预期，农村社会养老保险制度得到农村居民的普遍认同和一致拥护。农村社会养老保险制度的覆盖范围亟须扩大，其必要性体现在农村人口老龄化急切需要普及该制度、农村居民将社会养老的期望寄托于该制度、地方政府希望尽快实现本辖区该制度全覆盖、中央政府希望该制度尽快惠及所有农村居民，扩大农村社会养老保险制度覆盖范围面临的约束条件有基层经办机构的服务能力不足、低收入户和中低收入户缴费能力有限、农村居民对政策认知程度偏低、信息化建设进程不平衡、部分地方政府财政补贴配套能力有限。扩大农村社会养老保险制度覆盖范围的政策选择是加快基层经办机构建设、完善缴费标准和财政补贴政策、加大宣传力度提高农民的认知认可程度、搭建网络管理平台、促进制度均衡发展、建立省级经办机构等。

农村社会养老保险制度成长期，已基本实现制度全覆盖向人群全覆盖转变、经办服务与基金管理工作仍需进一步完善、不同地区之间的养老金水平差距较大、不同养老保障制度之间保障水平梯度不合理，农村社会养老保险制度的待遇公平性遭到强烈质疑。根据东部、中部、西部地区的实际替代率，计算得到制度内部公平性指数为 0.1626，占实际替代率均值的 45.58%，这说明农村社会养老保险制度内部是非常不公平的。农村社会养老保险外部公平性指数为 3.69，这表明，其他社会养老保险制度的实际替代率偏离实际替代率的几何平均数为 3.69，这一数值是农村社会养老保险制度实际替代率的 11.53 倍，农村社会养老保险制度与其他社会养老保险制度待遇水平相比存在不公平。实现农村社会养老保险制度待遇水平公平的政策选择是增加中西部财政补贴额、提高养老金待遇水平、提高各类社会养老保险的管理层次、推进城乡一体化的社会养老保险制度。

农村社会养老保险制度成熟期，随着时间的推移农村社会养老保险制度将面临巨大的财务危机。按照现行制度设计，农村社会养老保险基金收支缺口在 2049 年达到 3.06 万亿元，增长速度是 10.53%。2012 年农村社会养老保险制度财政支出总额是 879.27 亿元，以 10.27%的速度快速递增到 2049 年的 3.28 万亿元。规避农村社会养老保险制度财务不可持续风险的政策选择是建立制度参数动态调整机制、设计全国统筹调剂基金账户、培育基金保值增值运营体系、实现从“人口红利”向“资本红利”的转型。

7.1.2　理论依据

1）马克思主义社会保障思想

马克思主义关于人的需要理论、社会再生产理论和社会产品分配理论，是社会主义社会保障的理论基础，这些思想对我们建立具有中国特色的农村社会养老保险制度具有重要的指导意义。

马克思主义社会保障思想认为：①社会保障的保障对象是一切社会劳动者和弱势群体。根据马克思的社会需求理论，生存需要是人类最基本的需要。马克思认为社会救济的对象有三类，一是失业者，二是孤儿和贫民子女，三是流浪的、没有劳动能力的人；列宁提出，社会保障要保障一切雇佣劳动者及其家属；毛泽东认为应当对公有制企业的工人进行全面的保障，努力实现全民享有社会保障。②社会保障的主体是国家。社会保障是政府应当承担的基本责任，马克思指出，国家通过建立社会保障制度，保障居民的基本生活是必须履行的责任；恩格斯强调，要对工人的保险事业实行完全国家化；列宁指出最好的工人保险是国家保险。③社会保障基金来源于国家、企业和个人。马克思指出剩余价值的一部分，必须充当保险基金，用以应对偶然事故；恩格斯把社会保障基金理解为个人分配之前的扣除；列宁提出社会保障基金应当由国家和企业提供。总结马克思主义关于社会保障基金的来源，主要有企业缴纳的社会保障税或费、个人缴纳的社会保障税或费以及财政转移支付。④社会保障制度的最终目标是实现人的全面自由发展。社会发展是为了人民，是为了促进人的全面自由发展。社会保障制度作为社会发展制度的一部分，终极目标也是要促进人的全面自由发展。

2）公共服务均等化理论

公共服务均等化是公共财政的基本目标之一，是指政府要为社会公众提供基本的、在不同阶段具有不同标准的、最终大致均等的公共物品和公共服务。公共服务均等化对于实现社会的公平与效率的统一、缩小城乡差距具有重要的现实意义。

社会养老保险制度作为解决居民养老问题的制度安排，是我国公共服务体系的重要组成部分。但是，我国长期以来的二元经济结构导致城乡之间社会养老保险制度发展的极不平衡以及个体之间享受公共服务的机会不均等，阻碍了社会养老保险公共服务均等化的推进进程。我国要实现公共服务均等化，应采取的理论措施包括坚持不懈地推进经济体制改革，始终坚持通过改革解放生产力的基本理念，始终坚持通过改革促进发展的基本路径；贯彻落实科学发展观，牢固树立正确的政绩观；构建社会主义和谐社会，加快推进以改善民生为重点的社会建设；深化行政管理体制改革，建设服务型政府。在农村社会养老保险制度建设中，政府应当综合考虑城乡公共服务投入的差距、经济发达地区和经济欠发达地区公共服务投入的差距，将公共服务投入的天平偏向农村地区和经济欠发达地区。

3）制度分析的基本原理

凡是两个及两个以上的个体参与的以某种社会系统为载体的活动，就会产生由个体的各自动机所决定的个体之间行为的相互作用。当个体的行为由于某种原因而产生差异时，这种相互作用就会造成社会系统内部不同程度的摩擦、无序或混乱。为了避免摩擦、无序或混乱，就产生了正式的或非正式的制度：协调个体行为的社会系统内所有个体共同遵守的行为规则。这些行为规则包括：界定社会系统个体之间财产权利关系的产权规则，即产权；由产权规则决定的社会系统内部机构设置和机构职能划分的组织规则，即体制；由组织规则决定的社会系统运行规则，即机制。正式的规则以法律、规章、合同等为载体；非正式的规则以约定俗成、惯例、道德等为载体，因此，正式的制度还包括法制。制度需要政策予以体现，政策是制度的润滑剂和催化剂。本书设计的农村社会养老保险制度目标模式基本框架见图 7-1。

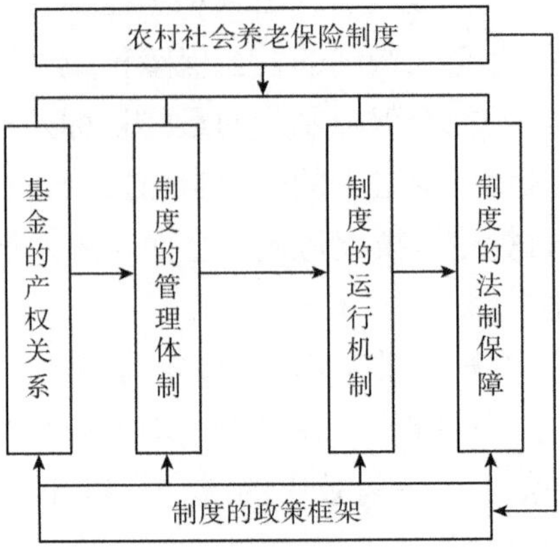

图 7-1　农村社会养老保险制度目标模式的基本框架

7.1.3　价值取向

7.1.3.1　农村社会养老保险制度设计的价值取向是公平

对人类社会而言，公平是一种始终追求的价值判断和价值准则。社会公平包括权利公平、机会公平、规则公平和分配公平。权利公平就是要保障每个公民的生存和发展权，让全体国民都能够享受到经济社会发展的成果；机会公平是指要为全体国民提供同等的生存和发展机会；规则公平是指全体国民生存和发展所遵守的规章制度规范是统一的；分配公平是指社会财富在全体国民中的合理分配。社会公平是社会主义本质的内在要求。邓小平对社会主义本质的概括是解放生产力，发展生产力，消灭剥削，消除两极分化，最终实现共同富裕。实现共同富裕就包含社会公平因素。

马克思主义理论认为，在生产分配领域，劳动是实现平等分配的主要依据。我国还处于社会主义初级阶段，无法实现按需分配，只能在国民收入初次分配领域实行按劳分配的原则。在初次分配领域，实行按劳分配可能会因为个体劳动禀赋的差异而产生收入差距，而且这种差距会不断拉大。为了保证社会公平，在收入再分配领域就要体现公平性原则，确保社会成员的收入差距在合理的范围之内。社会保障制度属于收入再分配制度，目的是保障社会成员的基本生活，促进社会公平。

农村社会养老保险制度作为社会保障制度的一个项目，是为了保障农村居民的基本生活，实现农村社会和谐。农村社会养老保险制度的公平理念体现在：一是农村居民应该享受到平等的养老保障权利和机会。无论是经济发达地区，还是经济欠发达地区，农村居民都应当享受到社会经济进步的成果；农村社会养老保险制度的开展，应当不分民族、性别、身份地位，让农村居民都参与其中，平等地享受到养老保障。二是农村社会养老保险制度各个环节都要体现社会互济的理念。农村社会养老保险制度在基金筹集和待遇发放环节，应当体现公平性理念，为社会成员提供相对公平的保障，既要体现不同缴费档次农村居民的养老金差异，又要使最低养老金能够保障农村居民的基本生活；协调处理好政府、集体、个人的关系，鼓励政府补贴和集体补助承担农村居民养老的主要责任，个人根据家庭经济状况缴费。三是农村社会养老保险制度要避免平均主义的误区。公平性理念的目的是保障农村居民的基本生存权，能够享受到经济社会发展的成果，而不是培养农村居民不劳而获的习气。因此，农村社会养老保险制度建设既要体现保障基本生活的目标，又要强调农村居民个人缴费，建立权利与义务基本对应的基金机制。

7.1.3.2　农村社会养老保险制度设计的基本原则

现行农村社会养老保险制度是我国继“种地不交税、上学不付费、看病不太贵”后的又一项重大惠农政策。农村社会养老保险制度建设的基本原则是“保基本、全覆盖、有弹性、可持续”。

1）保基本

“保基本”的实质是既要保障农村老年居民基本生活需要，防止超越发展阶段的过快的福利增长；又要有利于促进社会养老与自我储蓄、家庭养老的有机结合，防止出现农村社会养老保险领域的道德风险。农村社会养老保险保障标准要与我国生产力发展水平相适应。健全和完善农村社会养老保险制度特别要认识到经济增长和福利增长规律的不同：经济增长呈现周期性起伏的规律，而福利增长则遵循刚性上升的规律。所以，“保基本”方针，就是要紧紧抓住经济又好又快发展、综合国力不断增强、公共财政投入提高的有利时机，稳步地、与之相适应地提高农村社会养老保险待遇水平，让广大农村居民更多地分享经济发展和社会进步的成果，达到保障农村老年居民基本生活的制度目标。

要实现“保基本”，最重要的是确定两个标准：一是能够保障基本生活的农村居民养老金需求是多少。这就需要根据社会调查数据和公开统计数据测算我国老年农村居民每月需要相当于多少价格的商品和劳务才能维持基本生活。二是与我国现阶段生产力发展水平相适应的保障标准的取值区间是多少。一般可以用农村社会养老保险支出占 GDP 总量的比重来衡量农村社会养老保险水平，那么在我国经济社会发展和政府财政能力预算线的约束下，我国能够实现的保障标准的最优取值范围是多少需要进一步研究和确认。

2）全覆盖

“全覆盖”就是要不断扩大农村社会养老保险的制度覆盖范围，为全体农村居民提供保障服务。实现“全覆盖”的制度目标，需要注意对农村居民的合理分类：根据农村居民的参保积极性分，要了解清楚哪些居民参保积极性较高，哪些参保积极性较低，较低的原因是什么；根据农村居民参保的条件分，要了解农村居民中哪些是有条件参加的，哪些是没有条件参加的，没有条件参加的原因是什么；协调自愿参加与养老保险强制性之间的关系。自愿参加只是农村社会养老保险试点阶段的做法，在制度发展过程中要转向强制性参加；农村社会养老保险制度的参数要灵活，以适应不同农村居民群体的需要。

3）有弹性

“有弹性”就是农村社会养老保险制度预设多套参数体系，农村居民在参加农村社会养老保险制度时可以自主选择制度预设的一组参数。“有弹性”充分考虑了农村居民经济收入状况的差异，实际上是一种分类别保障的方式，对于农村居民中的高收入者，允许他们选择缴费额较高的一组参数，未来的养老金待遇也较高；对于中等收入者和低收入者，允许他们选择与自身经济能力相适应的参数，适应各地经济发展的不平衡和农村居民收入水平差异相对较大的实际情况，不搞“一刀切”。

4）可持续

“可持续”就是要建立农村社会养老保险制度可持续发展的长效机制，既要保障当代人的福利和权益，又不能损害后代人的福利和权益，实现农村社会养老保险制度持续健康稳定运行。实现农村社会养老保险可持续发展，要把农村社会养老保险纳入经济社会发展规划，兼顾社会目标和经济目标、短期目标和长期目标；推进农村社会养老保险的立法进程，依法确立保障对象和内容、保障制度和模式、监管机制和手段；发挥国家的主导作用，逐步实现农村社会养老保险覆盖范围由窄到宽、筹资渠道由少到多、保障标准合理适度；保证农村社会养老保险基金安全和保值增值，切实加强基金征缴、筹集、管理、投资运营和监管。

7.2 产权关系

7.2.1 个人缴费部分产权关系

农村社会养老保险制度为每个参保人建立个人账户，个人缴费基金计入个人账户，并按年度结息，复利滚存累积，就其产权特征而言，个人缴费基金具有明确的私人产权关系，个人缴费基金归参保人所有。私人产权的排他性明确了个人对所属账户基金拥有终极财产所有权和受益权。

个人缴费基金以委托代理模式管理。即财产所有人作为委托人与作为代理人的农村社会养老保险基金管理机构签订委托合同，在合同中约定农村社会养老保险基金管理机构的权限和双方的权利义务，基金管理机构以代理人的名义管理个人缴费基金，个人缴费基金的所有权仍然归委托人，但是个人缴费基金的占有权却转交给基金管理机构。

在农村社会养老保险基金未进行保值增值运营时，个人缴费基金仅是占有权从参保人转移到基金管理机构；当农村社会养老保险基金开始进行保值增值运营时，个人缴费基金的产权关系更为复杂，涉及的当事人包括参保人、基金管理机构、基金公司。其中，参保人以第一委托人的角色，通过缴费将个人缴费基金委托给基金管理机构，基金管理机构以第一代理人兼第二委托人的身份，将个人缴费基金委托给第二代理人专业基金公司。其中，参保人享有终极所有权、受益权，第一代理人和第二代理人通过正常渠道获取一定比例的委托收益或者管理费、佣金等。这种委托代理关系见图 7-2。

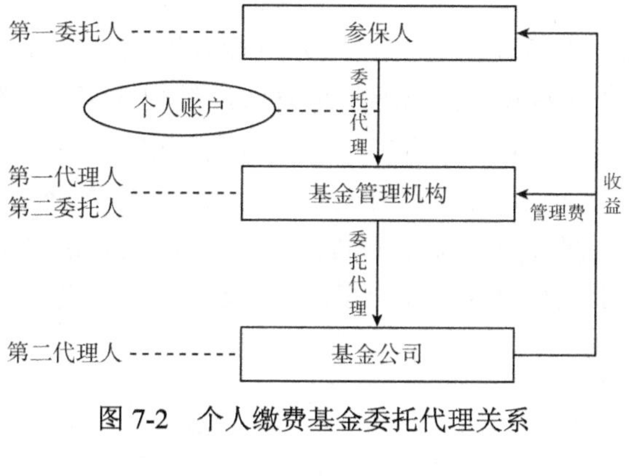

图 7-2 个人缴费基金委托代理关系

从理论上讲，作为个人缴费基金所有权者的参保人，可以自主选择财产代理人、投资方式和投资渠道。但是，在现实中，这种自主选择代理人的权力难以实现。这是因为：第一，参保人缴纳的农村社会养老保险基金按规定由基金管理机构统一管理。这种强制性使得基金管理机构不是通过所有者委托而是通过制度规定就获得了个人账户的财产占有权即控制权。第二，由所有者自主选择代理人对于个人的能力以及整个基金管理体制的要求很高。当前，我国市场投融资体系不健全、市场信息不对称，加上参保人个人能力等制约因素，参保人自主选择代理人的风险太大。

7.2.2 个人缴费补贴产权关系

农村社会养老保险制度是个人缴费、集体补助、政府补贴相结合的社会养老保险制度。农村社会养老保险制度鼓励有条件的村集体对参保人缴费给予补助，补助标准由村民委员会召开村民会议民主确定，鼓励其他经济组织、社会公益组织、个人为参保人缴费提供资助。地方政府对参保人缴费给予补贴，补贴标准不低于每人每年 30 元。集体补助及其他经济组织、社会公益组织、个人对参保人缴费的资助，地方政府对参保人的缴费补贴，称之为个人缴费补贴，全部记入个人账户。

从个人缴费补贴的产权特征来看，具有明显的公共物品性质和共有形式，其财产权归社会，收益人是所有参保人。由于社会和参保人均无法直接管理个人缴费补贴基金，因此建立个人缴费补贴基金的信托财产管理制度，是非常合适的。信托是一种特殊的财产管理制度和法律行为。《中华人民共和国信托法》把信托定义为，委托人基于对受托人的信任，将其财产权委托给受托人，由受托人按委托人的意愿以受托人的名义，为受益人的利益或者特定目的管理、处分财产的行为。当农村社会养老保险个人账户基金不用于保值增值运营时，个人缴费补贴基金的信托管理即纳税人作为信托委托人将个人缴费补贴基金信托给基金管理机构管理。当个人账户基金开始进行保值增值运营时，纳税人将个人缴费补贴基金信托给基金管理机构管理，基金管理机构将个人缴费补贴基金的所有权和占有权信托给受托人基金公司，基金公司作为信托受托人从个人缴费补贴基金的受益人——参保人的利益角度管理个人缴费补贴基金，这样，受托的个人缴费补贴基金资产转变为法律意义上的信托财产，即独立于委托人、受托人、受益人的资产，见图 7-3。

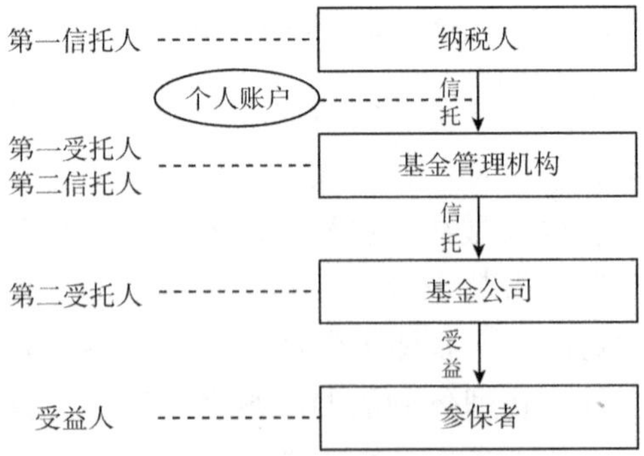

图 7-3　个人缴费补贴信托关系图

7.2.3　基础养老金的产权关系

农村社会养老保险基础养老金由政府全额提供。中央确定的基础养老金标准为每人每月 70 元，地方政府可以根据实际情况提高基础养老金标准，对于长期缴费的农村居民，可适当加发基础养老金，提高和加发部分的资金由地方政府支出。此时，不设社会统筹账户，基础养老金直接由政府财政拨付至农村居民手中，基础养老金经历一个产权由社会共有产权向养老金领取人私人产权转移的过程。

在农村社会养老保险目标模式中，建议建立农村社会养老保险社会统筹账户，在每年年初，按照当年的预算，由财政将基础养老金划拨至社会统筹账户。此时，社会统筹账户基金由社会共有信托至基金管理机构，基金管理机构将社会统筹账户结余基金信托给基金公司，基金公司获得的收益分配给养老金领取人，见图 7-4。

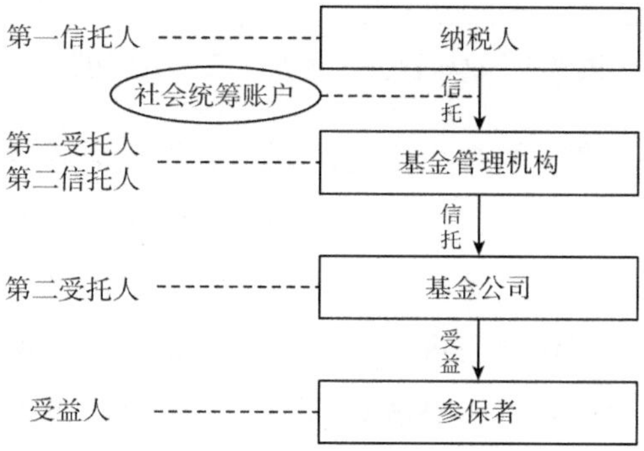

图 7-4　基础养老金信托关系图

7.3　管 理 体 制

7.3.1　管理机构与职责

借鉴企业职工基本养老保险制度收支两条线、管办分离、多方位监管的管理体制，农村社会养老保险制度目标模式为了避免经办人员操作过程中的基金挪用、贪腐等风险，应当采用收支两条线的管理办法，政策制定、基金征缴、基金发放分别由不同的部门管理，社保、财政、税务等部门参与，权力相互制衡。为了保证农村社会养老保险基金安全，应当建立多方位的基金监管体制，行政监督、社会监督、专业监督多管齐下，维持基金的安全运行。同时，为了规避农村社会养老保险基金的财务不可持续风险，应当建立起以省级为管理层次的基金投资运营体制。

1）农村社会养老保险制度政策制定管理机构与职责

农村社会养老保险政策制定主要由人力资源和社会保障部门负责，见图 7-5。

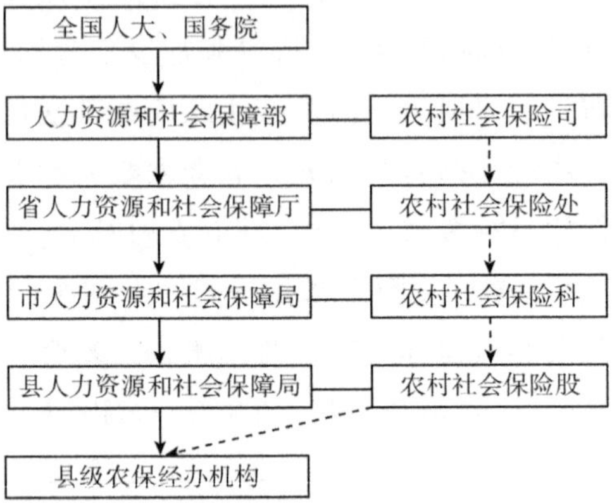

图 7-5　农村社会养老保险政策制定机构

全国人大作为全国最高的立法机构，制定农村社会养老保险制度的相关法律法规；国务院作为全国最高的行政机构，制定全国层面的农村社会养老保险制度指导意见或实施条例。人力资源和社会保障部负责拟定全国农村社会养老保险制度的发展规划、政策，制定部门规章，并组织实施和监督检查；组织拟订全国统一的农村社会养老保险关系转续办法和基础养老金全国统筹办法，并逐步提高基金统筹层次；会同有关部门拟订基金管理和监督制度，编制基金预决算草案，参与制定全国社会保障基金投资政策。人力资源和社会保障部农村社会保险司作为农村社会养老保险制度的主管司，具体拟定农村社会养老保险制度的政策、规划和标准。省级人力资源和社会保障厅负责贯彻实施国家人力资源和社会保障的农村社会养老保险政策法规，拟订全省农村社会养老保险事业发展规划、政策，起草全省农村社会养老保险法规规章草案，并组织实施和监督检查。省人力资源和社会保障厅农村社会保险处是全省农村社会养老保险制度的具体管理部门，拟订全省农村社会养老保险政策、规划和标准；会同有关方面拟订全省基金管理办法。市级人力资源和社会保障局贯彻落实人力资源和社会保障部、省级人力资源和社会保障厅的政策法规，拟定全市农村社会养老保险事业发展的规划和政策。市级人力资源和社会保障局农村社会保险科作为全市农村社会养老保险的主管科室，负责拟定全市农村社会养老保险政策、规划和标准。县级人力资源和社会保障局贯彻落实部、省、市的农村社会养老保险相关政策，制定本县农村社会养老保险制度的管理办法和实施方案，并指导经办机构的业务开展和组织实施。农村社会保险股作为县级农村社会养老保险业务的管理科室，负责具体拟定本县农村社会养老保险实施办法、基金管理办法等政策法规并组织实施。县级经办机构不是农村社会养老保险制度的管理部门而是业务经办部门，负责农村社会养老保险业务的具体组织实施。

2）农村社会养老保险制度的基金征缴管理机构与职责

目前，农村社会养老保险基金征缴和参保登记采用一体化的办理方式，这一方式的优点是节省业务办理机构的人力，缺点是可能存在基金管理不善的风险。根据国外的先进经验和国内其他社会养老保险制度的实践，建议采用基金征缴和参保登记相分离的管理体制，基金征缴由地方税务部门负责，经办机构仅负责业务登记等业务，不涉及基金，以保证基金的安全运行，见图 7-6。

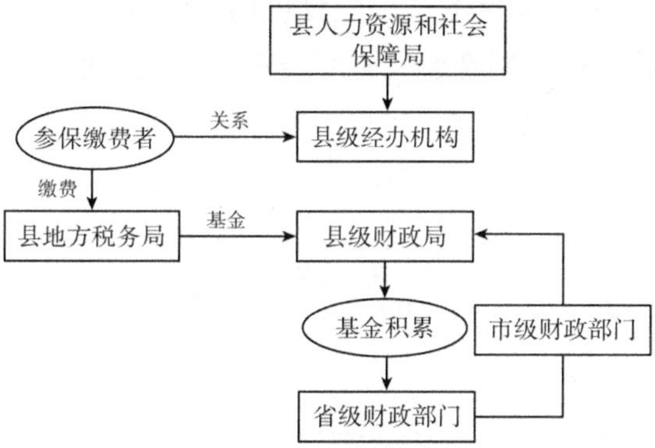

图 7-6　农村社会养老保险基金征缴机构

县地方税务局是农村社会养老保险基金的征缴机构，负责农村居民个人缴费的收缴；县级经办机构在县人力资源和社会保障局指导下，对参保人的基本信息进行登记，并记录参保人的缴费信息；县地方税务局征缴的基金转交县级财政局专户管理，县级财政局将基金的积累上缴省级财政部门；省级财政部门负责管理基金积累；省级财政部门、市级财政部门按照一定的比例对农村社会养老保险个人缴费予以补贴，并直接拨付至县级财政局。

3）农村社会养老保险制度的养老金发放管理机构与职责

农村社会养老保险待遇分为基础养老金和个人账户养老金两部分。待遇领取人员在县级经办机构办理养老金领取手续；财政部、省财政厅、市财政局将应当发放的基础养老金和个人账户养老金下发至县级财政局，由县级通过与之合作的金融机构，如农村信用合作社、邮政储蓄银行等，将养老金发放至待遇领取者手中，见图 7-7。

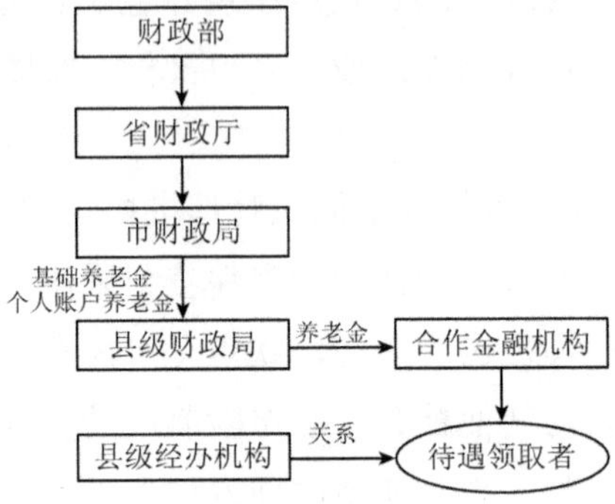

图 7-7　农村社会养老保险待遇发放机构

4）农村社会养老保险制度的基金监督机构与职责

由于农村社会养老保险制度建立时间较短，基金积累的规模较小，基金监督体系尚未健全。建议建立起社保、财政、审计等多部门参与，社会团体、专业机构共同组成的农村社会养老保险基金监督机构，见图 7-8。

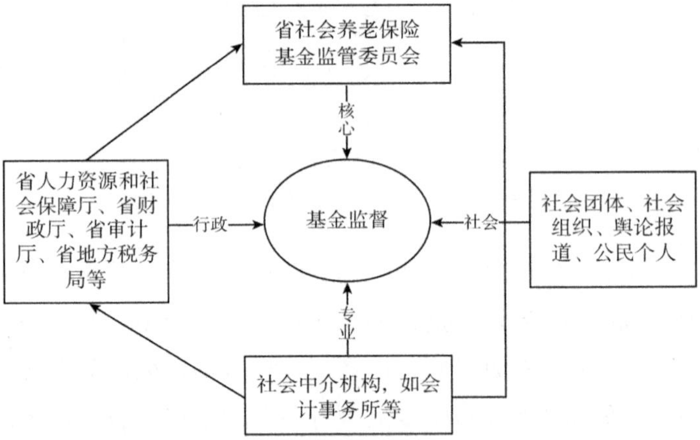

图 7-8　农村社会养老保险基金监督机构

省级社会养老保险基金监管委员会是基金监督的核心机构，负责全面的基金征缴、结余管理和待遇给付的监管；省人力资源和社会保障厅、省财政厅、省审计厅、省地方税务局等对各自负责的部分执行行政监督；社会中介机构在行政监督主体或基金监管委员会邀请下，参与特定的、专业的环节监管；社会团体、社会组织、舆论报道、公民个人等是独立于其他监管主体之外的社会监督力量。

5）农村社会养老保险制度的基金运营机构与职责

社会保障制度演进规律表明，农村社会养老保险制度的成熟期将出现财务不可持续性危机，为了规避农村社会养老保险制度的财务不可持续危机，建议建立基金运营机构，农村社会养老保险基金积累部分交由省级社会养老保险基金运营中心运营，省级社会养老保险基金运营中心属副厅级单位。省级社会养老保险基金运营中心的组织结构见图 7-9。

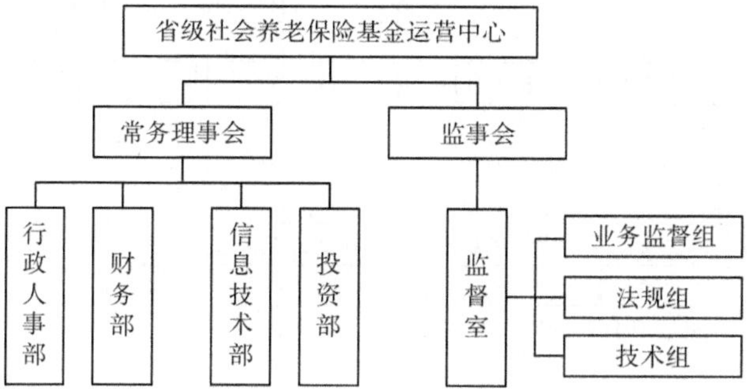

图 7-9　省级社会养老保险基金运营中心管理体制

省级社会养老保险基金运营中心下设常务理事会和监事会。常务理事会是基金运营中心的最高权力机构，由参保人代表、社保局相关领导、法律专业人士以及投资专家组成，其中，职工代表不得少于三分之一。常务理事会下设行政人事部、财务部、信息技术部、投资部。行政人事部负责协调、处理日常事务，拟定规章制度；承担文秘、档案、机要、安全保密工作；负责机关外事工作；起草综合性文稿，负责对外信息发布和新闻宣传工作；负责运营中心的人事、劳动工资、机构编制管理和培训工作。投资部负责提出基金资金投资运营策略建议，拟订投资计划和长期资产配置计划；开展直接投资业务；承办委托投资的有关工作，对委托资产运作情况进行监督和管理。财务部负责落实基金收入；按照投资方案安排、调度与划拨资金；负责基金会计核算，编制定期财务会计报告；监督、管理基金委托、资产托管业务；安全保管基金资产。信息技术部负责开展与基金发展相关的宏观性、综合性研究工作；省级社会养老保险基金运营中心的网络和信息技术设备的维护和硬件建设，与基金公司建立内网，随时监控所选基金公司的投资行为，一旦发现问题立刻中止投资行为。

监事会为内部监督部门。监事会下设监督室，监督室包括业务监督组、法规组、技术监督组。监事委员会的职责是负责运营中心日常工作的监督以及基金运营过程和结果的监督。具体职责包括：拟订风险管理办法并实施风险监控；负责基金整体绩效评估；承办有关的法律事务；开展基金资产的内部稽核，对基金管理业务工作中的违纪违规行为进行调查，并及时向理事会汇报。

综上所述，农村社会养老保险制度的管理机构见图 7-10。

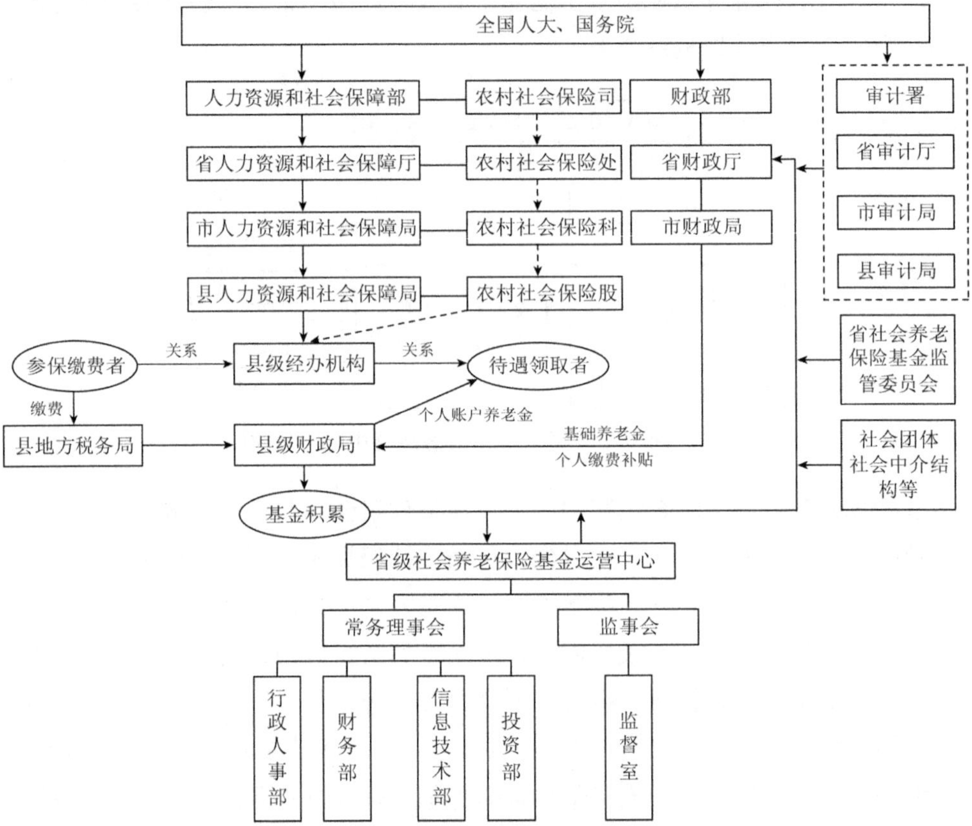

图 7-10　农村社会养老保险制度的管理架构

7.3.2　经办机构与职责

农村社会养老保险经办机构存在的主要问题，一是省级经办机构普遍缺失，二是县（区、市）级经办机构缺乏建设标准和业务流程操作规范。从农村社会养老保险制度业务办理的现状来看，建立和完善省、市、县、乡四级经办机构和村级服务站是非常必要的。省级和地市级经办机构主要提供业务指导，两者的组织结构基本一致；县、乡级经办机构开展具体的业务办理，村级服务站协助乡级经办机构办理业务。

1）省级和地市级农村社会养老保险经办机构

省级和地市级农村社会养老保险管理中心负责组织指导本地开展农村社会养老保险经办管理服务工作，协调财政资金及时划拨；依据《城乡居民社会养老保险经办规程》制定本地区业务经办管理办法；参与制定本地区农村社会养老保险基金管理办法、财务管理细则；制定本地区内控和稽核制度，开展内控和稽核工作；规范保险费的收缴、养老金的社会化发放和管理工作；编制、汇总、上报本级基金财务、会计和统计报表；组织开展人员培训等工作；参与信息化建设和管理工作。基于上述业务范围，本书设计的省级和地市级农村社会养老保险经办机构业务科室见图 7-11。

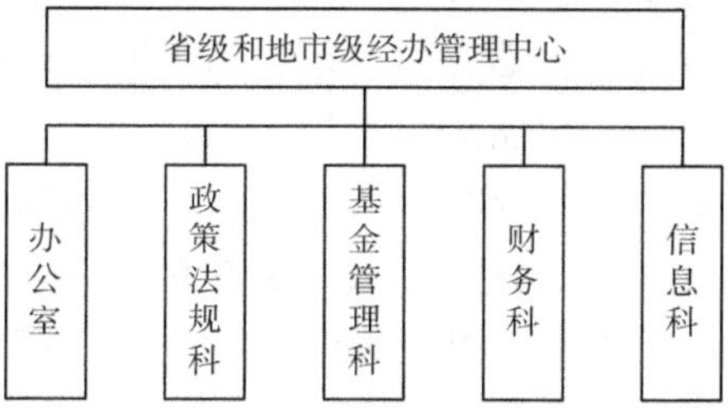

图 7-11　省级和地市级经办机构业务科室

省级和地市级农村社会养老保险管理中心属副厅级和副局级单位，负责本辖区农村社会养老保险业务经办工作。经办管理中心下设办公室、政策法规科、基金管理科、财务科、信息科。办公室负责组织开展人员培训、人事管理、协调财政资金及时划拨及其他综合业务；政策法规科负责制定本地区经办管理办法、基金管理办法、财务管理细则、内控和稽核制度；基金管理科负责开展内控和稽核工作、规范保险费的收缴、养老金的社会化发放和管理工作；财务科负责编制、汇总、上报本级基金财务、会计和统计报表；信息科负责信息化建设及信息收集工作。

2）县级农村社会养老保险经办机构

针对县级农村社会养老保险经办机构缺乏建设标准的现状，应当出台政策明确县级经办机构的性质，名称、组织结构、职责和权限，对各项经办业务的权责也应予以规定，见图 7-12。

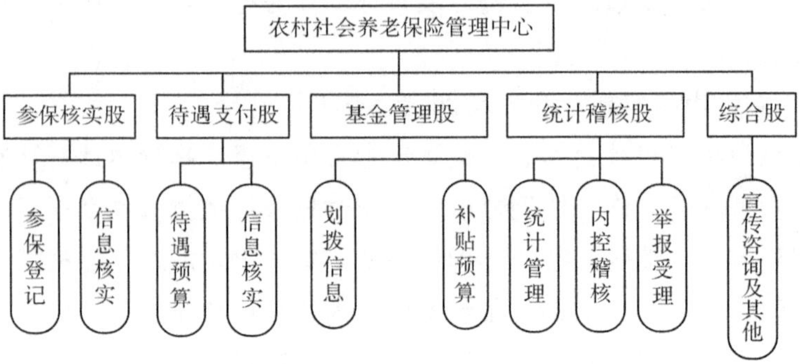

图 7-12　县级经办机构业务科室

县级农村社会养老保险管理中心属正科级单位，负责本县辖区内的农村社会养老保险业务办理工作。人力资源和社会保障局局长兼任农村社会养老保险管理中心主任，配备专职常务副主任。各县（区、市）经办中心可根据本县实际，至少设立参保核实、基金管理、待遇支付、统计信息四个业务股室，实现经办业务工作的规范化、常规化。参保核实股负责登记农村居民的参保信息并予以核实往年参保数据；待遇支付股负责编制待遇发放预算，并对需要发放待遇的农村居民开展信息核实；基金管理股负责预算个人缴费补贴，并核对上级农村社会养老保险下拨补贴与农村居民账户的对应性；统计稽核股负责统计管理、内控稽核和举报受理；综合股负责宣传咨询及其他事宜。

各地区为农村社会养老保险设立专门的乡（镇）经办服务所，专司农村社会养老保险各项业务。由乡（镇）人力资源和社会保障所所长兼任农村社会养老保险经办所所长，并配备专职副所长。乡（镇）农村社会养老保险经办所至少有参保信息、待遇支付、统计稽核三个室或专职业务员。其中参保信息专员负责登记农村居民的参保情况，待遇支付专员负责核对农村居民的待遇领取信息，统计稽核专员负责本乡镇的农村社会养老保险信息、内控和举报受理工作。

每个行政村应至少配备一名专职农村社会养老保险业务经办员，同时由村干部对农村社会养老保险的各项业务进行宣传和引导办理。

7.3.3　管理与经办机构的关系

农村社会养老保险制度管理机构与经办机构按照管办分离的原则开展农村社会养老保险管理工作。农村社会养老保险管理机构是经办机构的领导和指导部门，经办机构具体落实管理机构制定的各项政策或下达的各项任务。

农村社会养老保险制度的管理体制见图 7-13。

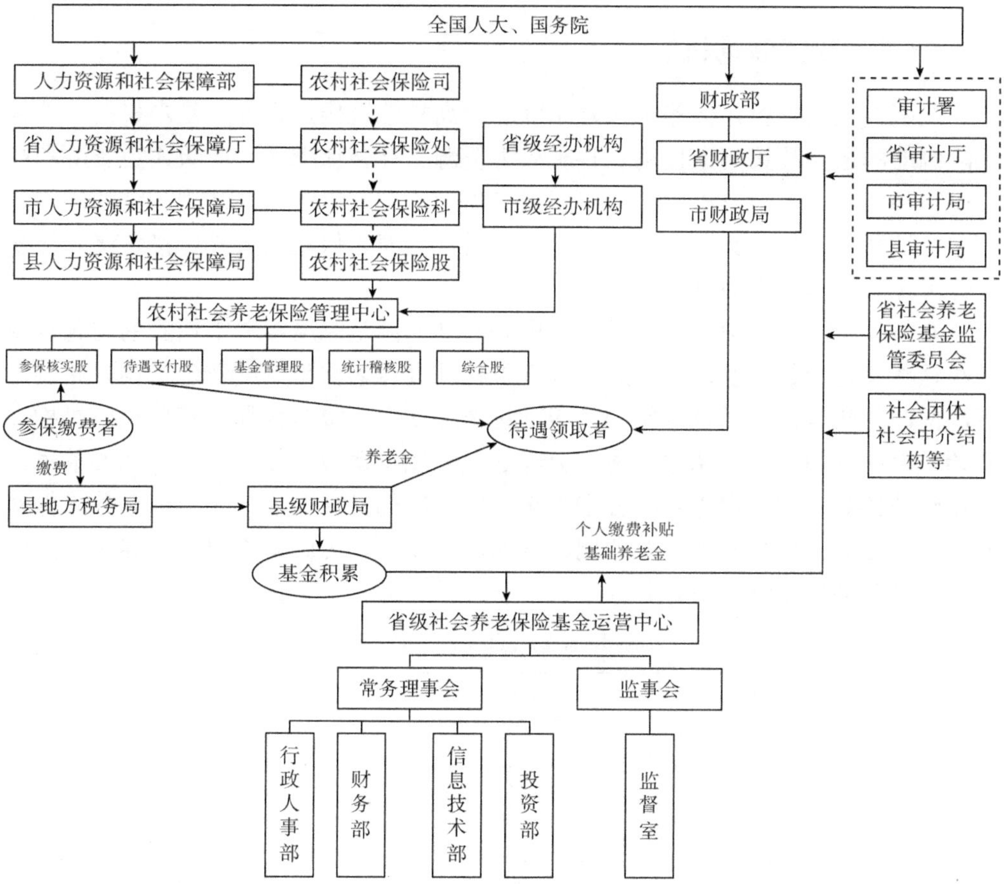

图 7-13　农村社会养老保险制度的管理体制

7.4　运 行 机 制

农村社会养老保险制度目标模式的运行原理是：第一，农村社会养老保险制度管理体制内的机构各司其职，有序联动。第二，在管理体制系统外各类信号刺激和政策激励下，形成动力源，通过一系列部门间的动力传递，推动管理体制系统的运动，实现农村社会养老保险制度的目标。第三，在法制约束下，通过管理系统体制内外信息反馈、监督检察，约束相关机构和个人的行为，实现管理体制系统内的各个机构和个人之间的权力制衡、行为协调。按照这样的运行原理，农村社会养老保险制度的运行机制主要有政策联动机制、基金流动机制、投资运营机制和激励约束机制。

7.4.1　政策联动机制

全国人大是农村社会养老保险制度的最高立法机构，国务院是农村社会养老保险制度的最高政策制定机构。省级人力资源和社会保障厅、市级人力资源和社会保障局、县级人力资源和社会保障局在贯彻落实上级下达的法规政策的同时，制定本辖区的实施方案、政策、标准。农村社会养老保险政策是连接各级农村社会养老保险管理机构的信息流。

农村社会养老保险制度政策联动机制的动力源是制度实践中遇到的问题以及解决这些问题的紧迫性，基于此，各级农村社会养老保险制度管理机构开始制定解决问题的政策，并通过政策的各级下达传递动力，政策传导至基层经办机构，开始发挥政策的作用，调整农村社会养老保险制度建设中相关利益主体的关系，优化管理体制，进而促进农村社会养老保险制度的良性发展。农村社会养老保险制度建设过程中还会出现新的问题，进而成为新的动力源。农村社会养老保险制度的政策联动机制见图 7-14。

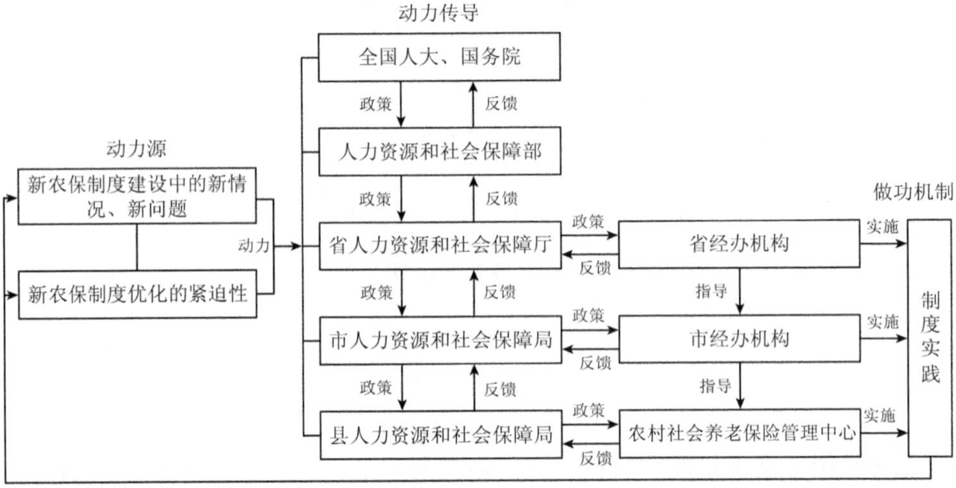

图 7-14　农村社会养老保险制度的政策联动机制

在农村社会养老保险制度出现新情况、新问题之后，制度优化的紧迫性促使全国人大、国务院和各级人力资源和社会保障部门开始进行政策改革，且上级指定的相关政策会下达至下一级执行，下一级将执行情况反馈给上一级；同时，同级的人力资源和社会保障管理部门将农村社会养老保险政策下达给同级经办机构，经办机构将农村社会养老保险制度建设情况反馈给同级人力资源和社会保障管理部门；农村社会养老保险经办机构具体落实政策，开展制度建设实践；在农村社会养老保险制度建设实践过程中还会出现新的情况和新的问题，进而再次通过动力源、动力传导、做功机制，改进农村社会养老保险制度建设实践。

7.4.2　基金流动机制

农村社会养老保险制度采用收支两条线的管理模式。农村社会养老保险基金是联系各管理主体的信息流。将参保人缴费和老年居民待遇领取作为农村社会养老保险基金流动机制的动力源，那么基金在地税部门、财政部门、基金运营部门的流动链条是动力传导过程，农村社会养老保险基金的收益和待遇发放环节则是制度的做功过程，见图 7-15。

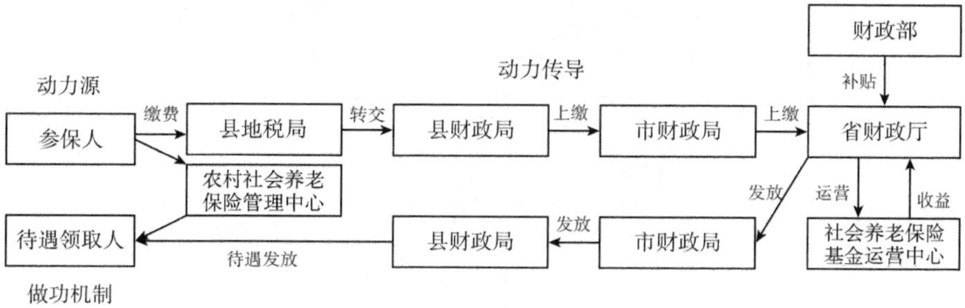

图 7-15　农村社会养老保险制度的基金流动机制

在图 7-15 中，参保人的个人缴费在农村社会养老保险管理中心登记，将费用交至县地税局，县地税局将缴费转交县财政局，之后逐级上交至省财政厅，省财政厅委托社会养老保险基金运营中心对基金进行投资运营，社会养老保险基金运营中心将基金运营收益返回财政厅。在农村社会养老保险待遇发放过程中，财政部下发基础养老金补贴，省级、市级、县级财政部门逐步落实各自的财政责任，农村社会养老保险待遇领取人在农村社会养老保险管理中心登记、审批，由县财政局将养老金发放至待遇领取人手中。

7.4.3　投资运营机制

农村社会养老保险基金的投资运营机制主要存在于社会养老保险基金运营中心。农村社会养老保险基金保值增值运营机制是一个“反馈式”的自组织，即在不存在外部指令的前提下，各部门按照相互默契的某种规则，各尽其责而又协调自动地形成有序结构，从而实现农村社会养老保险基金的保值增值，如图 7-16 所示。

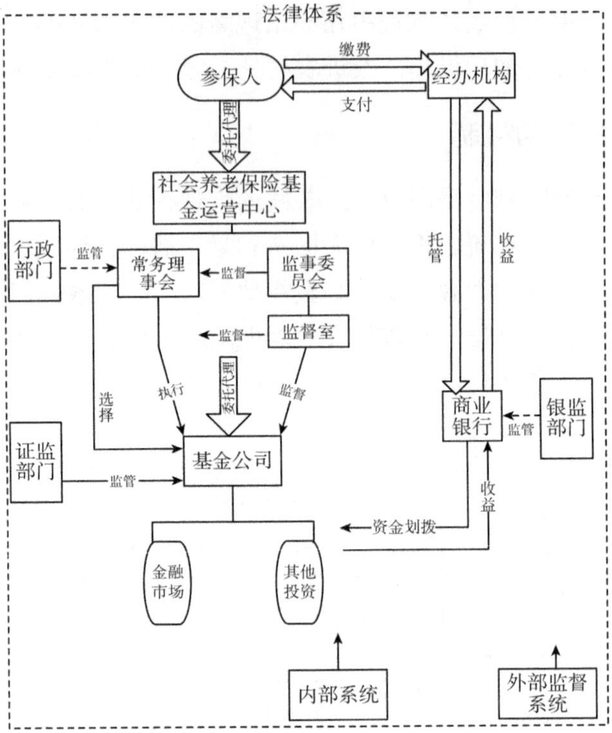

图 7-16　农村社会养老保险基金投资运营机制

（1）参保人（第一委托人）通过委托关系，将农村社会养老保险基金委托给作为第一代理人的社会养老保险基金运营中心，社会养老保险基金运营中心应向参保人反馈基金财务状况等信息。

（2）作为第二委托人，社会养老保险基金运营中心负责选择具体的专业基金公司和托管人。基金公司按照社会养老保险基金运营中心的决策，通过作为托管人的商业银行，进行具体投资运营，包括制定投资方向、投资比例等，并接受社会养老保险基金运营中心、商业银行的监督；托管人接受社会养老保险基金运营中心委托保管资产并执行监管职能，整个过程可以有效避免基金公司损害委托人利益。

（3）在整个运营过程中，农村社会养老保险基金可以充分利用外部监督资源，即外部现有的监督机构会自动发生作用：社会保险行政管理部门对社会养老保险基金运营中心的决策及其他工作进行监管、证监部门对基金公司的操作进行监管、银监会对商业银行的托管业务进行监管，从而形成有效的外部监督机制。

（4）通过运营，基金公司尽可能实现社会养老保险基金运营中心所提出的运营目标。社会养老保险基金运营中心从受托基金财产中提取管理费，向托管人、投资管理人列支托管费、投资管理费，向账户管理人支付账户管理费，将剩余的收益支付给受益人。

（5）参保人、社会养老保险基金运营中心、基金公司、托管银行、银监部门、证监部门、社会保险行政管理部门都要依法行使自己的权利和义务。

通过以上环节与内外部机构、部门之间的相互作用、相互制约，养老保险保值增值运营最终达到从无序到有序的自组织状态。

7.4.4　激励约束机制

充分发挥参保人和管理人员、经办人员的积极性、创造性是农村社会养老保险制度成功推进的必要条件。对于农村社会养老保险制度参保人的激励机制主要体现在个人缴费补贴和基础养老金两个方面。农村社会养老保险制度根据个人缴费档次给予缴费补贴，且多缴多补；对于达到领取养老金条件者，发放农村社会养老保险基础养老金，基础养老金由政府财政全额拨付。农村社会养老保险制度中针对管理人员、经办人员除了规定支付的正常管理费和工资之外，还应当包含根据部门运行绩效、个人贡献按比例或者实行年薪制等内容；设定与部门运行绩效、个人贡献相联系的职级提升、社会地位、社会声誉相关的非物质奖励办法。

农村社会养老保险制度对于农村居民的约束机制在于对冒领、虚报信息的经济处罚和刑事处罚。农村社会养老保险制度对管理人员和经办人员的约束体现在内部约束和外部约束两个方面。内部约束一是关于决策、决策程序、风险防范等责任、权力、利益的监督、考核、奖惩和过错责任制度、办法；外部约束是指四位一体的监督机制，即社会养老保险基金监管委员会、审计局等部门的行政监督、社会团体等的社会监督、专业机构的专业监督等相结合。

7.5　法 制 保 障

7.5.1　立法与司法

在农村社会养老保险制度全国普遍实施时期，只有建立起完善的法制保障体系，才能保证农村社会养老保险制度的可持续发展。目前，我国尚未出台专门规范农村社会养老保险的法律法规，只是在一些相关法律法规中作出零散的规定。随着农村社会养老保险建设进程的不断加快，《社会保险法》指导意见的局限性日益显现，农村社会养老保险立法的必要性日益强烈。

农村社会养老保险制度立法有三种路径：一是由人力资源和社会保障部出台

《农村社会养老保险规定》，在该规定中对农村社会养老保险制度的保障范围、基金筹集、待遇支付、基金管理、经办服务等问题予以规定，为制度实施提供法律上的支持。二是国务院出台《农村社会养老保险条例》，作为已经颁布的《社会保险法》的配套法规，对农村社会养老保险制度的保障范围、基金筹集、待遇支付、基金管理、经办服务等问题作出比较具体的规定。三是由全国人大立法，制定《农村社会养老保险法》，对农村社会养老保险制度的各项规定用法律的形式予以明确。较为可行的办法是由国务院出台《农村社会养老保险条例》，作为农村社会养老保险制度建设的依据，这样既具备指导农村社会养老保险制度建设的权威性，又能保证法规出台的及时性。

农村社会养老保险制度司法应当采取的措施主要有：第一，开展法制教育，普法宣传进农村。通过举办法制讲座、张贴标语、发放传单、以案释法等形式，深入到乡、村、农户家、田间地头，积极宣传农村社会养老保险法律法规，为农村居民提供法律咨询服务。第二，强化调节机制，化解矛盾。对涉及农民切身利益的案件，积极主动争取乡村调解干部的配合，形成调解合力，尽力做好当事人的思想疏导，耐心细致地做好法律释明工作，促使当事人在自愿、合法的基础上达成调解协议。第三，树立效率意识，快速办理案件。对涉农案件多运用简易程序审理，做到快立、快审、快结、快执，努力提高审判效率，及时解决问题。第四，开展司法服务关怀活动。通过建立导诉制度、诉讼风险告知制度、繁简分流制度和小额诉讼速裁制度等，努力实现诉讼便民化、快捷化。对符合救助条件的当事人给予司法救助，维护当事人的合法权益。

7.5.2　执法与守法

只有从知识结构和思想素质方面加强农村社会养老保险执法队伍建设，才能贯彻依法执法、科学执法的原则。同时，我国也应明确执法的部门权限，改革执法体制。我国目前对于农村社会养老保险违法现象的执法实行的是多部门、多层次的执法体制，造成了部门权限不明确，执法推诿现象。因此，要通过立法规定农村社会养老保险制度的行政主管部门拥有的权利，明确部门权限，改革执法体制，这将有利于解决执法部门不认真履行职责、给违法者开绿灯等问题。

对农村居民实施农村社会养老保险法制知识、法制问题等方面的教育，能够促进公众守法意识的形成。因此，大力加强守法教育，有着十分重要的意义。针对“违法成本低于守法成本”现象，我国应加大农村社会养老保险违法的管制力度，对违法者的处罚要从重从严，这样才能约束个人和政府违法行为。国家应当赋予执法部门行政强制手段，落实对农村社会养老保险违法者的制裁。

7.5.3　法律监督

法律监督有广、狭两种理解。狭义的法律监督是指有关国家机关依照法定职权和程序，对立法、执法和司法活动的合法性进行的监察和督促；广义的法律监督是指由所有的国家机关、社会组织和公民对各种法律活动的合法性所进行的监察和督促。建立健全农村社会养老保险法律监督机制，确保农村社会养老保险基金的收缴、支付、运营的规范，本书构建的农村社会养老保险法律监督体系见图 7-17。

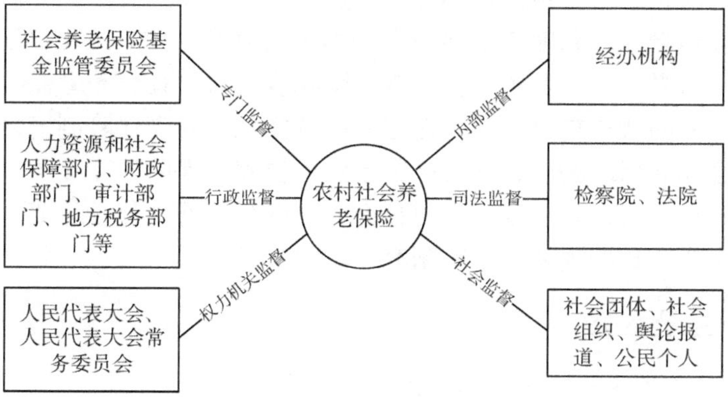

图 7-17　农村社会养老保险制度法律监督体系

农村社会养老保险制度由社会养老保险基金监管委员会实施专门监督；人力资源和社会保障部门、财政部门、审计部门、地方税务部门等实行行政监督；人民代表大会、人民代表大会常务委员会实行权力机关监督；农村社会养老保险经办机构进行内部监督；检察院和法院开展司法监督；社会团体、社会组织、舆论报道、公民个人开展社会监督。

7.6　政 策 框 架

7.6.1　政策目标

农村社会养老保险制度建设的首要目标是保障农村居民的基本生活需求，实现作为一种养老保险制度的基本目标。同时，农村社会养老保险制度建设过程中要尽可能的规避制度建设中的风险、符合国家政策的发展趋势，并能够建立起维持制度财务可持续发展的长效机制。具体而言，农村社会养老保险制度建设的目标是：

（1）保障老年农村居民的基本生活。农村社会养老保险制度建设的目标之一是防范农村居民因年老丧失劳动能力而产生的生活困难风险，保障农村老年居民的基本生活。农村社会养老保险制度的养老金有个人账户养老金和基础养老金，个人账户养老金与基础养老金之和能够保障老年农村居民的基本生活就达到了制度建设的首要目标。

（2）规避农村社会养老保险制度建设进程中的主要风险。在社会保障制度演进规律指导下，明确了农村社会养老保险制度诞生期扩大制度覆盖面的约束条件、成长期的养老金公平失衡风险、成熟期的财务不可持续性风险。农村社会养老保险制度建设过程中，要尽可能的在政策设计环节规避这些风险。

（3）符合国家关于社会保障制度的中长期规划。按照我国社会保障制度建设的趋势，社会养老保险制度将走向城乡一体化的道路。目前，我国社会养老保险制度建设的重点是建立起各类社会养老保险制度，农村社会养老保险制度的健全和完善就是当前的战略重点之一。在建立起各类社会养老保险制度之后，要推进城乡居民社会养老保险制度、开展机关事业单位养老保险制度改革，最终推进城乡一体化的社会养老保险制度。农村社会养老保险政策框架设计要符合国家关于社会保障制度的中长期规划，预留制度并轨的接口。

7.6.2　主要参数

1）农村社会养老保险的主要参数

农村社会养老保险个人账户基金筹集的主要参数包括缴费标准、缴费年限、个人账户记账利率等；养老金发放的主要参数包括月除数、领取养老金的年龄、基础养老金标准等。根据研究需要，农村社会养老保险基金筹集与养老金发放的主要参数见表 7-1。

表 7-1　农村社会养老保险基金筹集与养老金发放的主要参数

分类	参数	符号	当前参数值
基金筹集	参保年龄	a	年满 16 周岁
	参保年限	h	15 年
	利率	r	一年期存款利率
	年个人缴费额	GR	100～2000 元 12 个档次
	年集体补助额	JT	有条件的村集体应当给予缴费补助
	年政府补贴额	ZF	不低于 30 元/（人·年），选择较高档次可适当鼓励
养老金发放	开始领取养老金的年龄	b	60 周岁
	基础养老金调整系数	m	根据经济发展和物价变动等，适时调整
	基础养老金发放金额	JC	70 元/（人·月），地方政府可适当提高标准
	计发月数	n	139

改进农村社会养老保险基金筹集与养老金发放主要参数的目的是，形成基金筹集、养老金发放与经济发展水平、农村居民基本生活需求相适应的联动机制，

尽可能使农村社会养老保险养老金最大限度地满足农村居民的基本生活需求。

2）模型推导

设：W_i 为 i 岁农村居民人均纯收入；s 为农村居民的年储蓄率；R 为个人账户年入账额；g_{y1} 为个人因素引起的年纯收入的增长率；g_{y2} 为社会因素引起的年纯收入的增长率；g'_{y1} 为个人因素引起的筹集标准的增长率；g'_{y2} 为社会因素引起的筹集标准的增长率；L 为分年龄的农村人口数；e_b 为 b 岁人口的平均余命；ω 为极限年龄；q 为农村分年龄人口的死亡率；F_1 为参保者个人缴费期和领取期总的基本生活需求；F_2 为基期缴费期和领取期所有农村居民的基本生活需求。

参保者个人在缴费期的总消费额 $C_{p,1}$ 为人均纯收入扣除自我储蓄和缴纳保费后剩余部分，即为：

$$
\begin{aligned}
C_{p,1} &= \sum_{i=a}^{a+h}\left[(1-s)W_{i,t+i-a}(1+r)^{a-i} - R_{i,i-a}(1+r)^{a-i}\right] \\
&= \sum_{i=a}^{a+h}\left[(1-s)W_{a,0}(1+g_{y1})^{i-a}(1+g_{y2})^{t+i-a}(1+r)^{a-i} - R(1+g'_{y1})^{i-a}(1+g'_{y2})^{t+i-a}(1+r)^{a-i}\right]
\end{aligned} \tag{7-1}
$$

参保者个人在养老金领取期的资金来源，一是缴费期缴纳的保费，二是缴费期的自我储蓄积累。由此，参保者个人在养老金领取期的总消费额 $C_{p,2}$ 为：

$$
\begin{aligned}
C_{p,2} &= \sum_{i=a}^{a+h} sW_{i,t+i-a}(1+r)^{a-i} + \sum_{j=b}^{e_b+b}\frac{\sum_{i=a}^{a+h} R_{i,t+i-a}(1+r)^{b-i}}{n}\times 12(1+m)^{j-b}(1+r)^{a-j} \\
&= \sum_{i=a}^{a+h} sW_{a,0}(1+g_{y1})^{i-a}(1+g_{y2})^{t+i-a}(1+r)^{a-i} \\
&\quad + \sum_{j=b}^{e_b+b}\frac{\sum_{i=a}^{a+h} R(1+g'_{y1})^{i-a}(1+g'_{y2})^{t+i-a}(1+r)^{b-i}}{n}\times 12(1+m)^{j-b}(1+r)^{a-j}
\end{aligned} \tag{7-2}
$$

由式（7-1）、式（7-2）可得：

$$
\begin{aligned}
F_1 &= F(C_{p,1}) + F(C_{p,2}) \\
&= F\left(\sum_{i=a}^{a+h}\left[(1-s)W_{a,0}(1+g_{y1})^{i-a}(1+g_{y2})^{t+i-a}(1+r)^{a-i} - R(1+g'_{y1})^{i-a}(1+g'_{y2})^{t+i-a}(1+r)^{a-i}\right]\right) \\
&\quad + F\left(\begin{aligned}&\sum_{i=a}^{a+h} sW_{a,0}(1+g_{y1})^{i-a}(1+g_{y2})^{t+i-a}(1+r)^{a-i} \\ &+ \sum_{j=b}^{e_b+b}\frac{\sum_{i=a}^{a+h} R(1+g'_{y1})^{i-a}(1+g'_{y2})^{t+i-a}(1+r)^{b-i}}{n}\times 12(1+m)^{j-b}(1+r)^{a-j}\end{aligned}\right)
\end{aligned} \tag{7-3}
$$

当前缴费一代的总消费额 $C_{s,1}$ 为收入扣除自我储蓄部分和缴纳的养老保险保费部分，即：

$$
\begin{aligned}
C_{s,1} &= \sum_{i=a}^{b-1}\left[(1-s)W_{i,t}L(i+1,t)-R_{i,t}L(i+1,t)\right] \\
&= \sum_{i=a}^{b-1}\left[(1-s)W_{a,t}(1+g_{y1})^{i-a}L(i+1,t)-R(1+g'_{y1})^{i-a}L(i+1,t)\right]
\end{aligned} \tag{7-4}
$$

基期领取养老金的一代人的收入来源包括缴费期的自我储蓄和领取的养老金两部分。对于领取养老金时间超过规定的计发月数的农村居民，养老金发放标准为：

$$
Q=\frac{\sum_{i=a}^{a+h}R_{i,t+i-a}(1+r)^{b-i}}{n}=\frac{\sum_{i=a}^{a+h}R(1+g'_{y1})^{i-a}(1+g'_{y2})^{t+i-a}(1+r)^{b-i}}{n} \tag{7-5}
$$

对于在计发月数期限内，达到养老金领取年龄后 j 岁死亡的参保者，养老金返还额为：

$$
(n-(j-b)\times 12)\frac{\sum_{i=a}^{a+h}R(1+g'_{y1})^{i-a}(1+g'_{y2})^{t+i-a}(1+r)^{b-i}}{n} \tag{7-6}
$$

由式（7-5）、式（7-6）得：

$$
\begin{aligned}
C_{s,2} &= \sum_{j=b}^{w}\sum_{i=a}^{a+h}sW_{i,t-(b-i)}(1+r)^{b-i}L(j+1,t)\frac{w-j}{w-b}+\sum_{j=b}^{w}\frac{\sum_{i=a}^{a+h}R_{i,t-(b-i)}(1+r)^{b-i}}{n}\times 12(1+m)^{j-b}L(j+1,t)\frac{w-j}{w-b} \\
&\quad +\sum_{j=b}^{b+e_b}(n-(j-b)\times 12)\frac{\sum_{i=a}^{a+h}R_{i,t-(b-i)}(1+r)^{b-i}}{n}(1+m)^{j-b}L(j+1,t-1)q(j)\frac{b+e_b-j}{e_b} \\
&= \sum_{j=b}^{w}\sum_{i=a}^{a+h}\frac{sW_{a,0}(1+g_{y1})^{i-a}(1+g_{y2})^{t+i-a}}{(1+g_{y2})^{b-a}}(1+r)^{b-i}L(j+1,t)\frac{w-j}{w-b} \\
&\quad +\sum_{j=b}^{w}\frac{\sum_{i=a}^{a+h}R(1+g'_{y1})^{i-a}(1+g'_{y2})^{t+i-a}(1+r)^{b-i}}{(1+g'_{y2})^{b-a}n}\times 12(1+m)^{j-b}L(j+1,t)\frac{w-j}{w-b} \\
&\quad +\sum_{j=b}^{b+e_b}(n-(j-b)\times 12)\frac{\sum_{i=a}^{a+h}R(1+g'_{y1})^{i-a}(1+g'_{y2})^{t+i-a}(1+r)^{b-i}}{(1+g'_{y2})^{b-a}n}(1+m)^{j-b}L(j+1,t-1)q(j)\frac{b+e_b-j}{e_b}
\end{aligned} \tag{7-7}
$$

由式（7-4）、式（7-7）可知，当前领取养老金的一代和缴费一代的总的基本

生活需求 F_2 为：

$$
\begin{aligned}
F_2 &= F(C_{s,1}) + F(C_{s,2}) \\
&= F\left(\sum_{i=a}^{b-1}\left[(1-s)W_{a,t}(1+g_{y1})^{i-a}L(i+1,t) - R(1+g'_{y1})^{i-a}L(i+1,t)\right]\right) \\
&+F\left(\begin{array}{l}
\displaystyle\sum_{j=b}^{w}\sum_{i=a}^{a+h}\frac{sW_{a,0}(1+g_{y1})^{i-a}(1+g_{y2})^{t+i-a}}{(1+g_{y2})^{b-a}}(1+r)^{b-i}L(j+1,t)\frac{w-j}{w-b} \\
\displaystyle+\sum_{j=b}^{w}\frac{\sum_{i=a}^{a+h}R(1+g'_{y1})^{i-a}(1+g'_{y2})^{t+i-a}(1+r)^{b-i}}{(1+g'_{y2})^{b-a}n}\times 12(1+m)^{j-b}L(j+1,t)\frac{w-j}{w-b} \\
\displaystyle+\sum_{j=b}^{b+e_b}(n-(j-b)\times 12)\frac{\sum_{i=a}^{a+h}R(1+g'_{y1})^{i-a}(1+g'_{y2})^{t+i-a}(1+r)^{b-i}}{(1+g'_{y2})^{b-a}n}-(1+m)^{j-b}L(j+1,t-1)q(j)\frac{b+e_b-j}{e_b}
\end{array}\right)
\end{aligned}
\tag{7-8}
$$

构建动态均衡模型：

$$
\begin{cases}
\text{Max}(F_1) = \text{Max}F(C_{p,1}) + F(C_{p,2}) \\
\text{Max}(F_2) = \text{Max}(F(C_{s,1}) + F(C_{s,2}))
\end{cases}
\tag{7-9}
$$

基本生活需求可以用该时期消费对象的价格总量的对数形式来表示。求式（7-9）最优化解，得当期个人账户应入账额 R^*：

$$
R^* = \frac{H_5H_6H_1 - H_1H_4H_7}{(H_2+H_3)(H_5H_6+H_4H_7) - 4H_1H_5H_7}
\tag{7-10}
$$

其中：

$$
H_1 = \sum_{i=a}^{a+h} W_{a,0}(1+g_{y1})^{i-a}(1+g_{y2})^{t+i-a}(1+r)^{a-i}
\tag{7-11}
$$

$$
H_2 = \sum_{i=a}^{a+h}(1+g'_{y1})^{i-a}(1+g'_{y2})^{t+i-a}(1+r)^{a-i}
\tag{7-12}
$$

$$
H_3 = \sum_{j=b}^{e_b+b}\frac{\sum_{i=a}^{a+h}(1+g'_{y1})^{i-a}(1+g'_{y2})^{t+i-a}(1+r)^{b-i}}{n}\times 12(1+m)^{j-b}(1+r)^{a-j}
\tag{7-13}
$$

$$
H_4 = \sum_{i=a}^{b} W_{a,0}(1+g_{y1})^{i-a}(1+g_{y2})^{t-1}L(i+1,t)
\tag{7-14}
$$

$$
H_5 = \sum_{i=a}^{b-1}(1+g'_{y1})^{i-a}(1+g'_{y2})^{t-1}L(i+1,t)
\tag{7-15}
$$

$$H_6=\sum_{j=b}^{b+e_b}\sum_{i=a}^{a+h}\frac{W_{a,0}(1+g_{y1})^{i-a}(1+g_{y2})^{t+i-a}}{(1+g_{y2})^{b-a}}(1+r)^{b-i}L(j+1,t)\frac{w-j}{w-b} \quad (7\text{-}16)$$

$$H_7=\sum_{j=b}^{w}\frac{\sum_{i=a}^{a+h}(1+g'_{y1})^{i-a}(1+g'_{y2})^{t+i-a}(1+r)^{b-i}}{(1+g'_{y2})^{b-a}n}12(1+m)^{j-b}L(j+1,t)\frac{w-j}{w-b}$$
$$+\sum_{j=b}^{b+e_b}(n-(j-b)\times 12)\frac{\sum_{i=a}^{a+h}(1+g'_{y1})^{i-a}(1+g'_{y2})^{t+i-a}(1+r)^{b-i}}{(1+g'_{y2})^{b-a}n}(1+m)^{j-b}L(j+1,t-1)q(j)\frac{b+e_b-j}{e_b}$$
（7-17）

根据农村社会养老保险基金筹集主要参数的测算模型，计算出养老金的发放标准：

$$Q^*=\frac{\sum_{i=a}^{a+h}\frac{H_5H_6H_1-H_1H_4H_7}{(H_2+H_3)(H_5H_6+H_4H_7)-4H_1H_5H_7}(1+g'_{y1})^{i-a}(1+g_{y2})^{t+i-a}(1+r)^{b-i}}{n} \quad (7\text{-}18)$$

3）参数设定

（1）目标区间、开始缴费年龄 a、开始领取养老金年龄 b、个人账户记账利率 r、养老金年调整率 m、缴费年限 h，个人因素、社会因素引起的农村居民人均纯收入的年调整率 g_{y1}、g_{y2}，农村居民人均纯收入 $W_{a,0}$ 参见 5.2.3 节和 5.3.3 节。

（2）计发月数 n。根据 2000 年全国农村分性别分年龄人口生命表，可得平均余命 $e_b=e_{60}=\frac{1}{l_{60}}(l_{61}+l_{62}+\cdots+l_{89})+\frac{1}{2}=12.79$。对计发月数取整数，即 $n=12.79\times 12\approx 153$。

（3）个人、政府、集体筹资比例。调查数据显示，农村居民期望养老金为 394.5 元/月，以此为标准，基期缴费额应为 89.11 元/月，而农村居民期望缴费额为 62.64 元/月，两者之比约为 10∶7，结合实地调研中集体经济对农村社会养老保险缴费支持力度较弱的现状，设定个人、政府、集体比较合理的筹资比例为 70%∶25%∶5%。

4）测算结果

根据社会调查结果，农村居民的缴费档次集中在 100 元、200 元、300 元、400 元、500 元五个档次，本书仅测算这五个档次的个人账户基金筹集标准。根据式（7-10）、式（7-18）以及参数设定的结果，计算得到表 7-2。

表 7-2　个人账户基金筹集标准

年份	个人缴费					政府补贴+集体补助				
	档次 1	档次 2	档次 3	档次 4	档次 5	档次 1	档次 2	档次 3	档次 4	档次 5
2016	178.61	397.49	885.86	1706.33	3970.20	63.79 +12.76	141.96 +28.39	316.38 +63.28	609.40 +121.88	1417.93 +283.59
2017	192.77	429.21	956.56	1842.52	4287.08	68.85 +13.77	153.29 +30.66	341.63 +68.33	658.04 +131.61	1531.10 +306.22
2018	208.05	463.47	1032.91	1989.58	4629.24	74.30 +14.86	165.53 +33.11	368.90 +73.78	710.56 +142.11	1653.30 +330.66
2019	224.50	500.59	1115.63	2148.91	4999.97	80.18 +16.04	178.78 +35.76	398.44 +79.69	767.47 +153.49	1785.70 +357.14
2020	242.32	540.45	1204.47	2320.04	5398.14	86.54 +17.31	193.02 +38.60	430.17 +86.03	828.58 +165.72	1927.91 +385.58

表 7-2 中农村社会养老保险个人账户基金筹集标准逐年略有增加。个人缴费部分的五个档次由农村居民自由选择；政府补贴和集体补助部分应该与个人缴费档次一一对应。为了保障农村老年居民的基本生活需求，表 7-2 中“政府补贴+集体补助”部分，当集体补助无法提供时，应该全部为政府补贴。

表 7-3　基础养老金发放标准

年份	基础养老金标准（元/月）	年领取基础养老金的总额（元/年）
2016	147.13	1765.51
2017	161.47	1937.64
2018	177.21	2126.56
2019	194.49	2333.90
2020	213.45	2561.46

表 7-3 中，基础养老金的发放标准从 2016 年的 147.13 元/（人·月），逐年递增，到 2020 年为 213.45 元/（人·月），远高于现行 70 元/（人·月）的最低标准。

7.6.3　政策内容

《中华人民共和国社会保险法》第二十条、第二十一条对农村社会养老保险政策给出了框架式的规定。“第二十条，国家建立和完善新型农村社会养老保险制度。新型农村社会养老保险实行个人缴费、集体补助和政府补贴相结合。”“第二十一条，新型农村社会养老保险待遇由基础养老金和个人账户养老金组成。参加新型农村社会养老保险的农村居民，符合国家规定条件的，按月领取新型农村社会养老保险待遇。”以此为指导，参照指导意见、《国务院关于建立统一的城乡居民基本养老保险制度的意见》及本书测算的主要参数，考虑农村社会养老保险制度演进阶段的基本情况、主要风险、规避风险的政策选择等，从基本原则、参保范围、账户结构、基金筹集、养老金领取条件、养老金待遇、待遇调整、基金管理、监督检查、经办管理服务、制度衔接、法律责任等方面对农村社会养老保险制度目标模式的政策内容予以规定。

1）基本原则

农村社会养老保险制度建设的指导思想是邓小平理论、“三个代表”重要思想、科学发展观和党的十八大和十八届三中、四中、五中全会精神；制度建设的基本原则是“保基本、全覆盖、有弹性、可持续”。农村社会养老保险制度建设过程中：一是要保障老年农村居民的基本生活；二是要规避制度建设进程中的风险；三是要符合国家关于社会保障制度的规划，建立起农村社会养老保险制度可持续发展的长效机制。

2）参保范围

年满 16 周岁（不含在校学生）、未参加企业职工基本养老保险的农村居民，可以在户籍地参加农村社会养老保险。农村社会养老保险制度采用 45 周岁以下自愿参保、45 周岁以上强制参保的原则；鼓励 45 周岁以下、在企业务工的农村户籍人口参加企业职工基本养老保险。

3）账户结构

农村社会养老保险制度设立个人账户、社会统筹账户、全国统筹调剂基金账户。

（1）个人账户。个人缴费、个人缴费补贴（含政府缴费补贴和集体补助）及其利息记入个人账户，个人账户实行实账管理；个人账户储存额参考社会养老保险基金运营收益率计息。

（2）社会统筹账户。社会统筹账户用以管理基础养老金，每年年初，财政部门按照预算，将基础养老金拨付社会统筹账户。

（3）全国统筹调剂基金账户。全国统筹调剂基金账户的收入来源是参保人因退保或死亡等原因需退回的个人缴费补贴、全国社会保障基金的部分利息收入、农村社会养老保险财政支出低于预算部分、东部地区参保者关系转续的结余资金等，此账户委托全国社会保障基金理事会管理，并对账户资金进行投资运营，该账户基金主要用以支付经济欠发达地区农村社会养老保险财政补贴基金的缺口。

4）基金筹集

农村社会养老保险基金由个人缴费、集体补助、政府补贴构成。

（1）个人缴费。参加农村社会养老保险的农村居民应当按规定缴纳养老保险费。缴费标准参照表 7-2，具体实施时可对表 7-2 中的数据进行取整处理，地方可以根据实际情况增设缴费档次。参保人自主选择档次缴费，多缴多得。

（2）集体补助。有条件的村集体应当对参保人缴费给予补助，补助标准由村民委员会召开村民会议民主确定。鼓励其他经济组织、社会公益组织、个人为参保人缴费提供资助。集体补助资金计入个人账户。

（3）政府补贴。中央政府对符合领取条件的参保人全额支付基础养老金。地方政府应当对参保人缴费给予补贴，补贴标准参照表 7-2，对于表 7-2 中的集体补助部分资金，当集体无补助能力时，需补助资金由地方政府承担；对农村重度残疾人等缴费困难群体，地方政府为其代缴部分或全部最低标准的养老保险费；对农村计生户或双女户，地方政府给予 2 倍的政府补贴。

5）养老金领取条件

年满 60 周岁、未享受其他社会养老保险待遇的农村老年人，可以按月领取养老金。农村社会养老保险制度实施时，已年满 60 周岁、未享受其他社会养老保险待遇的，不用缴费，可以按月领取基础养老金；距领取年龄不足 15 年的，应按年缴费，也允许补缴，累计缴费不超过 15 年；距领取年龄超过 15 年的，应按年缴费，累计缴费不少于 15 年。

6）养老金待遇

农村社会养老保险制度的养老金待遇由个人账户养老金和基础养老金两部分组成。

（1）个人账户养老金的月计发标准为个人账户全部储存额除以计发月数，计发月数与企业职工基本养老保险个人账户养老金计发月数同步调整。参保人死亡，个人账户中的资金余额，除个人缴费补贴外，可以依法继承，无法定继承人的，转入全国统筹调剂基金账户；个人缴费补贴余额转入全国统筹调剂基金账户。

（2）基础养老金。达到养老金领取条件的农村居民按表 7-3 领取基础养老金。参保缴费的农村居民，每缴费满 1 年，增发 1%的基础养老金；70 周岁及以上的农村居民，增发高龄补贴，高领补贴标准为实际年龄减去退休年龄 60 后所得数额对应百分点的基础养老金。

7）待遇调整

国家根据经济发展和物价变动等情况，适时调整农村社会养老保险基础养老金的最低标准；基础养老金的最低标准调整率不低于企业职工基本养老保险养老金调整率。

8）基金管理

农村社会养老保险基金实行省级管理。建立健全基金财务会计制度，基金纳入社会保障基金财政专户，实行收支两条线管理，单独记账、核算，并进行保值增值。各有关部门按照 7.3 节中的部门职责，落实基金管理职能。

9）监督检查

农村社会养老保险制度由社会养老保险基金监管委员会实施专门监督；人力资源和社会保障部门、财政部门、审计部门、地方税务部门等实行行政监督；人民代表大会、人民代表大会常务委员会实行权力机关监督；经办机构进行内部监督；检察院和法院开展司法监督；社会团体、社会组织、舆论报道、公民个人开展社会监督。

10）经办管理服务

农村社会养老保险经办机构要认真记录农村居民参保缴费和领取待遇情况，建立参保档案，长期妥善保存；建立全国统一的信息管理系统，纳入社会保障信息管理系统；工作经费纳入同级财政预算，不得从农村社会养老保险基金中开支。农村社会养老保险制度各级经办机构按照 7.3 节中的管理体制依法履行各自职能。

11）制度衔接

认同农村社会养老保险和其他社会养老保险各自的缴费年限，并以各自的缴费年限之和作为总的缴费年限；达到退休年龄时，按各自的缴费年限计算各自制度内的养老金权益，最终将养老保险权益加总作为养老保险总权益。

12）法律责任

社会保险部门及其工作人员违反农村社会养老保险有关规定，由同级人民政府或上级机关责令其改正，情节严重的，对主管人员和直接责任人员给予行政处分；构成犯罪的，由司法机关依法追究刑事责任。

人民政府及其部门、单位挪用、截留农村社会养老保险基金的，应责令其改正，并由其上级机关对主管人员和直接责任人员分别追究行政责任，对单位法定代表人，可由社会保险部门处以 2000～5000 元的罚款；构成犯罪的，由司法机关依法追究刑事责任。

被保险人或其供养直系亲属在享受养老保险待遇条件变更或者失去领取条件时，应立即向社会保险部门报告。被保险人或其亲属以非法手段获取养老保险待遇的，应追回其全部非法所得，并可处以非法所得三倍罚款；构成犯罪的，由司法机关依法追究刑事责任。

第8章 农村社会养老保险制度建设路径与政策建议

8.1 建设阶段与核心任务

8.1.1 建设阶段

我国养老保障体系目标的实现，不可能一蹴而就，而是需要分阶段、分步骤地进行。因此，有必要根据社会经济发展趋势，合理划分农村社会养老保险制度建设的推进阶段与步骤，明确不同阶段的目标、重点与主要措施，循序渐进、扎实推进。

农村社会养老保险制度目标的实现，很大程度上依赖财政补贴资金的持续到位，从农村社会养老保险基金收支缺口及财政支付总额来看，2012 年分别达到754.86亿元和879.25亿元，到2020年将增长到1882.70亿元和2086.56亿元，到2050年将增长至3.06万亿元和3.28万亿元。从近年来中央和地方财政收支情况来看，政府在近期内有能力满足农村社会养老保险制度建设的经费需求。目前，在国务院、地方政府的大力推进，以及农村居民积极参与的情况下，农村社会养老保险制度建设的进程不断加快。

社会保障制度演进规律和国际社会保障制度演进的历史表明，社会保障制度诞生期所经历的时间较短，而成长期和成熟期则要经历一个长期的过程。农村社会养老保险制度也要经历诞生期、成长期、成熟期三个阶段。依据国家决策层的部署，参照国家五年计划的规划情况，我们建议，农村社会养老保险制度目标模式的推进应当适度加快，稳中求快，先稳后快，基于此对农村社会养老保险制度诞生期、成长期、成熟期三个阶段的划分如下：

农村社会养老保险制度目标模式的诞生期：2017年到2020年12月31日，即在两年内，全面推行农村社会养老保险目标模式，并实现农村适龄居民全覆盖工作。

农村社会养老保险制度目标模式的成长期：2020年到2030年，即在“十三五”时期，重点解决农村社会养老保险制度的公平性矛盾。

农村社会养老保险制度目标模式的成熟期：2030 年到 2050 年，农村社会养老保险制度目标模式的制度的财务不可持续危机逐渐显现，政府财政压力较大，重点是实现农村社会养老保险制度目标模式的制度的财务可持续性。

8.1.2　核心任务

1）制度诞生期：2017～2020 年

制度诞生期要实现制度全覆盖，覆盖所有县市及绝大部分农村人口。在这一时期，农村社会养老保险制度的任务是扩大制度覆盖面，具体为：

第一，2017 年，全国各地普遍建立起优化后的农村社会养老保险制度，制度覆盖率要达到 100%；完善制度的管理体制和运行机制。

第二，2018 年，确保所有 60 周岁及以上年龄段的农村居民能够享受到基础养老金，45～59 周岁的农村居民参保率达到 100%；农村生活困难群体在政府帮助下全部参加农村社会养老保险制度；重点加强基层经办机构建设。

第三，2019～2020 年，逐步提高 45 周岁以下农村居民参保率，参保率达到 95%以上，基本实现适龄居民全覆盖；农村社会养老保险经办工作实现制度化、常规化。

2）制度成长期：2020～2030 年

农村社会养老保险制度成长期的主要任务是，在诞生期已经或者将要实现农村社会养老保险制度对农村适龄居民全覆盖的基础上，着力提高制度覆盖的农村居民的保障水平，分步骤解决制度内部公平性问题，缓解制度外部公平性问题。具体为：

第一，随着我国农村居民人均纯收入和国家财政收入的不断提高，逐步提高农村居民参保缴费档次，增加中央和地方财政对农村居民参加农村社会养老保险制度的缴费补贴额度，调整农村居民养老金待遇，提升基础养老金水平，拓宽基金保值增值的渠道。

第二，通过提高农村社会养老保险制度的管理层次，建立全国统筹调剂基金，加大对中西部地区财政补贴的额度，以解决东部、中部、西部农村居民待遇不公平问题。

第三，逐步提高农村社会养老保险、企业职工基本养老保险、事业单位工作人员养老保险的待遇水平，提升速度高于机关事业单位工作人员退休金增长水平；全面建立机关事业单位工作人员养老保险制度，实现覆盖全国所有人口的政府、单位和个人三方筹资的保险型社会养老保险制度，以解决农村社会养老保险制度的外部公平性问题。

3）制度成熟期：2030～2050 年

农村社会养老保险制度与企业职工基本养老保险制度、机关事业单位工作人员养老保险制度在制度设计上有着较大的差异，筹资主体也不同，因此，农村社会养老保险制度要实现制度转型需要很长的时间。到 2030 年，基本解决农村社会养老保险制度的公平性问题之后，农村社会养老保险制度还将长期存在，此时，制度的财务可持续问题将逐渐凸显，并成为制度运行的核心问题。农村社会养老保险制度成熟期建设的核心任务是：

第一，坚持保基本、多路径的重要原则。保基本是要坚持农村社会养老保险制度保证农村居民基本生活的制度目标，避免制度待遇水平的过度增长；多路径是指拓宽制度的筹资渠道，特别是要加大集体补助的力度。

第二，借鉴加拿大、美国、新加坡等国的先进经验，培育以政府为主导、专业投资公司为主体的基金保值、增值运营体系，提高农村社会养老保险基金的投资收益率。

第三，鼓励农村居民参加商业养老保险，增加农村居民个人养老性储蓄，形成农村居民个人账户资金、个人年金、社会慈善资金、商业保险资金、政府战略性调节资金等在内的基金体系。

第四，实现从“人口红利”向“资本红利”的转型。

8.2　推 进 路 径

8.2.1　制度诞生期

我国农村地区经济发展水平的差异使得不同地区个人、集体、政府的缴费能力有所区别，导致农村社会养老保险个人缴费、集体补助、政府补贴的绝对水平和相对比例不同；我国农村地区社会进步程度、文化习俗的差异使得不同地区社会养老、家庭养老、土地保障、社会救助的基本功能不同、承担的养老责任有所差异。农村社会养老保险制度从诞生到成熟必然经历一个建设模式从多到少，最后统一的历程。在农村社会养老保险制度的诞生期，要尽快建立起农村社会养老保险目标模式，建设路径可以概括为“中央规划、县级探索、分类推进、迅速普及”。

（1）中央规划。农村社会养老保险制度诞生期由中央政府作为政策框架的制定者和制度的推动者，由中央政府提出制度建设的覆盖率目标，逐级下达，采用目标责任制的形式，推进农村社会养老保险制度；中央政府制定制度建设的短期、中期和长期规划，逐级下发，地方政府制定落实规划的实施办法。

（2）县级探索。在农村社会养老保险制度诞生期暂时实行县级管理层次，允许各地自主探索，快速扩大制度覆盖面，及时总结制度建设的先进经验和存在的问题，并将制度建设中的经验与问题反馈给政策制定机构。农村社会养老保险制度县级探索可能出现很多种制度建设方式，在农村社会养老保险制度诞生期，允许各县采用符合本县实际的不同建设方式。

（3）分类推进。农村社会养老保险制度建设过程中，要对不同人群进行分类。首先，要对 60 周岁及以上农村居民实现全覆盖，保证农村老年居民都能够领取到基础养老金。其次，将 45～59 周岁的农村社会养老保险参保缴费群体全部纳入制度覆盖范围，因为这部分群体距离领取养老金的年龄小于等于 15 年，如果不能尽快纳入制度，将会在领取养老金时面临补缴保费问题；最后，将 16～44 周岁的农村居民全部纳入农村社会养老保险制度中，保证参保者能够长期缴费，以增加他们的养老金待遇。不同年龄群体的制度推进过程只是在不同时间点的侧重有所差异，并不是在一个时间点只针对一个群体开展，而是并行的。

（4）迅速普及。农村社会养老保险制度建设初期，由于对农村居民提供了从无到有的养老金福利，从而得到农村居民的普遍认同和一致拥护，具备了迅速普及农村社会养老保险制度的前提条件。各地制度建设进程有所差异，造成不同地区居民养老待遇的不公平性，因此，在农村社会养老保险制度诞生期，应当县、乡（镇）、村主要领导亲自负责，各有关部门积极参与，采取各种非常规性举措，迅速实现县域制度全覆盖。

在农村社会养老保险制度诞生期，应当采取的政策包括加快基层经办机构建设、完善缴费标准和财政补贴政策、加大宣传力度提高农民的认知认可程度、搭建网络管理平台、促进制度均衡发展。

8.2.2　制度成长期

农村社会养老保险制度成长期，由于制度内在的不可避免地存在着对不同社会群体提供的福利差异，外在的与其他社会养老保险制度提供的福利差异，农村社会养老保险制度待遇水平的公平性遭到强烈质疑，解决保障差异问题、实现待遇公平是成长期制度建设的主要内容。在农村社会养老保险制度成长期，制度建设的基本路径是“全国统一、省级管理、四化推进、消减差异”。

（1）全国统一。在农村社会养老保险制度诞生期县级探索的基础上，全国要制定统一的基金筹集、基金管理、养老金待遇规定，并在全国统一推广。这样，全国范围内的农村地区推行一致的农村社会养老保险制度，农村居民养老金待遇的差异主要由个人账户养老金差异导致，在一定程度上缓解农村社会养老保险待遇的内部不公平风险。

（2）省级管理。农村社会养老保险制度成长期，应当把管理层次提升至省级管理，进而提高基金的管理水平，也能做到全省待遇水平一致。省级统筹是社会养老保险制度发展的必然趋势，便于对农村社会养老保险制度进行业务管理、行政管理和信息管理，也便于省域内实现基金调剂、不同省份之间实现农村社会养老保险关系转移接续。

（3）四化推进。四化推进是指在业务经办中推进制度化、规范化、专业化、常规化的管理模式。业务办理要有制度可依，根据经办规程办理各项制度；经办人员要严格按照经办规程的要求办理业务，做到业务管理的规范化；经办人员要有专业化的背景、经过专业化的培训；经办业务进入常规化程序，将制度建设初期的领导重视、行政推动等工作纳入常规工作程序中。

（4）消减差异。农村社会养老保险制度成长期面临着制度内部、外部的待遇不公平问题，在这一时期要在提高农村社会养老保险制度待遇水平的基础上，减少内部和外部的待遇水平不公平现象。

农村社会养老保险制度成长期的政策选择是增加中西部农村社会养老保险制度财政补贴额、提高养老金待遇水平、提高各类社会养老保险的管理层次、推进城乡一体化社会养老保险制度。

8.2.3　制度成熟期

制度成熟期，由于普遍提高农村社会养老保险制度的待遇水平和待遇的刚性特征，出现了巨额的农村社会养老保险基金收支缺口，给政府财政造成了巨大的压力，引发了制度的财务不可持续危机。此时，农村社会养老保险制度建设的路径是“全国统筹、基金互济、多方筹资、规避危机”。

（1）全国统筹。在制度成熟期，要推进农村社会养老保险制度的全国统筹，实行国家层面的制度管理，由中央政府统一农村社会养老保险制度的基金收支、待遇标准、基金管理、基金运营等工作，制度的管理层次提高到国家层面。

（2）基金互济。在全国范围内统一管理农村社会养老保险基金，能够实现不同地区基金的相互调剂，发达地区的基金结余可以接济欠发达地区的基金缺口；在制度成熟期，全国统筹调剂基金有了一定规模的积累，可以对欠发达地区出现的基金缺口予以补足。

（3）多方筹资。在农村社会养老保险制度成熟期，要拓宽制度的筹资渠道，社会慈善事业积累的慈善资金、基金的投资收益、农村居民的个人年金等都可以作为农村社会养老保险基金的来源，增加基金的收入，以减小基金收支缺口。

（4）规避危机。农村社会养老保险制度成熟期要以规避制度的财务不可持续危机为核心，采取必要的行政措施，实现制度的可持续发展。

农村社会养老保险制度成熟期的政策选择是建立制度参数动态调整机制、设计全国统筹调剂基金账户、培育基金保值增值运营体系、实现从“人口红利”向“资本红利”的转型。

8.3 当前阶段的政策建议

8.3.1 关注各地实施状况，总结试点地区的经验和教训

现行农村社会养老保险制度未在一开始就推广到全国，而是选择在10%的县先进行制度试点，之后再逐步扩大试点，直至2012年7月1日起才开始在全国普遍实施，其目的是希望能够通过试点，发现制度存在的问题，深入分析问题存在的原因并提出改进管理、完善制度的建议，以确保农村社会养老保险制度在全国普遍实施时期的顺畅运行。

在三省六县调查中，我们发现了被调查的六个县农村社会养老保险制度建设的基本经验与存在的问题，见表8-1。其他农村社会养老保险制度试点县的先进经验和落后教训也需要不断总结。建议各省每半年举办一次农村社会养老保险制度建设经验交流会，国家每年举办一次农村社会养老保险制度建设经验交流会，以便于先进经验迅速在全国推广。

表 8-1 三省六县农村社会养老保险的基本经验与存在的问题

地区	基本经验	存在的问题
陕西省陈仓区	“执政为民，勇于创新”是根本经验 “深入实际，调查摸底”是推进的着力点 “统一标准，规范行政”是推进的重要支撑 “多方筹资，人才支持”是持续发展的强大推力	青年适龄居民参保率偏低 镇、村级宣传存在政策简化和误导现象 行政强制与居民自愿间的矛盾依然存在 业务办理便捷程度不高 信息化建设相对滞后
陕西省商南县	制订分阶段试点实施计划 建立个人缴费激励机制 设立高龄老人基础养老金补贴 开展广泛的摸底调查 选择布局广泛的金融服务网点	部分群体参保率较低 对困难群体的补贴范围较窄 信息化建设滞后 经办人员不足
河南省通许县	县级财政投入及时到位 充分调动干部群众的积极性 实现管理信息化 确保基金良性安全运行	宣传内容简单化 缴费政策缺乏激励效应 对特殊群体的补贴政策没有完全落实 部分参保者不能按时领取养老金 集体补助缺失

续表

地区	基本经验	存在的问题
河南省西峡县	对农村计生户进行财政补贴 根据西峡县实际增设缴费档次 选择服务网点较多的合作金融机构 多种方式相结合宣传政策 加强管理规范化和信息化	缴费补贴政策的激励功能不足 制度与其他养老制度的衔接政策不完善 经办机构建设滞后
江苏省高淳县	地方财政补贴力度大 制度设计便于与城镇职工基本养老保险衔接 因地制宜开展工作	缴费档次单一且缴费标准调整过于频繁 养老金待遇水平偏低 基层经办机构经费不足 镇级财政补贴压力较大
江苏省常熟市	实行“一个体系，两种办法”的社会养老保险发展模式 建立与经济发展水平相适应的社会养老保险调节机制 建立相对完善的管理体制 实行以就业服务为基础的社会养老保险推进路径 采取多种举措促进城乡一体化进程	农村社会养老保险政策变化频繁 农村户籍人口参加的社会养老保险制度种类繁多 农村社会养老保险制度缴费基数、待遇水平调整方案复杂

8.3.2　健全完善现行制度，促进制度可持续发展

在农村社会养老保险制度诞生期，尚未在全国范围内建立起相互制衡的管理体制和顺畅的运行机制，制度的法制建设和政策框架也没有以正式法规政策的形式予以保障，建议：

第一，明晰农村社会养老保险基金的产权。根据对农村社会养老保险基金产权的分析，个人缴费基金归参保人所有，将其占有权委托农村社会养老保险管理机构，农村社会养老保险管理机构委托基金运营机构予以保值增值；个人缴费补贴基金归社会所共有，计入个人账户，信托给农村社会养老保险管理机构，农村社会养老保险管理机构将此部分基金信托给基金运营机构予以保值增值；基础养老金归社会所共有，信托给农村社会养老保险管理机构管理，农村社会养老保险管理机构将此部分基金信托给基金运营机构予以保值增值。只有明晰了农村社会养老保险基金的产权，才能避免基金使用的纠纷，减少基金使用环节的权力滥用现象。

第二，建立权力制衡的农村社会养老保险管理体制。农村社会养老保险制度采用管办分离的方式开展工作。农村社会养老保险制度的管理机构包括人力资源和社会保障部门，财政部门、审计部门、地税部门等；农村社会养老保险制度的经办机构一般是各级农村社会养老保险事业管理中心，农村社会养老保险制度的监督机构还包括专业的社会养老保险监管委员会、人大及其常务委员会、社会团

体、专业机构等；农村社会养老保险基金的保值增值由专业的社会养老保险基金运营中心负责。

第三，建立顺畅的农村社会养老保险制度运行机制。与农村社会养老保险制度管理与经办相关的各部门主要依靠两个信息相互联系：一是政策的上传下达；二是基金的上缴下拨。沿着政策的制定动力，上级部门向下级部门或主管的经办机构传达政策，下级或经办机构向上级主管部门反馈政策执行的信息，将农村社会养老保险政策落实到制度建设实践并反馈建设状况，由此形成了与政策相关的信息在各部门的流动。各部门应当各司其职，保证政策上传下达的顺畅。沿着基金流动的方向，农村居民向地税部门缴费、向经办机构登记参保信息，基金由地税部门转交财务部门、财务部门逐级上缴、基金进入社会养老保险基金运营中心保值增值，上级财政部门逐级下拨养老金、养老金由财政部门拨付至农村居民手中。这样就形成了基金上缴、下拨机制，涉及基金上缴下拨的各部门，应当规范自己的行为、履行自己的职责，保证基金的顺利运行。此外，农村社会养老保险制度还应加强激励机制和约束机制建设，以增强运行机制的效率、避免运行机制中的失范现象。

第四，健全农村社会养老保险制度的法制保障。在农村社会养老保险制度立法环节，建议国务院出台《农村社会养老保险条例》，为农村社会养老保险制度正式实施提供指导；农村社会养老保险制度司法环节要开展法制教育，强化调节机制，快速办理案件，开展司法服务关怀活动；在执法环节，要从知识结构和思想素质方面加强执法队伍建设，明确执法的部门权限；在守法环节，要加强守法教育；在法制监督环节，要建立起社会养老保险基金监管委员会实施专门监督，人力资源和社会保障部门、财政部门、审计部门、地方税务部门等实行行政监督，人民代表大会、人民代表大会常务委员会实行权力机关监督，经办机构进行内部监督，检察院和法院开展司法监督，社会团体、社会组织、舆论报道、公民个人开展社会监督等多位一体的法制监督体系。

第五，完善农村社会养老保险制度的具体政策。一是要明确社会统筹账户的作用，建立全国统筹调剂基金账户；二是要鼓励集体经济给予补助，对于农村生活困难群体、计划生育户给予特殊的政府补贴；三是建立基础养老金增发机制，根据缴费年限、领取年龄等设计每缴费满 1 年，增发 1%的基础养老金，70 周岁及以上的农村居民，增发高龄补贴，高领补贴标准为实际年龄减去退休年龄 60 后所得数额对应百分点的基础养老金等政策；四是，提高制度的管理层次至省级管理，最终到全国管理；五是，借鉴欧盟的经验，制定农村社会养老保险制度与其他社会养老保险制度的转移接续政策。

8.3.3　明确政府财政责任，落实各级财政补贴资金

现行农村社会养老保险制度与我国以往实施的农村社会养老保险制度最根本的区别是强调政府补贴，政府补贴在养老金中占据较大的比重。明确农村社会养老保险制度的财政责任、落实各级财政补贴资金是农村社会养老保险制度顺利实施的关键。

中央政府的财政责任是拨付农村社会养老保险基础养老金和对经济欠发达地区的农村社会养老保险补贴予以支持。建议中央政府对全国各个地区，不区分东部、中部、西部地区，都给予基础养老金最低标准的全额补助。这样不同地区可以拿出更多的资金提高农村居民的待遇，结余基金可进入全国统筹调剂基金账户，用于支持经济欠发达地区。由于我国经济发展极不平衡，对于欠发达地区，财政资金紧张，无力拿出资金用作财政补贴资金的地区，中央政府予以追加财政支持。

省级政府的财政责任是拨付农村社会养老保险经办经费、对个人缴费补贴予以 50%的补助、增发基础养老金。市级政府的财政责任是拨付农村社会养老保险经办经费、对个人缴费补贴予以 25%的补助、增发基础养老金。县级政府的财政责任是拨付农村社会养老保险经办经费、对个人缴费补贴予以 25%的补助。

在明确各级政府财政责任基础上，农村社会养老保险管理部门应督促财政部门及时落实财政补贴资金，特别是对于基础养老金，应当建立起年初根据预算预拨至社会统筹账户的机制，减少财政资金拨付的时滞，以确保农村社会养老保险养老金能够及时发放至农村老年居民手中。

8.3.4　加强经办机构建设，制定相关的配套措施

在农村社会养老保险制度全国普遍实施时期，加强经办机构的科学建设和科学管理，充实经办机构人员队伍，保证经办经费的及时到位对于加快制度建设进程，使农村社会养老保险制度更好地受到农村居民的认同有着重要的现实意义。当前，经办机构建设亟须采取的措施包括：

第一，建立省级经办机构。建议各省参照企业职工基本养老保险经办机构的组织体系设计农村社会养老保险省级经办机构，规划及组织全省的农村社会养老保险工作。

第二，加强基层经办能力建设，实现农村社会养老保险工作的常规化。农村社会养老保险制度建设的关键是基层经办能力建设。把农村社会养老保险工作纳入县、乡（镇）政府的常规性工作内容。县、乡（镇）政府一名领导分管农村社会养老保险工作，县人力资源和社会保障局、乡（镇）人力资源和社会保障所为

县、乡两级农村社会养老保险政府主管部门。

县农村社会养老保险管理中心按正科级设置，人力资源和社会保障局局长兼任经办中心主任，配备专职常务副主任。各县农村社会养老保险管理中心可根据本县实际，至少设立保费征缴、基金管理、待遇支付、统计信息四个业务股室，实现经办业务工作的规范化、常规化。

设立乡（镇）农村社会养老保险经办所，由乡（镇）人力资源和社会保障所所长兼任经办所所长，并配备专职副所长。乡（镇）经办所至少有保费征缴、基金管理、待遇支付、统计信息四个专职业务员。

设立乡（镇）经办所派出机构村级业务经办站；2000 人以上的行政村应配备一名专职经办员，2000 人以下的行政村由村委会成员兼任经办员。

第三，制定经办业务流程细则，实现经办业务的程序化。各县应结合本地实际，制定本县农村社会养老保险经办业务流程细则。包括县人力资源和社会保障局、乡（镇）人力资源和社会保障所对农村社会养老保险工作的领导责任、监督职能、管理职责。县级农村社会养老保险管理中心、乡（镇）经办所、村级经办站对农村社会养老保险经办业务的工作分工、业务流程、信息反馈、奖惩规则等。县、乡、村三级分工明确、责任到人、奖惩分明。

第四，充实、稳定经办人员队伍，提高经办工作人员素质。农村社会养老保险经办工作面对广大农村居民，尤其是在农村大量青壮年人口进城务工的情况下，主要面对老、弱、妇、幼的农村留守人口，工作难度很大，这对经办人员的工作热情和业务素质提出了更高的要求。

对县、乡、村级经办人员实行全员合同化管理，最低服务年限至少 3 年。县、乡级经办人员的工资待遇收入水平，应当不低于当地同级别公务员工资待遇收入水平；村级经办人员的薪酬待遇不低于行政村副主任的薪酬待遇。把农村社会养老保险经办人员的工资薪酬待遇纳入县、乡财政预算，确保经办人员的基本工资和绩效工资，尤其要重视落实村级经办人员的薪酬待遇。

把农村社会养老保险经办人员的政治与业务培训纳入县级党校或市级党校的县级分校培训计划，每年至少集中培训一次。

8.3.5　布局信息管理系统，实现网络化管理

加强农村社会养老保险信息化建设是实现农村社会养老保险业务规范化和现代化的重要举措，更是加快推进制度建设的必然选择。建议尽快建立统一的信息网络系统，实现基础信息采集和输入电子化、县乡村信息传递网络化、资源信息共享、参保者简便查询政策法规和个人参保信息，真正实现贴近基层、提高效能、

方便群众、提升服务能力的目的。尽快建成县、乡镇统一的信息系统和业务数据库，使信息网络覆盖县、乡镇、村三级经办机构，形成社保、财政、公安、银行、民政、计生、残联等部门之间的信息共享。

8.3.6　建立参数调整机制，实现制度财务可持续性

农村社会养老保险制度应符合时代的步伐，与现实同步发展。农村社会养老保险制度的筹资水平和待遇水平应当随着物价水平和居民生活水平的提高，同步发展。中央和地方财政可以根据财政收入和各项精算结果，在有条件的情况下，增加财政补贴力度，逐步提高农村居民的实际替代率。农村社会养老保险制度建设还应参照企业职工基本养老保险制度的做法，做到养老待遇发放的基本公平，如在计发月数选择、领取养老金的起始年龄等方面，进行同步的调整。

农村社会养老保险制度的主要参数是基金筹集标准和养老金发放标准。农村社会养老保险的个人账户基金筹集标准应适当提高。可以在两个调整方案中选择其一：①个人缴费、政府补贴、集体补助的各自标准按照表 7-2 的测算结果每年调整，可适当取整处理。②个人缴费、政府补贴、集体补助的各自标准每三年调整一次，取表 7-2 中每三年的均值。

应当提高基础养老金的发放标准。随着经济发展和物价水平变动，到 2020 年，基础养老金标准要调整到 213.45 元/（人·月）。对应于个人账户基金筹集标准的两个调整方案，采取每年递增方案时，基础养老金发放标准按照表 7-3 的测算结果逐年调整；采取三年调整一次的方案时，基础养老金发放标准取表 7-3 中每三年的均值。

维持农村社会养老保险制度的财务可持续性除了适时调整制度的相关参数之外，还应当设计全国统筹调剂基金账户、培育基金保值增值运营体系，以增强农村社会养老保险制度在全国范围内的互济性，并保证农村社会养老保险基金的保值增值。

第9章 总　　结

9.1 研究结论

进入21世纪以来，我国农村人口老龄化发展速度加快，且农村老年人口贫困发生率相当于城镇的3倍以上，农村老年人口的养老问题日益突出。为了寻找合适的解决农村居民养老问题的途径，我国从20世纪80年代中期开始，探索性地建立了农村社会养老保险制度，但是由于缺乏政府财政支持，农村社会养老保险制度陷入停滞。2009年9月，国务院颁布了指导意见，开始在全国10%的县开展新农保试点工作；经过2010年、2011年的扩大试点，国务院要求从2012年7月1日起所有未开展试点的地区全面启动新农保试点工作，2014年与城镇居民社会养老保险合并实施。但是，现行决定仅从宏观角度对农村社会养老保险制度及其推进思路进行原则性的规定，没有给出具体的安排，农村社会养老保险制度建设面临着“建立什么样的农村社会养老保险制度”和“如何推进农村社会养老保险制度”两个操作性难题。

社会保障制度演进是有规律可循的。利用马克思主义认识论提供的方法，从国际社会保障制度150余年和国内社会保障制度60多年的实践中，总结社会保障制度演进的规律，进而以社会保障制度演进规律指导农村社会养老保险制度建设，前瞻性地分析农村社会养老保险制度建设进程中面临的主要风险，提出规避风险的政策，并以此为导向设计农村社会养老保险制度的目标模式，能够有效规避农村社会养老保险制度建设面临的风险，解决两个操作性难题。

本书以马克思主义实践认识论为指导，首先，在文献回顾的基础上，提出马克思主义认识规律和证明规律的途径，并对社会保障制度演进规律进行逻辑证明、已有事实证明和新的事实证明；其次，运用社会调查资料、公开统计资料，对当前农村社会养老保险制度的管理体制、政策框架、实施状况、实施效果进行分析，明确农村社会养老保险制度建设现状；再次，以社会保障制度演进规律为指导，对农村社会养老保险制度建设进程中的主要风险进行预测，并提出防范制度建设进程中主要风险的政策；在此基础上，以防范风险政策为导向，设计农村社会养老保险的产权关系、管理体制、运行机制、法制保障和政策框架，提出不同建设阶段的核心任务、基本路径以及当前农村社会养老保险制度建设的政策建议。通过上述研究工作得出如下结论：

（1）社会保障制度演进规律。制度诞生期，由于新制度提供了从无到有的保障福利，从而得到社会各方面的普遍认同和一致拥护；制度成长期，社会不同群体享受保障待遇的不公平性凸显，制度建设的主要任务是提高全体保障对象的福利待遇；制度成熟期，由于福利待遇的提高和社会保障支出的刚性特征，出现巨额的社会保障资金收支缺口。

（2）农村社会养老保险制度建设现状。农村社会养老保险制度经办管理体制已初步建立，制度迅速建立并普及，并得到居民一致拥护，但保障水平差异开始凸显。

（3）农村社会养老保险制度建设进程中的主要风险。农村社会养老保险制度诞生期扩大制度覆盖范围的约束条件是基层经办机构的服务能力不足、低收入户和中低收入户缴费能力有限、农村居民对农村社会养老保险政策认知程度偏低、信息化建设进程不平衡、部分地方政府财政补贴配套能力有限。农村社会养老保险制度成长期将面临待遇水平不公平性风险，计算得到农村社会养老保险制度内部公平性指数为 0.1626，占实际替代率均值的 45.58%；制度外部公平性指数为 3.69，是实际替代率的 11.53 倍。农村社会养老保险制度成熟期将面临财务不可持续风险，测算结果表明农村社会养老保险基金收支缺口将以 10.53%的增速从 2012 年的 754.86 亿元增长到 2049 年的 3.06 万亿元。

（4）防范农村社会养老保险制度建设进程中主要风险的政策。逐步提高农村社会养老保险制度覆盖范围的政策选择是加快基层经办机构建设、完善缴费标准和财政补贴政策、加大宣传力度提高农民的认知认可程度、搭建网络管理平台、促进区域间农村社会养老保险制度均衡发展。实现农村社会养老保险制度待遇水平公平性的政策选择是增加中西部农村社会养老保险制度财政补贴额、提高养老金待遇水平、提高各类社会养老保险的管理层次、推进城乡一体化社会养老保险制度。规避农村社会养老保险制度财务不可持续危机的政策选择是建立参数动态调整机制、设计全国统筹调剂基金账户、培育基金保值增值运营体系、实现从“人口红利”向“资本红利”的转型。

（5）以防范风险政策为导向设计农村社会养老保险制度目标模式。依据产权理论，农村社会养老保险个人缴费基金个人所有，个人缴费补贴基金、基础养老金社会共有；农村社会养老保险制度管理体制的特征是管办分离、收支两条线、多方位监管；农村社会养老保险制度运行机制包括政策联动机制、基金流动机制、投资运营机制、激励约束机制；建议国务院出台《农村社会养老保险条例》，加强司法、执法、守法、法制监督建设；运用社会保障精算方法，计算 2016～2020 年农村社会养老保险制度的主要参数，并确定农村社会养老保险制度的政策内容。

（6）农村社会养老保险制度的建设路径及当前的政策建议。农村社会养老保险制度的诞生期建设路径是“国家规划、县级探索、分类推进、迅速普及”；制度成长期建设路径是“全国统一、省级管理、四化推进、消减差异”；制度成熟期建设路径是“全国统筹、基金互济、多方筹资、规避危机”。当前农村社会养老保险制度建设的政策建议有：“密切关注各地实施状况，总结试点地区的经验和教训；健全和完善农村社会养老保险制度，促进制度可持续发展；明确农村社会养老保险制度的财政责任，落实各级财政补贴资金；加强经办机构建设，制定相关的配套措施；布局信息管理系统，实现网络化管理；建立主要参数动态调整机制，保持农村社会养老保险财务可持续性。”

9.2 创新之处

（1）表述并证明社会保障制度演进规律。以马克思主义实践认识论为指导，以制度变迁的成本收益法为分析工具，梳理一百多年来主要资本主义国家社会保障制度的发展进程，表述并证明社会保障制度演进规律。制度诞生期，由于新制度提供从无到有的保障福利，从而得到社会各方面的普遍认同和一致拥护，迅速实现制度对全体人口的全覆盖。制度成长期，针对不同人口群体社会保障待遇差异问题，制度演进的基本特征是逐步提高弱势群体的保障待遇，缓解社会保障制度不公平矛盾。制度成熟期，由于社会保障待遇的普遍提高和社会保障支出的刚性特征，出现巨额社会保障资金收支缺口，制度演进的基本特征是解决社会保障财务收支平衡问题，实现社会保障制度的可持续发展。

（2）指出农村社会养老保险制度建设进程中的主要风险。以社会保障制度演进规律为理论模型，运用社会保障精算法和调查数据，分析并预测我国农村社会养老保险制度的发展进程，指出农村社会养老保险制度建设进程中的主要风险。制度诞生期实现制度全覆盖过程的风险是经办服务能力、缴费能力、政策认知能力、信息化建设能力、财政补贴配套能力约束；制度成长期面临的是不公平矛盾，我国东部、中部、西部地区农村社会养老保险养老金发放额占农村居民基本生活需求的比例分别为 54%、30%、23%；农村居民、企业职工、机关事业单位工作人员养老金或退休金发放额占各自基本生活需求的比例分别为 32%、304%、636%；必须高度重视制度成熟期面临的财务不可持续性风险，2012 年、2020 年、2049 年农村社会养老保险基金收支缺口分别为 754.86 亿元、1882.70 亿元、3.06

万亿元。

（3）提出防范农村社会养老保险制度建设风险的对策，并以防范风险的对策为导向，设计农村社会养老保险制度目标模式。在明晰农村社会养老保险基金产权的基础上，设计了管办分离、收支两条线、多方位监管的管理体制和政策联动机制、基金流动机制、投资运营机制、激励约束机制。运用社会保障精算方法，对农村社会养老保险政策的具体内容作出了具体的规定，建议基础养老金的发放标准到2020年提升为213.45元/（人·月）。

9.3 研究展望

社会主义的本质是解放生产力，发展生产力，消灭剥削，消除两极分化，最终实现共同富裕。这就要求我们逐步打破城乡二元化的发展瓶颈，特别是在公共服务领域，推进城乡公共服务均等化，实现城乡之间在政策上的平等，在发展上的互补。社会养老保险制度作为公共服务的重要内容，实现城乡一体化发展是社会公平的必然要求，符合社会发展的需要和马克思主义理论的精神实质。但是，我国城乡经济发展还有相当大的差距，城乡居民的基本生活需求相差很大，短期内实现社会养老保险制度的城乡一体化发展是不科学的。按照我国社会保障制度的中长期规划，要到2049年，基本实现社会保障城乡统筹发展，届时农村社会养老保险制度将被新的城乡一体化的社会养老保险制度替代，建立城乡一体化的社会养老保险制度是农村社会养老保险制度的最终归宿。

我国基本养老保险制度顶层设计应当具有中国特色，即基础养老金福利化、个人养老金市场化，原因是：第一，体现社会主义政治制度的优越性，国家保障老年居民的基本生活；第二，体现社会主义市场经济制度的优越性，以个人缴费差异体现养老金效率；第三，吸取国际经验与教训，政府与市场相结合提供养老金保障，少走弯路。可以预见，未来几十年，我国将致力于职工基本养老保险制度与居民基本养老保险制度的整合，我们把整合之后的社会养老保险制度称之为“基本养老保险制度”。

基本养老保险制度是向左走——职工基本养老保险，还是向右走——居民基本养老保险，目前尚无定论，需要根据经济发展水平、社会进步程度、人口规模、人口结构及社会保障风险，确定最终的基本养老保险目标模式。如果按照社会保障制度演进规律，从规避社会养老保险制度的公平性风险和财务不可持续性风险角度来看，以现行城乡居民社会养老保险制度为模板，建立基本养老保险制度才是最优的选择。

参 考 文 献

[1] William Arthur Lewis. The dualistic economic theory. The Manchester School, 1979, 47(3): 221~229.

[2] 王金营, 魏慧静. 农村贫困地区家庭成员受教育程度、外出状况与家庭经济发展：基于河北省燕山-太行山、黑龙港流域的调查. 人口学刊，2015, 37(5): 42~51.

[3] 张思锋, 雍岚, 王立剑. 社会保障制度演进规律及其在中国的体现. 西安交通大学学报（社会科学版），2012, 32(4): 69~74.

[4] 魏顺平. 技术支持的文献研究法: 数字化教育研究的一个尝试. 现代教育技术，2010, (6): 29~34.

[5] 风笑天. 我国社会学恢复以来的社会调查分析. 社会学研究，1989, (4): 12~18.

[6] 若鱼. 社会保险的精算逻辑. 中国人力资源社会保障，2013, (11): 62.

[7] Tabellini B G. A positive theory of social security. Scandinavian Journal of Economics, 2015，102(3): 523~545.

[8] French Eric, Jones John. Public pensions and labor supply over the life cycle. International Tax and Public, 2012，19(2): 268~287.

[9] 余斌. 试论公共保障与社会保障. 河北经贸大学学报，2015, (3): 1~5.

[10] Zarkovic Nebojsa, Mrksic Dragan, Lisov Milimir. Situation and possibilities of improvement of voluntary pension insurance in Serbia as a developing country. African Journal of Business, 2010，4(10): 2075~2086.

[11] Rudyk V K. Social factors of introduction and development of funded pension insurance. Actual Problems of Economics, 2011, (118): 195~202.

[12] Marti-Ballester, Carmen-Pilar, Prior-Jimenez Diego. Pension fund risk management:Financial and actuarial modeling. Chapman & Hall-CRC Finance Series, 2010, (1): 597~635.

[13] Friedrich Breyer, Stefan Hupfeld. On the fairness of early-retirement provisions. German Economic Review, 2010，11(1): 60~77.

[14] 张宽政. 简论制度是把握客观规律的重要形式. 中南林业科技大学学报（社会科学版），2009, (11): 44~47.

[15] 辛鸣. 哲学视野中的制度演化规律研究. 北京行政学院学报，2007, (1): 45~47.

[16] 赵光武. 新旧制度更替从旧制度薄弱地方开始是一般规律. 当代思潮，2002, (13): 6~10.

[17] 陈朝宗. 人类制度体系变迁规律初探. 马克思主义与现实，2007, (4): 162~164.

[18] 徐斌，刘海军. 制度建设的特征、规律及评价标准. 北京师范大学学报（社会科学版），2012, (1): 119~125.

[19] 周小亮. 制度绩效递减规律与我国 21 世纪初新一轮体制创新研究. 财经问题研究，2001, (2): 3~9.

[20] 陈朝宗. 制度创新规律研究. 福建行政学院福建经济管理干部学院学报，2003, (1): 35~38.

[21] 邓大才. 制度变迁的类型及转换规律. 宁夏大学学报（人文社会科学版），2001，23(5): 71~76.
[22] 崔希福. 社会制度变迁规律新论. 江西社会科学，2006, (2): 108~113.
[23] 褚伟强. 中国现行农地产权制度变迁规律探索. 经济师，2009, (12): 44~45.
[24] 杜英歌. 历史制度主义视角下中国地级市的变迁. 南京社会科学，2015, (10): 83~89.
[25] 邓若冰，吴福象. 全球经济治理制度变迁与演进路径. 河北学刊，2015, (1): 110~115.
[26] 周弘，彭姝祎. 国际金融危机后世界社会保障发展趋势. 中国人民大学学报，2015, (3): 26~34.
[27] 杨晓. 社会保障制度发展的“一条主线”和“三大规律”. 中国财经报, 2009-09-22.
[28] 张思锋，王立剑. 新型农村社会养老保险制度试点研究. 北京：人民出版社，2011.
[29] 郑文换. 资源结构与制度叠加: 从老农保到新农保. 云南民族大学学报（哲学社会科学版），2015, (2): 56~61.
[30] 邓大松，薛惠元. 新型农村社会养老保险制度推行中的难点分析：兼析个人、集体和政府的筹资能力. 经济体制改革，2010, (1): 86~92.
[31] 宫晓霞，崔华泰，王洋. 财政支持农村社会养老保险制度可持续发展: 国外经验及其启示. 经济社会体制比较，2015, (2): 44~48.
[32] 贾丽萍. 新型农村社会养老保险中农民退休年龄的调整及其可适性研究. 甘肃行政学院学报，2010,（4）29~34.
[33] 余桔云. 强制性制度变迁到诱致性制度变迁：“普惠制”新农保可持续发展的变迁路径. 兰州学刊，2010, (6): 95~99.
[34] 杨翠迎，孙珏妍. 推行新农保,瞻前顾后很重要. 中国社会保障，2010, (7): 25~27.
[35] 卢海元. 中国特色新型养老保险制度的重大突破与政策取向. 社会保障研究，2009, (6): 3~17.
[36] 庞哲. 我国新型农村养老保险制度的 SWOT 分析. 河北工程大学学报（社会科学版），2009，26(4)：50~53.
[37] 郑文换. 构建以基层社区组织为依托的农村养老服务体系：从制度整合和社会整合的角度. 人口与发展，2016，22(2): 108~112.
[38] 马伟. 新型农村社会养老保险基金保值增值问题研究. 西安交通大学学报（社会科学版），2012，32(5): 55~60.
[39] 武萍，周卉. 城乡统筹背景下社会养老保险基金相关主体的利益分析：基于 Shapley 值法. 经济体制改革, 2016, (1): 44~49.
[40] 宁满秀. 谁从“家庭捆绑”式的新型农村社会养老保险制度中获益：来自 CHARLS 数据的经验分析. 中国农村经济，2015, (7): 31~45.
[41] 付娆. 农村养老保险制度的创新与政策支持. 农村经济，2015, (9): 77~79.
[42] 白锐，张翼杰. 依法完善农村社会养老保险制度. 中共山西省委党校学报，2016，39(1): 86~88.
[43] 黄玉君，鲁伟. 国外农村社会养老保险发展及对我国的启示. 求实，2016, (6): 87~96.
[44] 王婷，李放. 中国养老保险政策变迁的历史逻辑思考. 江苏社会科学，2016, (3): 72~78.
[45] 宫晓霞，崔华泰，王洋. 财政支持农村社会养老保险制度可持续发展:国外经验及其启示.

经济社会体制比较，2015, (2): 49~52.
[46] 杨斌, 丁建定. 中国养老保险制度政府财政责任:差异及改革. 中央财经大学学报，2015, (2): 10~17.
[47] 杨斌, 丁建定. 经济增长视角下城乡居民基本养老保险地方财政责任评估. 江西财经大学学报，2016, (3): 37~44.
[48] 米红, 王鹏. 新农保制度模式与财政投入实证研究. 中国社会保障，2010, (6): 28~30.
[49] 张晓莉, 孔令英. 新型农村社会养老保险“呼图壁模式”的推行困境研究. 农业经济，2009, (4): 60~61.
[50] 韩俊江. 完善我国新型农村社会养老保险制度研究. 社会保障研究，2010, (2): 3~7.
[51] 米红. 我国新型农村社会养老保险制度推进的若干问题与对策建议. 中共浙江省委党校学报，2009, (5): 5~11.
[52] 白霜, 付燕. 关于农村新型养老保险模式的研究：以山东省莱芜市为例. 当代经济，2009, (13): 36~37.
[53] 徐清照. 关于加快山东省新型农村养老保险制度建设的思考. 山东农业大学学报（社会科学版），2008, (4): 19~22.
[54] 方晓红. 经济发达地区建立新型农村养老保险制度的思考：以江苏省无锡市为例. 安徽冶金科技职业学院学报，2009, (1): 88~90.
[55] 许根友. 苏中经济较发达地区农村养老保险的实践与探索：基于江苏省如皋市农村养老保险的经验分析. 华东理工大学学报（社会科学版），2008, (2): 19~22.
[56] 李俊林, 王虹, 张霞. 建立新型农村社会养老保险体系的分析研究：以河北省青县为例. 河北工业大学学报（社会科学版），2010，2(3): 87~91.
[57] 许韶辉, 肖潇. 新型农村社会养老保险试点现状的调查报告：以成都市温江区为例. 大众商务（下半月），2010, (1): 251.
[58] 关博. 新型农村社会养老保险制度分析：以北京市为例. 北京工业大学学报（社会科学版），2009, (2): 35~40.
[59] 沈在春. 金湖: 新农保推进遇难题. 中国社会保障，2008, (9): 22~23.
[60] 杜广庆, 朱云. 欠发达地区新型农村养老保险制度建设问题探讨：基于江苏省东海县的实证分析. 湖南行政学院学报，2008, (4): 48~50.
[61] 柯楠. 科学构建新型农村养老保险制度的法学思考：基于河南省农村改革发展综合实验区罗山县的调研. 调研世界，2010, (3): 24~25.
[62] 王霞. 以运城市为例看新型农村养老保险试点工作. 经济师，2009, (12): 185~189.
[63] 张艳春. 少数民族地区农村养老保障的建立和发展分析：以朝鲜族聚居的延边地区为例. 黑龙江民族丛刊，2009, (5): 62~69.
[64] 张方. 武汉市新型农村社会养老保险试点推行概况、存在问题及建议. 企业导报，2010, (6): 6~8.
[65] 张朝华. “新农保” 推广中存在的主要问题：基于广东粤西农户的调查. 经济纵横，2010, (5): 9~12.
[66] 米红. 基于真实参保率的新型农村社会养老保险基金发展预测研究：以青岛市城阳区为例. 山东科技大学学报（社会科学版），2009，11(1): 71~75.

[67] 王德文. 新型农村养老保障制度改革：北京模式的探索意义及其适用条件. 社会保障研究，2010, (1): 40~50.

[68] 海龙. 农村基础养老金财政支持的适度性评估及政策优化. 现代经济探讨，2016, (5): 54~58.

[69] Jessica K M Johnson, John B Williamson. Do universal non-contributory old-age pensions make sense for rural areas in low-income nations? International Social Security Review ，2006，59(4): 47~65.

[70] Jessica K M Johnson, John B Williamson. Universal non-contributory pension schemes for low-income countries: An assessment. Social protection in an ageing world, 2008, (13): 195~209.

[71] 李善平. 操作系统学习指导和考试指导. 杭州: 浙江大学出版社，2004.

[72] 周勇翔，等. 现代汉语同音词词典. 北京: 商务印书馆，2009.

[73] 戴稳胜. 农村城镇化进程中解决农村养老问题研究. 管理世界，2015, (9): 174~175.

[74] 毛相麟. 古巴社会保障制度的建立和完善进程. 当代世界社会主义问题，2016, (2): 58~65.

[75] Skuciene Daiva. Behavioral tendencies of the funded pension scheme participants in Lithuania. Filosofija-Sociologija, 2011，22(2): 226~235.

[76] 刘文学. 新农保全覆盖: 何必等到 2020 年：全国人大“把脉”农村社会保障体系建设. 中国人大，2010, (2): 29~30.

[77] Li Ming-shun. China’s New Rural Pension Insurance System Must Be Accelerated. Proceedings of the 2009 International Conference on Public Economics and Management, 2009.

[78] 李成贵. 更快更高推进新农保：访中国社科院农村发展研究所农村政策研究室主任李成贵. http://www.qsth eory. cn/ sh/shbzyshgl/201001/t20100117_19144.htm[2010-01-17].

[79] 青连斌. 点评嘉宾: 纪宁，王延中，贡森，青连斌. http://www.csia.cn/hknr/ 201010/t20101008_250152.htm[2010-10-08].

[80] 林义. 构建新农保长效机制的思考. http://www.csia.cn/hknr/201010/t20101008_250148.htm [2010-10-08].

[81] 项洁雯，叶赛仙，陈诗达，等. 我国发达省域新农保制度推进的参数设计与政策仿真: 基于浙江省分析//新农保推进中的思考：第四届中国社会保障论坛主题征文获奖论文摘录（一）. http://www.csia.cn/hknr/201012/t20101229_ 250654.htm[2010-12-29].

[82] 张作哈. 四川省新农保试点取得积极进展. 行政管理改革，2010, (9): 32~35.

[83] 于建华，薛兴利，毕红霞. 新型农村社会养老保险的进化博弈分析. 农村经济，2014, (2): 50~54.

[84] 陈美. 推进新型农村社会养老保险的制约因素分析. 经济视角，2009, (10): 16~19.

[85] 崔萍. 政府政策对新型农村社会养老保险的制约与攻略. 知识经济，2010, (8): 69.

[86] 王增文，邓大松. 基金缺口、缴费比率与财政负担能力: 基于对社会保障主体的缴费能力研究. 中国软科学，2009, (10): 73~81.

[87] 邓大松，薛惠元. 新型农村社会养老保险制度推行中的难点分析：兼析个人、集体和政府的筹资能力. 经济体制改革，2010, (1): 86~92.

[88] Haynes J. Risk as an economic factor.The Quarterly Journal of Economics, 1895, 9(4): 409~449.

[89] Kulp C A, Hall J W. Casualty Insurance.Portlamd: Ronald Press Co,1968.
[90] Mehr R I, Wagner S L, Sulga J R. Fundamentals of Insurance. Homewood :R.D.Irwin,1983.
[91] M Irving Pfeffer, Klock David R. Perspectives on Insurance. Englewood Cliffs: Prentice-Hall, 1974.
[92] Williams C A, Heins Jr R M. Risk Management and Insurance.New York: McGraw Hill,1985.
[93] 薛惠元. 新农保制度面临哪些风险. 上海保险，2012, (2): 19~22.
[94] 王翠琴, 薛惠元. 新型农村社会养老保险风险评估指标体系的设计与运用. 江西财经大学学报，2011, (3): 62~66.
[95] 薛惠元. 新型农村社会养老保险操作风险评估及处理. 华中农业大学学报（社会科学版），2012, (1): 42~46.
[96] 王翠琴, 薛惠元. 新型农村社会养老保险风险预警指标体系的构建. 统计与决策，2011, (16): 28~31.
[97] 邓大松, 刘远风. 社会保障制度风险: 以新型农村养老保险为例. 当代经济科学，2011, (7): 84~89.
[98] 何晖, 邓大松. 新型农村社会养老保险试点的微观考察及启示：以湖北省10个试点县市为例. 农村经济，2011, (12): 29~33.
[99] 鲍震宇. 新型农村养老保险制度风险研究. 中国乡镇企业会计，2011, (9): 5~7.
[100] Ce Shen, John B.Williamson. China’s new rural pension scheme: Can it be improved? International Journal of Sociology and Social Policy, 2010，30(5): 239~250.
[101] Pei M. Corruption threatens China’s future. Carnegie Endowment for International Peace, 2007, (55): 61~73.
[102] Fehr Hans. Computable stochastic equilibrium models and their use in pension and ageing research.Economist-Netherlands, 2009，157(4): 359~416.
[103] 李晓佳. 我国新型农村社会养老保险制度及实施难点研究. 西南财经大学学位论文, 2009.
[104] 韩晓建. 新型农村社会养老保险资金筹集可持续性研究. 河北师范大学学报（哲学社会科学版），2010, (6): 32~33.
[105] 薛惠元, 王翠琴. “新农保”财政补助政策地区公平性研究：基于 2008 年数据的实证分析. 农村经济，2010, (7): 95~99.
[106] 何晖, 邓大松. 新型农村社会养老保险试点的微观考察及启示：以湖北省 10 个试点县市为例. 农村经济，2011, (12): 29~33.
[107] 徐清照. 现阶段新型农村社会养老保险制度的优点与缺陷分析：以山东省为例. 山东经济，2009, (3): 134.
[108] Yinan Yang,John B.Williamson,Ce Shen. Social security for China's rural aged:A proposal based on a universal non-contributory pension.International Journal of Social Welfare, 2010，19(2): 236~245.
[109] 安华. 新型农村社会养老保险待遇保障水平研究: 以内蒙古自治区为例. 安徽农业科学，2011, (27): 17068~17070.
[110] 吴连霞. 新农保保障水平的实效分析及提高机制. 特区经济，2011, (11): 190~192.
[111] 宋明岷. 新型农村社会养老保险制度筹资机制研究. 农村经济，2011, (2): 91.

[112] Narusyte Jurgita,Ropponen Annina,Silventoinen Karri.Genetic liability to disability pension in women and men: A prospective population-based twin study. PLoS one, 2011, 6(8): 35~47.

[113] 李轩红. 国外农村养老保险制度对我国的启示. 东岳论丛，2010, 31(12): 163~165.

[114] Buschmann-Steinhage R,Brueggemann S. Changes in medical rehabilitation of the German Statutory Pension Insurance Scheme. Bundesgesundheitsblatt Gesundheits Forschung Gesundheitsschutz, 2011, 54(4): 404~410.

[115] Vincenzo Galassoa, Paola Profeta. The political economy of social security: A survey. European Journal of Political Economy, 2002, 18(1): 1~29.

[116] Jessica K M Johnson, John B Williamson. Do universal non-contributory old-age pensions make sense for rural areas in low-income countries? International Social Security Review, 2006，59(4): 47~65.

[117] Lassila, Jukka. Population ageing and fiscal sustainability of Finland:a stochastic analysis. Bank of Finland Research Discussion Paper No. 28, http://www.suomenpankki.fi/sv/NR/rdonlyres/ECEB5253-39F1-4E16-9AA6-4DFC4199F000/0/0828netti.pdf [2011-03-23].

[118] David Miles, Allan Timmermann. Risk sharing and transition costs in the reform of pension systems in Europe. Economic Policy, 1999, 14 (29): 251~286.

[119] Carlos Vidal-Meliá, Inmaculada Domínguez-Fabián, José Enrique Devesa-Carpio. Subjective economic risk to beneficiaries in notional defined contribution accounts (NDCs). Journal of Risk and Insurance, 2006, (73): 489~515.

[120] Verbic Miroslav. A note on varying the parameters of the Slovenian pension system: an analysis of supplementary pension insurance. Post-Communist Economies, 2009, 21(3): 373~382.

[121] Leombruni Roberto,Richiardi Matteo,Demaria Moreno. Life expectancy, strenuous work and pension system's fairness First evidence from the Work Histories Italian Panel, 2010, 34(4): 150~158.

[122] Kolmar M. Beveridge versus Bismarck public-pension systems in integrated markets. Regional Science and Urban Economics, 2007, 37: 649~601.

[123] Martin Kolmar. Beveridge versus Bismarck public-pension systems in integrated markets. Regional Science and Urban Economics, 2007, (6): 602~699.

[124] Broeders Dirk,Chen An. Pension regulation and the market value of pension liabilities: A contingent claims analysis using Parisian options. Journal of Banking & Finance, 2010, 34(6): 1201~1214.

[125] Pezier Jacques,Scheller Johanna. Optimal investment strategies and performance sharing rules for pension schemes with minimum guarantee. Journal of Pension Economics & Finance, 2011, 10(1): 119~145.

[126] Stevens Ralph, De Waegenaere Anja,Melenberg Bertrand. Longevity risk in pension annuities with exchange options: The effect of product design. Insurance Mathematics & Economics, 2010, 46(1): 222~234.

[127] 韩俊江，韩烨. 建立新型农村社会养老保险制度的思考. 东北师大学报（哲学社会科学

版），2009,（3): 123~127.
[128] 张腊梅. 新型的农村社会养老保险制度应该借鉴国外经验. 经济研究参考，2009, (12): 24.
[129] 曹信邦. 完善农村社会养老保险政府责任机制的探讨. 中国行政管理，2011, (10): 7~10.
[130] 卢海元. 实物换保障:农村社会养老保险制度的创新之路. 湖湘论坛，2003, (1): 13~15.
[131] 闰艾茹. 对建立农村养老保险制度的思考. 理论探索，2006, (5): 14~16.
[132] 贾杰. 我国社会养老保险基金投资组合分析. 北方经济，2007, (7): 48~49.
[133] Thompson L. Older and Wiser: The Economics of Public Pensions. Washington：The Urban Institute Press, 1998.
[134] 米红, 方锐帆, 朱晓晓. 养老保险基金投资组合的国际比较与实证分析: 兼谈我国农保基金投资股票的可行性. 统计与决策，2007, (24): 119~121.
[135] 贾杰. 我国社会养老保险基金投资组合分析. 北方经济，2007, (9): 48~49.
[136] 辞海编辑委员会. 辞海. 上海: 上海辞书出版社，1999.
[137] 马克思, 恩格斯. 马克思恩格斯全集: 第 23 卷. 北京: 人民出版社，1979.
[138] 华岗. 规律论. 北京: 人民出版社，1982.
[139] 彭新波. 社会科学中因果关系的模型表征. 自然辩证法研究，2016, (6): 9~13.
[140] 马克思, 恩格斯. 马克思恩格斯选集: 第 1 卷. 北京: 人民出版社，1995.
[141] 马克思, 恩格斯. 马克思恩格斯选集: 第 3 卷. 北京: 人民出版社，1995.
[142] 马克思, 恩格斯. 马克思恩格斯选集: 第 4 卷. 北京: 人民出版社，1995.
[143] 马克思, 恩格斯. 马克思恩格斯全集: 第 42 卷. 北京: 人民出版社，1979.
[144] 叶泽雄. 当代社会发展观导论. 武汉: 华中科技大学出版社，2008.
[145] 穆怀中. 社会保障国际比较. 北京：中国劳动社会保障出版社，2002.
[146] Unver M, Erdogan M. Social effects of foreign direct investments: International empirical evidences for education, health and social security. International Research Journal of Finance & Economics, 2015，132:7~19.
[147] Jarrett G R. Report on the fourteenth general meeting of the international social security association. Mediterranean Journal of Social Sciences, 2015, 6(1): 65.
[148] 杨志安. 社会保障的国际比较及对我国的启示. 人口与发展, 1999, (1): 49~51.
[149] Kleinow Torsten. Pension fund management and conditional indexation. Astin Bulletin, 2011，41(1): 61~86.
[150] Monk A H B. Pension buyouts: What can the USA learn from the UK experience?International Journal of Financial Services Management, 2010，4(2): 127~146.
[151] Krieger Tim,Traub Stefan. Has intragenerational redistribution become less important in pension systems public pillar? An international comparison based on LIS microdata. Jahrbucher Fur Nationalokonomie Und Statistik, 2011，231(2): 266~287.
[152] 张广利, 王伯承. 西方风险社会理论十个基本命题解析及启示. 华东理工大学学报: 社会科学版，2016, (3): 48~59.
[153] Chen An. A risk-based model for the valuation of pension insurance. Insurance Mathematics & Economics, 2011，49(3): 401~409.

[154] Davis Ronald B. A Case of Constitutional Apples and Oranges: A Functional Comparison of Pension Priority and Benefit Guarantees in US, UK and Canadian Insolvency and Pension Law Regimes. International Insolvency Review, 2009，18(2): 135~152.

[155] 王立剑, 刘佳. 基于效用理论的社会保障需求模型研究. 统计与决策，2007, (22): 23~25.

[156] Friemelt G, Ritter J. Which services do companies need to retain employability in their workforce? Help offered by the German pension insurance. Rehabilitatio, 2012，51(1): 24~30.

[157] 王利军. 世界各国社会保障制度改革及其对我国的启示. 经济经纬，2004, (2): 96~99.

[158] Rauh Joshua D. Risk Shifting versus Risk Management: Investment Policy in Corporate Pension Plans. Review of Financial Studies, 2009，22(7): 2687~2733.

[159] 丁建定, 张尧. 西方对社会保障制度功能的认识: 一个历史的考察. 学术研究，2016, (4): 98~103.

[160] Teulings Coen N. How to share our risks efficiently? Principles for optimal social insurance and pension provision. Economist-Netherlands, 2010，158(1): 1~21.

[161] 贾玉娇. 社会保障制度: 国家治理有效性提升的重要途径：基于欧洲的分析兼论对中国的启示. 社会科学战线，2016, (5): 196~205.

[162] 朱旭红. 社会民主主义福利国家对自由主义及其个人主义的超越和局限. 浙江社会科学，2016, (4): 48~55.

[163] Buerger W,Glaser-Moeller N,Kulick B. Stepwise occupational reintegration under the German pension insurance scheme-results of comprehensive routine data analyses and participants surveys. Rehabilitation, 2011，50(2): 74~85.

[164] 华颖. 德国 2014 年法定养老保险改革及其效应与启示. 国家行政学院学报，2016, (2): 139~143.

[165] 贠菲菲. 英美社会保障制度及启示. 社会科学研究，2014, (3): 116~118.

[166] 张丽, 姜芃. 法国近百年来的社会运动与社会保障制度. 贵州社会科学，2016, (8): 67~75.

[167] 杨斌, 丁建定. 国外就业保障的发展及对中国的启示：以美国、英国和德国为例. 理论月刊，2016, (5): 177~181.

[168] 齐明珠. 全球应对人口老龄化的政策比较及启示. 国家行政学院学报，2013, (2): 118~122.

[169] 马克 • 菲谢蒂, 刘爽. 2100 年, 全球众人人口 110 亿. 环球科学，2015, (3): 56.

[170] 郑功成. 中国社会保障演进的历史逻辑. 中国人民大学学报，2014，28(1): 1~12.

[171] 孙祁祥. 空账与转轨成本：中国养老保险体制改革的效应分析. 经济研究，2001, (5): 20~27.

[172] 杨方方. 中国养老保险制度演变与政府责任. 中国软科学，2005, (2): 17~23.

[173] 杨雯. 中国养老保险制度中的隐性债务与政府责任. 山东大学学报（哲学社会科学版），2003, (3): 132~135.

[174] 邹江涛. 论中国地方财政运行中的道德风险问题. 中央财经大学学报，2006, (1): 10.

[175] 王东进. 中国社会保障制度的改革与发展. 北京: 法律出版社，2011.

[176] 风笑天. 社会调查中的问卷设计. 天津: 天津人民出版社，2001.

[177] 风笑天. 现代社会调查方法.武汉: 华中科技大学出版社，2005.

[178] Richard L Scheaffer, William Mendenhall. Elementary Survey Sampling. MA: Duxbury Press, 1979.
[179] 陈权宝. 相互控制配额抽样样本的确定方法. 连云港化工高专学报，1996, (2): 36~41.
[180] 边燕杰, 李路路, 蔡禾. 社会调查方法与技术: 中国实践. 北京: 社会科学文献出版社，2006.
[181] WHO. Equity in health and health care, a WHO/SIDA initiative. WHO Geneva, 1996,(1): 1.
[182] WHO. Report on WHO technical consultation on the measurement of health inequalities. WHO Geneva, 2001, (11): 78.
[183] 洋龙. 平等与公平、正义、公正之比较. 文史哲，2004, (4): 145~151.
[184] 景天魁. 底线公平与社会保障的柔性调节. 社会学研究，2004, (6): 32~40.
[185] 徐凌中, 邴媛媛. 卫生服务的公平性研究进展. 中华医院管理杂志，2001，17(5): 265.
[186] 王艳, 周燕荣. 健康不公平性问题的测量方法. 中国卫生经济，2001，20(5): 40~42.
[187] 杨立雄. 贫困线计算方法及调整机制比较研究. 经济社会体制比较，2010, (5): 52~62.
[188] 陈浩, 屠文娟. 刍议当前用恩格尔系数衡量民众生活水平的局限性. 江苏商论，2005, (2): 25~126.
[189] 杨立雄. 中国农村贫困线研究. 北京：中国经济出版社，2013.
[190] 骆祚炎. 对恩格尔系数测定贫困线的思考. 改革与战略，2006, (2): 121~124.
[191] 唐运舒, 于彪. 贫困线几种测量方法的实证比较. 当代经济管理，2009, (5): 66~69.
[192] 封铁英, 贾继开. 农村最低生活保障线测定的模型构建及应用. 西安交通大学学报（社会科学版），2008, (2): 48~53.
[193] 祝梅娟. 贫困线测算方法的最优选择. 经济问题探索，2003, (6): 39~44.
[194] 邱菀华, 高建伟. 个人账户中养老金给付精算模型及其应用. 北京航空航天大学学报（社会科学版），2002, (3): 21~25.
[195] 王鉴岗. 社会养老保险平衡测算. 北京: 经济管理出版社，1999.
[196] 王晓军. 对我国养老金保险制度财务可持续性的分析. 市场与人口分析，2002, (2): 26~28.
[197] 宋晓梧. 中国社会保障体制改革与发展报告. 北京: 中国人民大学出版社，2001.
[198] 封铁英, 戴超. 公益服务类事业单位养老保险基金收支预测与政策仿真：基于养老保险制度参数的优化设计. 中国软科学，2010, (11): 73~87.
[199] 郑功成. 中国社会保障改革与发展战略（养老保险卷）. 北京: 人民出版社，2011.
[200] 苏哲斌, 安军龙. 灰色新陈代谢 GM（1, 1）模型在农村居民人均纯收入预测中的应用. 西安文理学院学报: 自然科学版，2009, 12(4): 39~41.